东北师范大学文库

DONGBEI SHIFAN DAXUE WENKU

成 人 教 育
概 论

祝 捷 著

东北师范大学出版社

长 春

图书在版编目（CIP）数据

成人教育概论/祝捷著. —2 版. —长春：东北师
范大学出版社，2015.3（2024.8重印）
ISBN 978 - 7 - 5681 - 0351 - 0

Ⅰ.①成… Ⅱ.①祝… Ⅲ.①成人教育—教育理
论 Ⅳ.①G720

中国版本图书馆 CIP 数据核字(2015)第 270694 号

□责任编辑：石　斌　□封面设计：李冰彬
□责任校对：曲延涛　□责任印制：刘兆辉

东北师范大学出版社出版发行
长春净月经济开发区金宝街 118 号（邮政编码：130117）
网址：http：//www.nenup.com
东北师范大学出版社激光照排中心制版
河北省廊坊市永清县晔盛亚胶印有限公司
河北省廊坊市永清县燃气工业园榕花路 3 号（065600）
2015 年 3 月第 2 版　　2024 年 8 月第 3 次印刷
幅面尺寸：148mm×210mm　印张：11.5　字数：275 千

定价：65.00 元

本书系东北师范大学
图书出版基金项目

序

联合国教科文组织第二十九届大会修改审议通过的《国际教育标准分类法》中明确指出，成人教育面向所有被社会视为成人的人，是为个人的充分发展和参与平等与独立的社会、经济、文化发展而提高自己的能力，丰富自己的知识，提高自己的技术或专业水平，改变自己的专业方向，改变自己的态度或行为的整个有组织的教育活动。

一般地说，现代意义上的成人教育产生于英国的产业革命后。蒸汽机的发明，电力的使用，改变了农业社会长期形成的生产、生活方式，对于劳动者来说，以往在传统学校中学到的知识已不够用。为了适应这样的变化，人们就要再学习，离开学校后，还要重新接受教育，于是，成人教育随着科技进步和生产方式的转变而逐渐形成，并且不断丰富。在 1997 年于德国汉堡召开的国际成人教育大会发表了著名的《汉堡宣言》，进一步唤起更多的学者研究成人教育，逐渐建立了较为完备的成人教育学科体系，培养了本科、硕士、博士等各层次人才。正如美国成人教育大师诺尔斯（N. Knowls）在 1977 年出版的《美国成人教育史》一书中指出的，"成人教育应成为独立的研究领域，因为这个领域既广阔而又多变，是一种多元的社会体系，有自己的特色，有独特的课程设置与教学方法，因此，是一个既有实践又有理论的领域"。

随着成人教育在全世界的广泛发展，国际社会形成了一项基本共识："让所有人都能够接受成人教育是一项基本人权。"我们党和政府无论是在战争岁月，还是在建国伊始，特别是改革开放以来，历来重视成人教育，培养、造就了大批各级、各类人才，为完成不同时期的历史任务作出了不可磨灭的贡献。尤其近几年来，经过广泛实践，学习、研究与汲取国际上先进教育思想和理论精髓，成人教育成为我国教育事业极为重要的组成部分，对经济建设、社会发展作出了巨大贡献，已经赢得了我国教育制度中的法律地位。

正当我国成人教育的实践与研究不断深入发展的大好形势下，我得知祝捷编写的《成人教育概论》一书即将由东北师范大学出版社出版的消息，心里十分高兴。祝捷现在担任东北师范大学远程与继续教育学院副院长，从事成人教育的管理与研究工作已有20多年，长时期边工作边研究，这次又有专门的著作出版，这是他从事成人教育工作的结晶，是取得成人教育研究成果的又一标志，真值得向他祝贺。

如前所述，成人教育，顾名思义，能使成人获得知识的任何形式、机构、团体的活动均称为"成人教育"。显而易见，它不仅要实施成人教育的活动，还要开展成人教育的研究，在过去，国内对成人教育的研究并不十分重视，直到近十几年来，这种情况才有所转变。有不少的科研院所、大专院校开设了成人教育学类课程，培养各层次的研究人员；一些知名的外国成人教育专家的著作有了中文译本，也出现了中国学者撰写的各种类型的成人教育学类著作。不过，从当前建立学习型社会，构建终身教育体系的要求来看，成人教育学类的有关论著还嫌太少。

祝捷写的这本书，以他长期的成人教育工作实践为基础，既有理论的阐述，又有实际经验的积累，既有翔实的资料叙述，又有生动的案例说明，深刻地揭示了成人教育的发展，突现成人教育的内涵与外延，尤其以东北师范大学五十年函授教育为基点，明确成人教育具有育人功能、经济功能、政治功能、文化功能，使读者感到耳目一新，是一部有自己特色、有自己风格的成人教育书。全书内容充实，结构严谨，章节清晰，联系紧密，使之成为完整的体系。相信成人教育的工作者、研究者会喜欢它。通过本书，假如能吸引更多的人从事成人教育工作和研究，我想这正是编者和我这个应邀为本书写序的人所乐于见到的，焉知不会有颗颗灿烂的成人教育新星从这些工作和研究者中升起呢？

我深感成人教育前途无量，万古长青，是惠及子孙、利及社会、无上荣光的事业，定会产生强大的魅力，吸引众多的学者开辟未来。

我们期待着，衷心热切地期待着。

张贵新写于东北师范大学

序　言

　　在祝捷教授送我《成人教育概论》稿并嘱我写序时，我的心情是很复杂的。首先，我感到自己对成人教育理论的研究极其肤浅，作序难以胜任；其次，祝捷教授从事成人教育工作 30 年，通过丰富的实践经历和长期刻苦的学习、钻研，终于写出《成人教育概论》这部理论专著，这种对成人教育事业的钟情和奉献精神，使我作为一个较长时间从事成人教育管理工作并深深热爱这一事业的退役老兵，钦佩和欣慰之感油然而生。拜读之后，写几点感想。

　　一、《成人教育概论》深刻阐述了成人教育的概念及其基本属性，概括梳理了国内关于成人教育发展历史的研究成果，运用系统科学方法，对成人教育系统的要素、结构、功能及其相关性作了完整的论述，对成人教育的产生与发展从实践基础、理论体系、思想脉络三个维度进行了大胆的探索和阐述。作者运用现代系统科学理论和方法构建成人教育的理论体系，在同类著作中走在了前面，体现了创新的精神；在终身学习理念和终身教育体系下，确定了成人教育的重要地位，并对成人教育的理念、定义、原则、方法，成人教育系统的结构、功能以及成人教育思想、多种形式成人教育之间的关系等问题，都进行了较深入的分析、概括，提出了一些新的见解，对成人教育的理论研究和办学实践具有启发和借鉴作用。本专著素材新颖，内容丰富，理论性强，是成人教育理论研究领域的喜人的果实和新的收获。

二、应该看到，由于欧美工业化进程较早较快，所以成人教育活动及其理论研究在这些发达国家发展迅速。它们广泛展开了成人教育基础理论和应用理论研究，并加以整合与互补；成人教育研究从非制度向制度化转变，各类成人教育协会逐步完善；不少大学成立成人教育研究机构，组建成人教育系，开设成人教育课程，培养成人教育学士、硕士与博士，并广泛指导、参与社会各项成人教育活动。在此基础上构建起较完整的成人教育学科体系，并与哲学、社会学、人类学等相关学科领域相融合，使其研究成果不断向纵深发展。

我们还应看到，就成人教育的规模和实践活动的丰富而言，中国得天独厚，是世界上其他国家所无法比拟的；然而，我们又不得不承认，我国成人教育理论研究之基础和研究队伍的总体水平，与其规模和实践远不相符，与国外经济、教育发达国家的差距很大，同时也制约着我国成人教育水平的提高。

祝捷教授长期从事成人教育实际工作，热爱成人教育工作，但看到有关成人教育著作"在琳琅满目的书架上却很少谋面"，不禁激发了撰写成人教育理论研究专著的责任感，认为"成人教育实际工作者就应该尝试承担起这份责任"。我以为，祝捷教授在长期实际工作中坚持潜心研究理论并著书立说的精神十分难能可贵，值得我们学习；同时，他所走过的道路也给我们以启示，这就是，实践活动是一座宝藏，它既是理论研究的基础，又有待通过理论研究加以开掘，我们勤奋实践，认真总结，深入思考，就一定会在理论研究方面取得收获和成果。

三、成人教育的思想和理念在我国是古已有之，我们从孔子、荀子的学说中都可以很容易地觅到端倪，并且几千年来绵延不绝。成人教育又伴随着中国共产党的成长、壮大成为夺取革命胜利和建设新中国干部队伍的重要保障。改革开放以来，成人教育作为新型教育制度，焕发出了夺目的光彩，取得了巨大的成绩，在社会主义现代化建设中作出了不可磨灭的贡献。放眼国际社会，成人教育发展洪流浩浩荡荡，已经成为"教育的顶点"，是"进入21世纪的关键"，有关国际组织为了不断总结、发展成人教育，已召开过五届国际成人教育大会。然而，从20世纪90年代起，在中国社会上还不时掀起贬低、否定、替代成人教育的各种思潮，究其原因，对成人教育不够了解有之，受传统教育思想束缚有之。但也不得不承认，这些思潮之所以能够有相当市场并实际影响到我国成人教育健康发展，我国成人教育的理论研究基础薄弱，实践丰富又有理论灼见的专家乏人，缺少真正反映实践和现实、代表未来发展、阐述透彻、有说服力的成果用之于影响决策。在这样的背景下，祝捷教授所撰《成人教育概论》的出版真是一件值得庆贺的事。

四、我们期望有更多的成人教育实际工作者和教育理论研究专家投身到成人教育的研究中来，一砖一瓦筑成大厦，一点一滴汇成江海。正由于中国是成人教育大国，理应不断发展成人教育的理论学说，不断产生有影响、有成就的成人教育的研究专家。让我们响应党中央建设创新型国家的号召，为创造、发展中国特色的成人教育理论而努力，为丰富人类成人教育理论宝库作出贡献。

董明传

目 录

第一章　成人教育的概念及其基本属性

第一节　成人教育的定义

一、成人教育定义的不同表述

半个多世纪以来，成人教育理论与实际工作者都试图给"成人教育"下一个确切的定义，但又都因不理想而不断寻求新的表述。翻阅一下有关成人教育的文献，就可以见到如下两类数十款表述：

（一）概括性表述

1. "通过业余、脱产或半脱产的途径对成年人进行的教育。"（辞海［缩印本］. 上海：上海辞书出版社，1989：1865.）

2. "我国成人教育，系指按照我国社会主义两个文明建设需要，对已经从事生产和工作的一切在职人员所进行的教育，包括干部教育、职工教育、农民教育、社会教育（含老龄教育）、远距离教育等。"（关世雄，张念宏. 成人教育手册. 北京：北京出版社，1986：502.）

3. "成人教育是对社会的主人——成人进行的教育活动，它必将对现代社会的发展产生巨大的作用。"（于豪. 成人教育与现代社会发展. ∥1999 年中英成人教育国际会议论文集. 40.）

4. "成人教育主要是对已经走上各种生产或工作岗位的从业人员进行的教育。"（国家教育委员会. 关于改革和发展成人教育的决定. 1987.）

5. 关世雄："成人教育是指对在家庭、社会和国家生活中承担责任者，主要是对已经走上生产或工作岗位的从业人员进行的教育。"（叶忠海，等. 成人教育学通论. 上海：上海科学技术出版社，1997：20.）

6. 王茂荣、朱仙顺："成人教育是专门为被所属社会承认是成人的人们提供的有目的、有组织、有系统的教育活动。"（叶忠海，等. 成人教育学通论. 上海：上海科学技术出版社，1997：20.）

7. 布莱生："带有教育目的的、由人民举办的、从事日常生活普通事务的所有各种活动。"（熊华浩. 成人教育的理论与实践. 武汉：湖北教育出版社，1987：3.）

8. 布莱克莱："任何朝着自我发展的、有目的的努力。"（熊华浩. 成人教育的理论与实践. 武汉：湖北教育出版社，1987：4.）

9. 联合国教科文组织教育统计局编写《国际教育标准分类》（1976）："为不在正规学校和大学系统学习，通常年龄在15岁或15岁以上的人们的需要或利益而设计的有组织的教育项目。"（叶忠海，等. 成人教育学通论. 上海：上海科学技术出版社，1997：19.）

10. 龙页玉："能使成人获得知识的任何形式、机构、团体的活动均称为成人教育。"（关世雄，张念宏. 世界各国成人教育现状. 北京：北京出版社，1986：388.）

（二）罗列性表述

1. "成人教育可能有许多定义。对于今天世界上许许多多成人来说，成人教育是代替他们失去的基础教育。对于那些只受过很不完全的教育的人们来说，成人教育是补充初等教育或职业教育。对于那些需要应付环境的新的要求的人们来说，成人教育是延长他现有的教育。对于那些已经受过高级训练的人们来说，成人教育就给他们提供进一步的教育。成人教育也是发展每一个人的个性的手段。"（联合国教科文组织教育发展委员会．学会生存：教育世界的今天和明天．上海：上海译文出版社，1979：269．）

2.《成人教育发展条例》（1976）："术语'成人教育'指的是有组织的教育过程的整体，而不管这些过程的内容、水平和所用的方法是什么，不管它们是否正式或非正式，也不管它们是否延长或代替了学校、学院、大学以及学徒期的初等教育。这些教育过程使那些被自己生存的社会所承认的成人们，为了个人的全面发展和参与平等与独立的社会、经济和文化发展的双重目的而发展自己的技术和职业水平，或使自己向新的方向发展，使自己的观点和行为得到改变。"（叶忠海，等．成人教育学通论．上海：上海科学技术出版社，1997：18．）

3. "成人教育是任何专门为了满足已超过义务教育年龄而且其主要活动已不再是受教育的公民一生中任何阶段的学习需要和利益所提供的学习活动和项目。而其范围包括非职业的、职业的、普通的、正规的和非正规的学习，以及带有集体社会目的的教育。"（叶忠海，等．成人教育学通论．上海：上海科学技术出版社，1997：19．）

4. 黄家顺（台湾）："成人教育通常系指个体在青春期之后，不再全时参加正规的学校教育，而以部分时间参加有组织的学习活动，目的在于增进个人智能或造成态度、习惯及价值观念的改变的过程。"（叶忠海，等．成人教育学通论．上海：上海科学技术出版社，1997：21．）

5. "按人和社会全面发展的需要，有目的、有组织地为所属社会承认的成人一生任何阶段所提供的非传统的、具有自身特色的教育活动。它是终身教育中成人阶段一切教育的总和（综合体），是与未成年人全日制学校教育相对称的一种独立的教育体系。"（叶忠海，等. 成人教育学通论. 上海：上海科学技术出版社，1997：22.）

6. "成人教育通常指那些为年满 18 周岁的成人开设的非技术性课程。它往往是为了满足个人的发展和需要以及兴趣而举办的，课程的内容极为广泛，从军事知识、科技动态到烹调、幼儿教育、戏剧、音乐、绘画，都是成人教育的内容。"（刘敏莉. 英国的继续教育. // 关世雄，张念宏. 世界各国成人教育现状. 北京：北京出版社，1986：300.）

7. 维纳："成人教育是教育机构与学习者之间的一种联系。在这种联系中，教育机构选择、安排和连续地指导一连串的、由浅入深的教学内容。这些教学内容，系统地为那些作为社会的一种基本的生产力量而参加这种辅助性的和补充性的教育活动的人提供经验。"（熊华浩. 成人教育的理论与实践. 武汉：湖北教育出版社，1987：4.）

8. 达肯沃尔德、梅里安："成人教育是这样一个过程：在这个过程中，那些主要社会责任是以成人状态为特点的人们，为了使知识、观点、价值、或技能发生变化而从事系统的、持续的学习活动。"（熊华浩. 成人教育的理论与实践. 武汉：湖北教育出版社，1987：6.）

9. "成人教育是一种社会事业，是人类实现发展生产力的一种社会实践，是人类社会具有独特对象、独特结构的教育现象。这种现象由教育者和受教育者双方共同构成，是教育者对受教育者所实施的有目的、有计划、有措施的影响，使受教育者在参加社会生产期间认识能力和劳动能力、创造能力不断得到发展，成为一个社会所需要的人。"（哈尔滨市成人教育学会. 成人教育学［内部资料］. 1980：14.）

10. "要说清楚成人教育不是轻而易举的事。它发生在各种各样的建筑物中，甚至根本就不在任何建筑物中。它涉及各种人，它没有固定的课程，它有时甚至不叫'成人教育'，而叫做什么'职员发展'、'人力开发'、'发展性教育'、'在职教育'、'继续教育'、'终身教育'……就最广泛的意义讲，该术语描述的是一个过程——成人学习的过程。就其技术意义讲，'成人教育'指的是各种各样的机构为完成其专门目的而进行的一种有组织的活动。'成人教育'将与教育成人有关的所有个人、机构、协会融为一体，形成一个独立的社会体系，并认为这些个人、机构与协会在为同一目的，即改进成人学习的方法与教材，扩大成人学习的机会，提高人们总的文化水平而奋斗。"（马尔科姆·诺尔斯. 现代成人教育实践. 蔺延梓译. 北京：人民教育出版社，1989：14、15.）

　　……

　　上述概括性表述，从今天对成人教育的一般理解，都似有不完善之处。其中有的对成人教育的对象有所遗漏，如1、2等表述法，对参加普通全日制教育的成年人和待业、离职人员就没有包括进去；有的定义概括得不够准确，如4～9等表述法，普通高校的学员、研究生，属成人范畴，但他们的学习按现实一般理解，不属于成人教育。故上述概括性表述不足以准确表述成人教育的定义。

　　上述罗列性表述，多是国外一些专家的见解，尤其是1～3三个条目，是国际上通用的一些提法，长处是内容全面，但因是功能的罗列，不够简练。

二、对成人教育定义现状的成因分析

　　成人教育的定义如此五花八门，至少有以下两个方面的原因：

（一）动态发展

　　成人教育的动态发展，其称谓的变化展示得十分充分，"业余教育"、"职业教育"、"大人教育"、"工农教育"、"社会教育"、"民众教育"、"劳工教育"、"遥授教育"……每一种称谓都是当代成人教育基本特征的反映。随着成人教育功能不断扩大,原来的表述就因不够科学而被新的提法所代替。这不断的替代既是成人教育的本质规律不断被揭示的过程,也是成人教育走向成熟的标志,多样化的表述也就由此产生了。

(二)"种差"模糊

一般概念的逻辑定义方法是"被定义的概念=属+种差"。"教育"属下的各类教育为"种",而"成人教育"与"普通教育"的内涵就出现了交叉。而且随着教育的发展,成人教育已不仅仅是业余形式,这种"你中有我,我中有你"的状况,给成人教育的"种差"亦即独特本质属性的确定带来了很大的困难。于是就"逼"出了"罗列性定义"的表述方式。而社会在发展,成人教育本身也在发展,对成人教育的外延,到何时才可罗列穷尽呢?

三、对成人教育定义的一点思考

"成人教育"称谓的产生与被接受,表明其具有不能为其他教育所替代的特殊性。既然有其独到之处,就一定会找到确切而公认的表述方式。笔者以为,如果按通常习惯,以年龄(如18周岁)划分教育段落,是解决此问题的最好办法,但这与世界通常习惯不符。以现状为基础来探讨成人教育的定义,集上述概括性表述与罗列性表述之长处于一身,以简单的否定方法替代烦琐的罗列方法,成人教育可表述为:成人教育是终身教育体系中,面向成人群体成员实施的、一次连续性学校教育之外的一切教育活动的总和。

这个表述突出了如下五个要点:

第一,成人教育首先是教育,其可以是有目的、有计划、有组织的传授知识技能、培养思想品德、发展智力体能的统一活动，也可以是有意识的对教育对象个体德、智、体发展施加的任何积极影响，故成人教育是广义与狭义教育的集合体。

第二，成人教育是终身教育体系的组成部分。终身教育作为揭示人类未来教育本质的一种教育理念或在此理念指导下的教育体系及其过程，伴随人的生命里程分成若干段落，成人教育是这些段落中的最后一个，也是内容最丰富、任务最艰巨的一个。

第三，成人教育对象是成人群体中的成员，故具有成人群体的基本属性。以当代社会公认的"成人"为教育对象，应是教育时代性的应有之义。

第四，剥离与全日制普通教育的交叉。使用"一次连续性学校教育之外"这一定语的目的，在于解决不同情况下的成人参加普通教育的归类问题。人的童年和青少年时期，是全时参加学校教育时期，一般都要完成初、中等教育，之后出现分流。那些"中断"学习而进入社会和工作岗位的人们，在改变了社会生活方式的同时，也改变了社会责任与义务，之后再参加学习，就不再像职前学习那样"一身轻"了；那些继续深造直至完成博士后学习的人们，除了身心更加成熟，学习内容不断深化，学习方式并没有根本性的变化（还是学校教育），这也许正是人们为什么不把在校普通大学生的学习划归成人教育的原因所在；对于那些根本没有机会参加普通初、中等教育的人们，没有"一次连续性学校教育"的经历，其成人后参加的各种教育自然属于成人教育，而其未成年之前参加的扫盲和补充知识教育也只能归于成人教育之列了。

第五，完成了成人教育的定位。"定义"以"一次连续性学校教育"和"成人教育"把每个人的学习过程划分为两个阶段，完成了成人教育在终身教育体系中的历史性定位。在如此区分之下，无论是哪类学校或教育形式，都只是一个教育实体，既可为个体的"一次连续性"职前教育服务，也可为"一次连续性学校教育之外"的成人教育服务，对"职前、职后教育一体化"的理解与实施又多了一个新的角度。

这里有一个特例需要说明：对基础教育学生短期辍学又复学的情况应如何归类？笔者以为，只要复学时未达到成人年龄，亦即还未承担成人的社会责任，仍属"一次连续性学校教育"之内；如果已达成人年龄并承担了一定的社会责任，则应归属成人教育之列。

第二节　成人教育的目的

人类任何有意识的活动都有目的，目的又反过来主导着实现目的的活动过程。教育目的，上体现教育性质、教育方针，下决定培养目标和实施过程，具有承上启下的关键性作用。

一、关于教育目的的不同主张

教育目的也与其他一些教育概念一样，有广义和狭义之分。"广义的教育目的，是人们对受教育者的期望，即人们期望受教育者接受教育后身心各方面产生怎样的发展结果，或产生怎样的积极变化。狭义的教育目的，是指一个国家对教育活动结果规定出的要求，是国家为培养人才而确定的质量规格和标准。"[1] 人们通常研究的教育目的，多是就狭义而言的。

人们对教育目的的看法也有许多不同的主张，源于不同的价值取向，表现为倡导不同的目的类型，主要有如下三个方面：

（一）着眼于个体发展

主张教育的目的在于从人的本性出发，使人本能的需要得到

---

① 　柳海民.教育原理.长春：东北师范大学出版社，2000：269.

满足，人性得以发展完善，通常称为"个人本位"。在具体发展方式上又有不同，如：以进步主义教育流派为代表的"同步"式，倡导"儿童中心"，主张"教育是生活本身而不是生活的准备"，教师只是学习的向导；以永恒主义教育流派为代表的"发展"式，认为人性不变，但人有理性，教育的目的和任务就是使人们发展为理性的人；以存在主义教育流派为代表的"维护"式，认为个人是教育的主体，教育应以个人的自我实现为目标，维护个人的自由，指导学生进行自我选择；……这些流派或人物的思想，都极力强调"个人本位"的教育目的。

（二）着眼于社会需求

主张人是社会的附属，教育的目的应根据社会的需要来确定，通常称为"社会本位"。如以法国的孔德、德国的纳托普为代表的社会学派，认为教育的一切都应服从和服务于社会的需要，教育的目的在于造就社会化的人，要通过训练使人们无条件地为国家服务。孔德还明确指出："真正的个人是不存在的，只有人类方存在，因为不管从哪方面看，我们个人的一切发展，都有赖于社会。"[①] 又如以美国的康茨、巴格、布拉梅尔德等人为代表的改造主义教育流派，主张教育的本来目的是改造社会，解决文化危机，学校是形成社会新秩序的工具，学校的课程应围绕社会改造的中心来运行。

（三）鼓吹宗教主导

以新托马斯主义为代表，产生于意大利、法国、西班牙等国家，第二次世界大战以后，在信奉新教为主的国家广泛流行。其哲学源泉是中世纪的经院哲学——托马斯主义，主张把宗教作为教育的核心和最高目标，坚持课程宗教原则，内容复古主义，构建以宗教教育为根本的教育体系，实现培养真正的基督教徒和有

---

① 转引自：柳海民. 教育原理. 长春：东北师范大学出版社，2000：26.

用公民的目的。

以上各教育思潮的兴盛时期在 20 世纪 30～50 年代，而它们在教育领域的影响，至今虽有强弱，但并未根除，并由"群雄并起"的态势，相对集中于"个人本位"和"社会本位"两大主要流派，主导着今天人们对教育目的——尤其是成人教育目的的看法。

二、关于成人教育目的的思考

以上关于教育目的的不同观点，启发我们在思考成人教育的目的时，必须注意处理好以下三对关系：

（一）对立与统一

"个人本位"与"社会本位"构成了教育目的的两个对立方面。"个人本位"的积极意义在于强调以人为本，是对几千年来奴隶占有、封建依附思想意识乃至宗教思想禁锢的坚决批判与挑战。人是社会构成中最积极、最有生气的力量，是生产力的核心要素，人性的解放也是社会生产力的巨大解放。所以，教育着眼于人的发展，着眼于人的潜能的最大发挥无疑是正确的。"社会本位"的科学因素在于，社会是以共同的物质生产活动为基础而相互联系的人们的总体，社会发展的动力不是来自个体成员的随心所欲，而是产生在与实施共同的物质生产活动相适应的、在相互联系中实现共同目标的出色表现，而且有这种素质的个体并不是"个人本位"的必然结果。因此，按社会的需要培养人、塑造人，是社会积极教育活动的应有之义。由此可见，双方观点都有其合理因素，而推向极端后，都会走向其反面。任何科学的教育目的，都只能是"个人发展"与"国家需求"的辩证统一。

（二）一般与特殊

上述教育目的，一般是就一个国家教育的整体而言的，是"属"层次上教育的目的，可以理解为一个国家各类教育的共同

目的，也可以理解为各阶段教育目的的总和，于是就出现了
"种"层次上的各类教育的目的、教育分段目的以及教育分项目
的如何确认的问题。实际上，无论是国家面对的普通教育、职业
教育等不同教育类别的群体，还是每个学生个体接受的幼儿、小
学、中学、大学等不同阶段的教育，从目标指向到内容的选择，
都要以受教育者身心一般发展规律与履行社会责任的需要为依
据，故成人教育在现行教育的整体目标中具有特定的目的要求与
实现方式。

（三）共性与个性

成人教育目的相对教育目的来说，是一般与特殊的关系，而
不同类型、不同国家、不同层次的成人教育对成人教育整体来
说，是又一个一般与特殊的关系，所不同的，前一个一般与特殊
体现的是局部与全体的"合成"关系，后一个一般与特殊体现的
是抽象与具体的"表现"关系，即成人教育的目的是从各种不同
形式成人教育中抽象出来的而不是累加出来的。因此，研究成人
教育的目的，不能只停留在其实现教育目的中肩负的整体责任，
还要着重明确其在不同教育类别、形式中的不同要求，亦即如何
面对不同的需求与处于各种状态下的成人学员，通过丰富多彩的
教育形式，以灵活生动的个性特点去实现成人教育的共性要求。
这也是成人阶段教育与幼儿、基础阶段教育的不同之处。

三、现阶段我国成人教育的目的

由上述确定成人教育目的的三个关系可知，一个国家成人教
育的目的既是国家整体教育目的的组成部分，又是各种类别、形
式成人教育目的的共性抽象，具有承上启下的重要意义。

1957年毛泽东提出的教育方针，确立了社会主义中国的教
育目的——培养有社会主义觉悟的有文化的劳动者。它作为指导
中国社会主义教育的总目的，成人教育也一直遵循此目的开展教

学活动，培养各类人才。党的十一届三中全会以后，中国进入社会主义现代化建设时期，有人提出成人教育的目的"就是要把我国的社会主义建设者培养成为有无产阶级政治觉悟，有现代科学文化，既能创造高度的物质文明，又能创造高度的精神文明，为社会主义现代化作出贡献的人"[①]。这些表述也还只是社会主义教育目的在成人方面一些具体化的提法。之后，在有关书籍、文章中，对成人教育的目的也有不少的表述，但大都是对职工教育、干部教育、教师教育等单项教育目的的表述。直到 1987 年 6 月，国家教育委员会在《关于改革和发展成人教育的决定》中才明确表述我国成人教育的目的为："成人教育要从我国的国情出发，坚持直接有效地为社会主义建设服务的方向，把全面提高劳动者的素质作为根本目的。"这一概括在坚持了我国教育目的的基本要求的同时，又突出了成人教育的特点：

1. 在坚持我国教育的社会主义性质、特点的同时，突出了培养"建设人才"的方向与重点，澄清了过去曾一度存在的把教育作为"阶级斗争工具"的畸形定位，也较好地划分了与普通教育的社会分工，为成人教育内容的广泛性、灵活性提供了理论依据与实践指导。

2. 在坚持社会主义教育阶级性质的同时，突出了培养"劳动者"的实践方向，从教育对象与教育结果两个维度上给予了成人教育以准确定位，推广了半个世纪以来我国教育的基本经验，体现了"三个代表"重要思想，也体现了未来教育民主化、大众化的发展趋势。

3. 以"全面素质"代替"德、智、体"的提法，拓展了成人教育的质量标准。一般说来，素质既包括感觉器官、神经系统的先天解剖生理特点，也包括在社会实践中形成和发展起来的心理素质、科学文化素质、道德、审美素质、体能与交往素质等。

---

① 哈尔滨市成人教育学会.成人教育学（内部资料）.1980：82.

对于成人学员来说，其承担社会角色的多样性，决定着其知识需求与能力提高的多维性，因此以"全面素质"代替"德、智、体"的提法，既坚持了社会主义人才结构的核心内容，又适应了现代与未来继续教育以及终身学习社会对人才的智能无限需求，同时，也为各类成人教育的特色发展提供了广阔的空间。

4. 把"从我国的国情出发"作为确定成人教育目的的基础与前提条件，强化了成人教育的实效性。世界范围的国家间，国家范围的区域间，教育发展的不平衡是绝对的。中国的成人教育不能照搬外国，地区间的成人教育也不能"一刀切"地去要求，一切要从实际出发去规划、设计乃至实施，甚至深化到对每个学员因材施教的层面。通过加强教育的针对性，提高教育的实效性，才能构建出具有中国特色的成人教育体系。

5. 强调服务的"直接有效"性，强化了成人教育是培养社会主义建设事业的"当班人"的基本特征，同时告诫成人教育的理论与实际工作者，必须从以培养"接班人"为目标的普通教育模式与方法的影响中解脱出来，从教育目标的确定、教育内容的选择、教育方法的运用，直至教育评价的导向，都要从成人学员的实际需要出发，贯彻用啥学啥，缺啥补啥的原则。需、学、用三位一体，互相促进，这不仅是提高成人教育效益的有效措施，更是成人教育特色的具体体现。当然，这里的"直接"不能理解为成人教育就是简单的实用主义。"直接有效"要达到的目标就是理论联系实际。

第三节 成人教育的特点

特点，一般指一事物区别于其他事物的显著标志。成人教育的特点，是指其相对于普通教育的不同之处。这里以普通教育为参照，是因为从历史发展看，普通教育一直是人们观念中的正统教育，而且，通过职前、职后两个阶段的比较，有助于对终身教育的理解。成人教育的基本特点，主要表现在教育过程及其体现的教育理念两个方面。

一、教育过程

成人教育活动较之普通教育活动的不同点，可简单概括为"开放"。"开"是打开，相对于"封闭"而言；"放"是扩展、放任，相对于"约束"而言。成人教育相对于传统学校教育的开放性，可形象描述为打开了学校的围墙，同时带来了如下诸多变化：

（一）学习活动业余

成人学习活动的业余性，体现在"表"、"里"两个层面上。作为"表"层面上的业余性，是指使用每天八小时以外的时间学习。因为劳动是成人的生存之本、为人之道、经济之源，对于绝大多数成人个体来说，在劳动与学习及其代表的现实与长远利益发生矛盾冲突时，只能放弃长远而保证当前。这一选择使成人学习的业余性进入"里"的层面，亦即在多数成人的思想观念之中，社会角色、家庭角色为重，是主业，而学生角色是从，是"副业"。成人教育正是针对成人群体面对教育活动表现出两个"业余"的事实，选择了利用工作以外的时间为社会劳动者提供学习机会的切入点，做到了全日制普通教育无法做到的事，开辟出教育的崭新领地，并以其强大的生命力赢得了独立生存的空间与权利。

（二）教学目标多样

全日制普通学校教育是鲜明的分段教育，各段上的教育对象具有大体相同的生理、心理特征及成长、发展规律，因此国家对各段上的教育制定有相对统一的培养目标。成人教育则全然不同，一开始就表现出各取所需的发散指向。如30岁刚刚参加工作不久和60岁已离开工作岗位的成人，对生活的感受和追求绝不会相同；一名高科技人员的继续学习与一个待进行功能扫盲的社会成员，绝不能在学习内容上找到共同点。故对于成人学员来说，只要有学习需求，有面向需求的教学活动，就会有相应的教育目标。所以"成人教育的目标"也许不如说成"成人学习目标"更为贴切。至于某部分人某一时期某个方面学习目标的共同性，也不是不存在的，如某专业层次的学历教育，指向某特定需求的培训班、辅导班等。即便是集中了某些特性的学习群体中的成员，每个人的学习兴趣与重点也大有差别。因此，成人不同的学习需求决定不同的教育目标，进而决定着不同的学习内容与实践策略，这也是成人教育开放性的表现形式之一。

（三）教育形式多种

业余教育活动的产生是有其鲜明的时代背景和一定的社会条件的。普通学校中开办夜校部，是成人教育的早期形式。虽然其"就地就近"有很大的局限性，但其重要的价值不仅仅在于全日制教学时间的延伸，延长了人类教育时间，还在于突破全日制学校教育一统天下的办学理念。造纸、印刷技术的推广及邮电事业的出现，孕育了传统函授教育，函授教育作为最早的远程教育，又冲破了全日制空间束缚，使信函可以达到的地方都可以成为学习的场所。如今，不仅传统的夜大学教育、函授教育、假日学校经久未衰，广播电视教育、多媒体教育方兴未艾，更现代的计算机网络教育又在崛起……知识经济需要、现代技术手段与终身教育理念，仍将发展和不断完善着适合任何情况下成人学习需要的多样化成人教育体系。

（四）教育技术特效

由于成人学员追求的目标、要求的内容、现实的基础与所处的环境的巨大差异，很难确定适合整个成人群体的教育技术与教学方法。因此，成人教育可以运用的教育技术与教学方法，不是哪一种最好，而是哪一种对于哪些人、什么内容乃至什么条件下更好。故在传统的与现代的传媒库中，应该是什么适合就用什么，哪些有用就用哪些，"有效"是选择使用教育技术与教学方法的唯一标准。

二、教育理念

"理念"亦即观念，一般指人们对事物的思想或看法。人们对成人教育的看法，既有不同的评价角度，也有不同的要求标准，结论自然不会是一样的。笔者认为，相对于全日制普通教育的培养观，成人教育应突出"帮助"的理念，即针对成人对象的各种学习需求，帮助他们发展完善，通过不断达到阶段性目标，最终实现总的发展目标。成人教育对学员发展的帮助作用主要体现在三个方面：

（一）强化主体

教师与学生在教学过程中的关系是"主导"与"主体"的关系。也有教师、学生"双主体"的提法。总之，在"学生是教学活动主体"这一点上没有任何异议，这是任何形式、层次教育的普遍规律。然而，在普通教育——尤其是普通初、中等教育阶段，由于学生处于知识积累和社会经历较少时期，其主体作用的发挥具有相对的局限性。成人学员则不然，学员在教育活动中的主体作用十分充分。首先是学不学、学什么都由学员自主确定。成人学员现实、自主的学习目的，奠定了自觉学习的良好基础。其次是利用什么时间、采取何种方式、达到什么目的、选择哪所学校、如何解决来自各方面的困难等直接影响学习活动的诸多事宜，都由学员从自己的实际出发确定。只有当学校的教学行为与学员的实施计划在教育规律的层面上达到协调统一之后，教育活动才会收到最佳效果。第三，自学为主。学员从自己的需要出发，通过自主选择和自我导向，构建自我实现的学习过程。自学作为完成学习过程的主要形式，是实现自我设计目标的最佳途径。教育者的责任，是为学员的自主、分散的学习活动提供及时、有效的帮助，实现从"我来办，你来学"向"你需要，我来帮"的机制转化。

（二）认知互动

认知过程是人们在同一环境中相互交往时，对那些接收到的信息进行系统的解释和重新组织的过程。新的教育信息与学员已有知识、智能结构的相关性，直接决定着认知水平与教学效果。对于成人学员来说，已有的知识基础与阅历经验，提供了较高层次的认知平台。如果教师能采取有效的教育策略，加强与学习中成人学员的信息与思想互动，把学员在实践中格外关注甚至带到课堂上来的问题纳入教学视野，就会在教学目标上实现教、学、用的高度一致，在探究式学习中实现已有知识、经验的联结与共鸣，提高新、旧知识的同化与迁移效率，进而使教学活动收到事半功倍的效果。

（三）机会多重

职前教育鲜明的阶段性特点，决定了受教育者每个年龄阶段上的学习不可能也没有必要重复进行。成人教育则不然，周边环境的影响、工作岗位的变动、生活质量的提高等迫使个体不断增加新知识，认知新领域。实现这些目标的唯一途径就是学习。而占有大半个人生的成人阶段提供了反复学习、应需提高的时间可能。成人学习既可以补偿以前某个阶段的教育缺憾，也可以结合岗位工作需求学习新知识，提升学术水平或岗位工作能力，还可以通过学习掌握新科技，冲击新的领域……总之，成人教育把普通教育系统层次递进的线性结构拓展到空间结构，就像溪流汇聚成大海一样。实际上，伴随时代进步与知识经济的发展，普通教育尤其是基础教育过程愈来愈成为按时代需要培养国民综合素质和引导学生学会学习的过程，而成人教育才是科技知识转化为现实生产力的过程。成人教育的可重复与多机会，为其功能的尽力发挥创造了极为有利的条件。

　　综上所述，成人教育对成人学员的帮助，主要体现在三个层面：一是成人学员作为成人教育行为的主体，办学者从创造条件的角度提供帮助，从而使成人的学习愿望成为现实；二是成人学员作为教学过程的主体，教育者以互动为信息交流的主要形式，从促进发展的角度提供帮助；三是成人学员作为构成当代社会生产力的主体，国家须从终身教育的角度提供帮助，确保国民通过终身学习不断发展自己和奉献国家。可见，"帮助"作为成人教育理念，在一定程度上揭示了成人教育的本质。

　　这里要特别强调的是，成人教育帮助学员满足的"需要"包含两类基本内容：一类是社会与个体的共同需要，如科学知识、专业技能等。由于成人学习的自主选择性，这类学习主要由个体内因驱动，教育活动重点在于如何在互动中更好地掌握教学内容，实现知识的运用与能力的转化。另一类是社会与个体虽有长远一致性，但现实中部分个体认识不足或兴趣不浓的需要，如思想品德教育、人文社会科学知识、奉献社会的道德等。实现国民"个人中心"向"个人与社会共同发展"的转变，是社会教育的根本任务。由于成人的世界观已基本形成，一般对此类学习的内驱力弱，故教育者对此类教育要倍加关注，要结合学员的思想实际采取行之有效的教育形式与方法，提供潜移默化的指导性帮助。可见，成人教育对成人学员的帮助是多角度、全方位的，是综合性的。

　　以上概述了成人教育的一些基本特点，这里还需要加以说明的是，这些特点只是成人教育与普通教育两大教学类别的比较，并不能包括两个教育对象群体中的特殊情况，而且任何事物的作为本质外在表现形式的特点，都是随着客观世界的发展而变化的，因此，上述概括的三个方面的主要特点只有一般性、阶段性参考价值。

第四节　成人教育的本质

本质，指事物的内部联系，由事物的内在矛盾所决定。教育的本质一直是人们讨论的热点问题，也有许多不同的观点。

一、对教育本质的诸多看法

（一）上层建筑说

认为教育的本质属于上层建筑。理由有四：

第一，教育具有上层建筑的基本特点。上层建筑由经济基础决定，并随着经济基础的变化而变化。教育不是物质生产部门，却与物质生产息息相关。迄今为止，伴随人类社会的五种不同经济形态，已产生了相应的五种教育，故教育具有上层建筑的基本特点。

第二，教育的主导方向，如教育的指导思想、教育目的、教育方针政策等，既由社会的政治、经济所决定，又为社会的政治、经济服务。

第三，教育内容属于意识形态范畴，尤其是思想教育的政治性、阶级性导向，从观念的角度影响社会的经济及其他活动。

第四，教育通过培养统治人才巩固政权，反作用于经济基础。

（二）生产力说

认为教育基本上属于生产力。理由有四：

第一，教育是劳动力再生产的手段，而劳动力是生产力的主要因素。

第二，科学技术是第一生产力，而科学技术的运用、发展与创新都离不开知识传授与创新人才的培养，故教育通过科技产生生产力。

第三，教师的劳动是生产劳动，教师是社会生产者，教师的劳动属于社会生产力的范畴。

第四，随着社会的发展，教育作为第三产业的特性愈加突出。在世界经贸组织的规划中，教育服务也已列入产业服务类目之中。教育产业可以创造物质财富，成为经济基础的组成部分。故教育基本上属于生产力。

（三）多重属性说

认为教育具有多重属性。教育是一种复杂的社会现象，教育中的每一种因素都不能单独决定教育系统活动的本质，而教育的某一方面的特性也都不能代表教育本质特性的全部。因此，教育活动的本质属性不是单一的。具体有：双重属性说，认为教育具有上层建筑和生产力双重属性；三重属性说，认为教育具有实践性、生产性、政治性三个方面的本质属性；……

（四）特殊范畴说

认为教育是不同于其他社会现象的特殊范畴，故应从教育本身的内部矛盾入手来揭示其超越时空、纵贯古今的本质特征。有的提出"教育是传授知识和传递社会经验的工具"，有的认为教育的本质在于"促进个体的社会化"，等等。

（五）人才培养说

论者提出，"人类从古至今纷繁复杂的各类教育现象中同一的、普遍的、稳定的，且与其他社会活动有根本区别的教育的质的规定性是：有目的、有计划、有组织地培养人的社会实践活动，即根据一定社会需要而进行的培养人的活动或培养人的过程"[1]。

---

① 柳海民．教育原理．长春：东北师范大学出版社，2000：139.

（六）"第三部门"说

论者针对我国的社会主义市场经济逐步发育成熟的现状，提出"市场促成了利益追求各不相同的利益群体，教育是一个利益冲突集中的领域，不同的人对教育有不同的利益追求，试图通过教育实现不同的目的。同时，教育又是一个涉及社会公平的敏感领域，人们关注着教育的公平与效率问题，教育的公益性问题，教育的普及和大众化问题"，"市场经济的建立使传统的经济共同体发生改组，分化出市场领域、政治领域和介于这二者之间的一个社会领域，即第三部门。不同社会领域的产出不同，社会的调控手段也不同。教育属于第三部门，学校及其他教育机构是介于政府和企业之间的非营利性社会组织；教育产品是非垄断性的公共物品，可以通过政府和非营利性机构两种资源配置机制来向社会提供"①。

还有其他诸多提法，在此不一一列举。

二、产生多种看法的原因

对教育本质的不同看法，源于人们不同的认识角度。上层建筑说是从教育对所处社会的依赖关系的角度来研究，强调了教育作为上层建筑的属性；生产力说主要从教育产品对社会的作用角度研究，强调了教育促进生产力发展的属性；特殊范畴说是把教育从社会政治、经济的依赖关系中暂时剥离出来，去研究教育自身固有的规律性；人才培养说是从教育的诸多打着时代印记的特性中提升出古今中外、现在未来所共有的超越时空的根本性质，突出教育诸多属性的内核部分；而"第三部门"说则是从市场经济分化出的政治、市场、社会三个领域及其综合产生的学术、政治、市场三种力量角度研究，突出教育发展的动力系统及运行机

---

① 劳凯生．社会转型与教育的重新定位．教育研究，2002（2）.

制。上述研究问题的不同角度，可以借助下图简略描述：

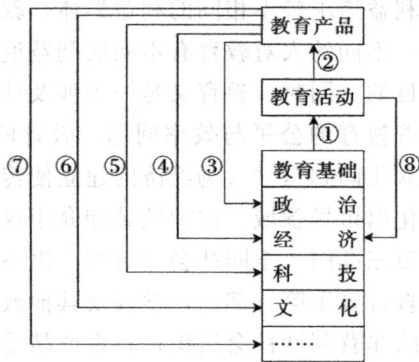

图中①、③、⑥产生上层建筑说，④、⑤、⑧产生生产力说，①、②产生人才培养说，①～⑧产生多重属性说。至于"第三部门"说强调教育介于市场与政治领域之间，此图无法表述。

上图的描述方式也许不是科学的，它只是给人们提供一个形象化的观察角度，也就是说，从不同角度探索的结果，都只刻画了教育社会作用的某一个侧面，即某一种职能或属性。而要完成对教育本质全面的刻画与概括，只能寻求两种办法：一是找出能囊括各个方面的表述，这是很困难的；二是提出能隐含各个方面的表述，这需要尝试。

生活在一定社会形态中的人们所面对的根本矛盾，就是"人与自然"和"人与社会"两对矛盾，即面对物质与精神两个世界的挑战。教育作为人类特有的现象，其根本的任务就是通过不断调整人类整体及其构成个体对客观现实的认知差异，帮助人们应对来自两个世界的挑战，实现社会发展与个体发展的辩证统一。面对物质世界，教育帮助人们认识与改造（有限地）自然，创造生存与发展的物质基础，属于生产力的范畴；面对精神世界，教育帮助人们调整人与人之间的关系，使人们从敌视、对抗，发展到共处、依存与合作，这是上层建筑要完成的任务。因此，运用"发展"的概念刻画教育的本质，有助于对教育多种职能的抽象与概括。

三、成人教育的本质

终身教育观念下的成人教育，与普通教育一起，构成了人类教育的两个阶段。同为教育的组成部分，二者的本质显然是一致的，可表述为：人类为实现自身与生存环境的辩证统一而对其成员实施的有目的、有计划、有组织、有指导的发展过程。在此基础上，普通教育与成人教育的区别在于：普通教育是以适应未来需求为导向，以综合素质提高为主要目标的发展；而成人教育是以现实社会需求为导向，以生存能力与生活质量提高为主要目标的发展。由此，成人教育的本质可表述为：人类为实现自身与生存环境的辩证统一而对其成员实施的，以现实社会需求为导向，以生存能力与生活质量提高为主要目标的有目的、有计划、有组织、有指导的发展过程。此表述的主要内涵有：

第一，成人教育作为教育的组成部分，也是人类特有的现象。

第二，成人教育的目的是发展，是人类"实现自身与生存环境的辩证统一"。这里的"生存环境"是广义的，包括政治、经济、文化等诸多方面；"辩证统一"是动态的、变化的，对于个体来说直至生命的终结，对于人类来说则没有终点。

第三，教育的内容选择以现实社会需求为导向，以生存能力与生活质量提高为主要目标。社会需求是动态发展的，生存能力也富于实践性、针对性、整合性与持续发展性。

第四，"四有"是对教育整体而言的。其中"有组织"在成人教育中主要理解为系统化了的教育行为，既有班级授课制下的学生组织，也包括远程教育中的资源组织与支助服务系统。而"有指导"主要强调教学活动的双边性及学生在其中的主体性，指导要在帮助中实现。

上述概括揭示了成人教育的目的性、社会性、动态性、民主性、规律性以及实践性、连续性与终身性等一系列基本特征，隐含了前述关于教育本质诸多表述的含义，既源于现实，又超越时空，较好地揭示了教育的本质属性。

第五节　成人教育的教学原则

原则，一般指观察处理问题的准绳。教学原则，是教学工作必须遵循的基本原理和要求，是指教学工作的基本准绳。正确理解与恰当运用教学原则，对于提高教学效果具有十分重要的意义。

一、教学原则的历史积累

回顾一下人类教育历史就可以发现，教学原则体系的建立，是一个历史的积累过程。

（一）古代社会的教学原则

从世界范围看，教学原则产生于私学的兴起，是教学活动的经验总结。虽然当时未必有现在这样精当的表述，但具体的内涵还是十分清楚的。在我国，早在公元前 6 世纪初，孔子等教育家就提出了一系列教学原则。

1. 启发诱导（孔子）

孔子认为，学生掌握知识是一个主动探索和领会的过程，教师要善于把握教育的有利时机，具体表述为："不愤不启，不悱不发，举一隅，不以三隅反，则不复也。"

2. 因材施教（孔子）

孔子认为，教学必须从学生的实际出发，根据不同的情况有的放矢地进行教育和教学，做到因材施教。鉴于此，教师要对每个学生有深入的了解，在教学中发挥其长，补偏救弊，各得其所。

3. 学思结合（孔子）

孔子认为，学生学习要经过自己头脑的认真思考，其中"学"是"思"的前提与基础，不学而好思，虽知不广矣，"思"是"学"的升华与提高，学而不思，就会茫然无所得，精辟地阐发了学与思的辩证关系。

4. 学、行并重（孔子）

孔子认为，学习知识是为了实际应用，要求其弟子把学到的政治、伦理、道德知识自觉付诸实践，达到"学以致其道"的目的。在孔子的"行"中，还包括学习行为中的学习、练习过程，据此又衍生出"温故而知新"的教学原则。

5. "有本"、"有源"、"有用"三表（墨子）

是墨子以学生获取知识的"闻知"、"说知"、"亲知"三条途径为基础提出的一条教学原则，其中："有本"是说认识、研究事物与教学须以古代圣贤和历史文献记载的间接经验为教学的有力证据；"有源"是说认识、研究事物与教学仅凭古人的间接经验还不够，还必须考察广大群众耳目所接触的直接经验；"有用"是说认识、研究事物或教学须同国家与人民的利益联系起来加以考察，看其是否有实际效用，是否解决实际问题。

6. "察类"、"明故"（墨子）

"察类"即考察类之异同；"明故"即追求原因，掌握"物之所以然"之理。只有"察类"，才能更好地"明故"，使受教育者了解事物之间的联系，掌握事物的本质及其规律。也就是说，教育不仅要知其然，还要知其所以然。

7. 深造自得（孟子）

孟子说："君子深造之以道，欲其自得之也。自得之，则居之安；居之安，则资之深；资之深，则取之左右逢其源。"意思是说，教育过程中要引导学生自己钻研问题。只有经自己钻研理解的知识，才能记忆牢固，经日积月累，才能融会、丰富，用起来得心应手。

8. 盈科而进（孟子）

有源之水，奔流不息，当注满一个洼坑之后，就会继续向前奔流，直到归入大海。教学也应该像奔涌的泉水一样，在学懂一个知识细节之后再学习新的内容。如果求"速"而不讲"质"，则"欲速则不达"。这就是后人概括的"循序渐进"原则。

9. 教亦多术（孟子）

是孔子因材施教原则的具体化。他说，"君子之所以教者五：有如时雨化之者，有成德者，有达财者，有答问者，有私淑艾者"，强调根据学生不同的情况确定教学内容及方式、方法。

10. 兼陈中衡（荀子）

荀子认为，"凡人之患，蔽于一曲，而暗于大理"。为了防止"一叶障目，不见泰山"的认识偏差，在得出结论之前，要把事物的方方面面都展现出来，加以比较，综合各方面的情况后再得出结论。这样不仅有利于准确掌握各种知识，还有利于探索知识之间的联系。

11. "预"、"时"、"孙"、"摩"（《学记》）

《学记》中提出："大学之法，禁于未发之谓'预'，当其可之谓'时'，不凌节而施之谓'孙'，相观而善之谓'摩'。此四者教之所由兴也。"这里阐述了以下四条教学原则：预防为主的原则（"禁于未发"），是说把学生可能产生的坏思想、坏习惯消除在萌芽之中；及时施教原则（"当其可"），一是指青少年应在最佳的年龄时期入学读书，二是指教师要把握住施教的关键时机，及时点化；循序渐进原则（"不凌节而施"），即按学生认识活动的顺序、接受能力以及科学知识的内在逻辑关系安排内容，设计教学；教学相长原则（"相观而善"），强调师生之间的切磋琢磨，取长补短，借助合作的力量共同进步。

12. 长善救失（《学记》）

《学记》中说："学者有四失，教者必知之。人之学也，或失则多，或失则寡，或失则易，或失则止。此四者，心之莫同也。知其心，然后能救其失也。"也就是说，学习者容易在四个方面出现缺点或失误：或贪多而消化不了，或追求专、深而知识面太窄，或因不肯吃苦而避重就轻，或因畏难退缩而浅尝辄止。这四种缺点都是由于学生的心理状态不同而造成的。作为教师，必须了解学生的学习心理，然后有针对性地做好教学工作。

13. 藏息相辅（《学记》）

《学记》中说："大学之教也，时教必有正业，退息必有居学。"认为学习应包括校内的"正业"和在家的"居学"两个方面。"正业"指正课，是学习的主方向、主渠道，应通过校内的正规学习（即"藏"）完成；而"居学"是辅助正课的课外学习，放学在家（即"息"）时进行。这样正课学习与业余学习相辅相成，有利于学生的成长。

以上是我国古代一些教育家对部分基本教学原则的阐述。而在国外，同一时期的发达教育主要在希腊，也产生了一批教育家及其教育思想。如智者学派的开创者罗塔哥拉（前481～前441）的"有教无类"思想，苏格拉底（前469～前399）的"知识产婆术"，德谟克里特（约前460～约前370）的"人应该多发展理解，而不是多积累知识"，亚里士多德（前384～前322）的分期教育，德、智、体和谐发展思想等，与我国古代教育家提出的教学原则也有许多相同之处。可见，教学原则是一定历史时期教育教学发展水平的重要标志之一。

（二）资本主义教育的教学原则

17世纪，捷克教育家、近代资产阶级教育理论的奠基人之一夸美纽斯创立班级授课制之后，以班级授课制为中心的学校教学原则相继产生，构成了较完备的资本主义教育制度下的教学原则体系。其中代表性人物及其主要观点有：

1. 夸美纽斯（1592～1670），捷克教育家。作为近代资产阶级教育的先驱，他在《大教学论》中首先提出了"教学原则"这一概念，阐述了以自然适应性为基础的37条教学原则，其中主要有以下5条：（1）直观性原则，认为一切知识都是从感官的感知开始的，直观是知识的科学性与准确性的可靠保证；（2）自觉性与主动性原则，认为求知的欲望是人的一种天然倾向，父母、教师要尊重儿童的自然情感，想方设法激发学生求知的欲望，引导学生自主自愿地进行学习；（3）系统性原则，要求教师把一个学科的知识排成一个整体，遵守从易到难、由简到繁、由近及远、由具体到抽象、由已知到未知等规则实施教学；（4）量力性原则，要求教育要适应儿童的年龄特征和接受能力，合乎儿童的身心发展水平；（5）巩固性原则，把知识的巩固看做教学彻底性的标志，强调不仅要使学生领会知识，牢牢地记住知识，并且会应用知识，倡导理解性教学，多进行复习练习。

2. 裴斯泰洛齐（1746～1827），瑞士教育家。他认为教育的目的在于发展人的一切天赋力量和能力。只是因为有了教育，人才能成其为人。人人均应受教育，应该使教育成为全民的财富。并提出"直观性"、"循序渐进"和"理论联系实际"等教学基本原则。

3. 乌申斯基（1824～1870），俄国教育家。他以民族性原则为基础构建的教育体系，突出德育，强调以爱国主义为核心的人格教育。他在教学论中提出了"自觉性与积极性"、"直观性"、"连贯性和量力性"、"巩固性"等基本原则。

此外，19 世纪德国教育家第斯多惠在《德国教师教育指南》中提出的以文化适应性为主的 33 条教学原则，19 世纪德国教育家赫尔巴特从伦理学和联想心理学出发提出的教学中"使新、旧观念相联系"、"教学的教育性"、"教学的目的性"等原则，20世纪美国教育家杜威以实用主义为指导提出的"从做中学"的教学方法原则，以及继杜威之后，美国的布鲁纳从结构主义心理学理论出发提出的动机、结构、程序、强化等原则，都大大丰富了资本主义教学原则体系。

（三）社会主义教育的教学原则

社会主义教育的教学原则，首先由社会主义苏联的一批教育家提出。其中有代表性的如：

1. 凯洛夫（1893～1978），教育家。他总结苏联社会主义教育实践经验，提出了 7 条教学原则：（1）学生的自觉性、积极性原则；（2）直观性原则；（3）教学中的理论联系实际原则；（4）教育的系统性与连贯性原则；（5）巩固性原则；（6）可接受性原则；（7）在集体教学条件下对学生个别指导原则。

2. 赞科夫（1901～1977），教育家和教育心理学家。他在"小学教育新体系实验"中提出了如下"新教学论原则"：（1）高难度进行教学的原则；（2）高速度进行教学的原则；（3）使学生理解学习过程的原则；（4）使全班学生包括差生都得到发展的原则。

3. 巴班斯基（1926～1987），教育家。1979 年提出了 10 条教学原则：（1）综合解决教学、共产主义教育和学生的发展等任务的教学目的性原则；（2）教学的科学性，教学与生活、共产主义建设的实际相联系的原则；（3）教学的系统性和连贯性原则；（4）教学的可接受性原则；（5）鼓励学生正确对待学习，使学生产生认识兴趣并有求知欲望的原则；（6）教师指导下的学生自觉性、积极性和主动性原则；（7）口述的、直观的、实践的、复现的和探究的及其他教学方式的最优结合和运用原则；（8）课堂教学和课外学习，全班的、小组的与个别的教学形式的最优结合和运用的原则；（9）创设最优的教学条件原则；（10）教育、教学和其他成果的巩固有效性原则。

我国的教育工作者结合基础教育实践，也提出了许多切实可行的教学原则，建立了可行的教学原则科学体系。主要内容包括：（1）科学性与思想性统一的原则；（2）理论联系实际的原则；（3）传播知识与发展智力相统一的原则；（4）教师主导作用与学生主动性相结合的原则；（5）直观性原则；（6）启发性原则；（7）循序渐进原则；（8）巩固性原则；（9）因材施教原则。

（四）教学原则的发展特点

从以上各种社会形态下教育教学原则的历史发展过程可以看出，作为一般意义上的教学原则，具有三个基本特点：

1. 继承性，即从其产生后就一直延续使用的原则，如启发诱导、因材施教、循序渐进、教学相长、直观性、巩固性、理论联系实际等原则。这些原则一开始就揭示了教学的本质规律，故具有相当的稳定性。只要教学基本形式不变，这些教学原则也不会发生根本性变化。

2. 时效性，即伴随时代的发展，或者已经失效，或者已经演化为其他的原则。前者如"盈科而进"、"兼陈中衡"等。因为随着人类知识量的无限增长，不可能再把每个知识点的来龙去脉都展示出来去比较研究，或把每个知识点都搞懂弄通之后才去接触别的知识，只能从人类整个知识宝库中精选出能代表知识基本特点、学科本质规律及对新知识学习具有认知基础性与方法指导性的知识作为教学内容，满足近期的知识需求和长远自我发展能力的培养。后者如"察类明故"、"学思结合"、"教亦多术"等，已同其他的教学原则结合使用。

3. 发展性，是指在教学原则体系的发展进程中，永远会有新的教学原则加入而推进教学活动的时代发展。如资本主义制度较之古代教育增加了"自觉性与积极性原则"、"巩固性"、"程序化"原则等；而共产党领导的社会主义突出政治方向性、教育的人民性，故在社会主义教育原则中又增加了"科学性与思想性相统一"、"综合解决教学、共产主义教育和学生的发展等任务的教学目的性原则"等教学原则，同时又增加了"使学生理解学习过程"、"创设最优的教学条件"等适应时代发展的教学原则，还有的是局部提出的、有待实践认定其普遍适用性的原则，如赞科夫提出的高难度、高速度进行教学的原则等。总之，随着时代的变迁和教育形式、内容、目的、作用的发展变化，教学原则仍将处于永远的动态发展之中。

以上三个特点表明，研究教学，首先要关注对各级各类教育具有普遍指导意义的教学原则。尽管对于不同形式、对象的教育活动，不同原则的作用程度可能有所不同，但由于这类原则反映了教育的基本规律，只要运用正确，就会对教育的发展产生积极的影响。同时，还要关注各类教育的特殊性，研究具有特指性的教学原则的科学实施问题，通过共性与个性的辩证统一突出办学特色，提升教学水平。

二、成人教育的教学原则

成人教育作为人类教育活动的重要组成部分，既体现教育的共性，又有自身的特性。故历代社会积累的教学原则，包括班级授课制的一系列教学原则，许多对成人教育也是适用的。当然，也有其特性的一面，如哪些原则更重要，同一概念有并不完全相同的内涵等。

（一）成人教育教学的一般原则

我国成人教育理论工作者对成人教育教学原则有过多种概括，如：

1. 关世雄等提出的八条原则[①]：

（1）科学性与思想性相统一的原则；

（2）理论联系实际的原则；

（3）教师的主导作用与学员学习的自觉性相结合的原则；

（4）传授知识与发展智力、培养能力相结合的原则；

（5）传授新知识的及时性与学习知识的巩固性相结合的原则；

（6）统一要求与因材施教相结合的原则；

（7）系统性与循序渐进相结合的原则；

（8）传授知识与教会学习方法相结合的原则。

2. 熊华浩提出的七条原则[②]：

（1）理论与实际相结合的原则；

（2）教师主导作用与学员自觉性、积极性相结合的原则；

（3）针对性、灵活性与系统性、连续性相结合的原则；

（4）速成教学与能力发展相结合的原则；

（5）政治、文化、技术、管理教育相结合的原则；

（6）统一要求与因材施教相结合的原则；

（7）传授新知识的及时性和学习新知识的巩固性相结合的原则。

其他一些成人教育研究成果中，有些也涉及对成人教育教学原则的探讨。

（二）成人教育教学的特殊原则

从以上学者的阐释中可以看到，成人教育的教学原则虽与普通教育的教学原则有颇多共同之处，但由于教育对象的成人特征，成人教育的目的、教学过程都具有不同于普通青少年职前教育的特殊性，确有自己的独特之处。笔者认为，成人教育教学原

---

① 关世雄，张念宏. 成人教育手册. 北京：北京出版社，1986：157、158.

② 熊华浩. 成人教育的理论与实践. 武汉：湖北教育出版社，1987：164～174.

则中的特殊性部分，可通过如下四条原则作出表述：

1. 多样——灵活性原则

成人教学的多样性，主要表现在三个方面：

第一，教学目的的多样性。当成人教育代替成人"失去的基础教育"时，其目的是扫除功能文盲；当成人教育去补充成人的"初等或者职业教育"时，其目的是基础文化教育或职业训练；当成人教育帮助成人"延长现在的教育"时，其目的是帮助人们适应客观环境的需求；而面对"已经受过高级训练"的人们开展的成人教育，目的是更好地发展人的个性。在人类终身学习的各个阶段，都有成人教育的用武之地。成人教育的多重目的性，对成人教学过程显然提出了不同的实施要求。

第二，教学内容的多样性。为实现上述多重教育目的，自然涉及宽泛的教学内容。而对于不同的教学内容，要采用相应的教学形式，不是某一种固定的模式就能达到广泛适应的目的的。

第三，教学形式的多样性。教学内容的多样性与教育对象的巨大差异性，决定了教学形式、教学方法与策略的多样性。随着现代通信技术的发展，多种教育手段的综合提供与选择利用已成为教育发展的重要趋势。

面对上述三个方面的多样性，成人教育必须突出一个"活"字，即针对各种不同情况灵活运用教育教学原则，完善丰富多彩的教学过程。故成人教学中的多样——灵活性原则，是成人教育教学特色的重要体现。

2. 指导——探究性原则

由于成人学员心理、生理已经成熟并且思维模式已相对稳定，故相对于青少年教学过程来说，成人教学具有鲜明的自主性特点，如一般具有清晰的学习目的，习惯于自己的学习设计，具有属于自己的学习习惯等。故在成人教学中，教师一般不采用"一定是什么"的居高临下态势或提出"必须怎么样"的绝对服从要求，更不可采取"削足适履"或"无的放矢"的教学方法，而是清醒地面对教育对象的个体差异，在与学员共同的探讨中恰如其分地提供有针对性的指导，使学员在最佳的自主状态中，通过积极主动的思考探究、启发感悟，把教学过程变成交流探索过程。

3. 巩固——发展性原则

成人教学中的巩固功效至关重要，主要用于成人学习过程的两个方面。一方面是对成人已有知识与智力资源的开发利用。如果教师的教学内容和方法与学员已有的知识基础格格不入，原有智力资源的思维定式将以闭锁效应拒绝对新知识的接受，故教师要善于寻找新知识对于学员已有知识系统的切入点，再通过恰如其分的启发引导，使学生潜在的智力资源活化为现实知识基础，就会收到事半功倍的教学效果。而且这种新、旧知识的"超链"方式会优化受教育者的心理机能结构，进一步提高学习能力。成人教学中运用巩固的另一个方面是对新知识的学习。成人教育教师要善于运用复习、背诵、理解、强化等综合性记忆策略，使学员所学知识及时有效地融会于学员已有的知识结构之中，进而形成更优化的智能结构。由此可见，巩固作为联结新、旧知识的纽带，对实现所学知识向能力的转化，促进人的智力、能力和人格的全面发展，具有重要的意义。

4. 实践——创新性原则

成人教育对象的主体是承担一定社会责任的在业人员。教育对象的这一突出特点，可以产生两个强化教学效果的动力：第一个动力来自学员为解决实际问题而参加学习的内驱力，学员感兴趣的问题的解决程度，在一定意义上也就是培养目标的实现程度；第二个动力来自实践活动对于理性认识的前沿性，提供了成人学员通过学习实现理论与实践创新的可能性。由于成人学习过程具有鲜明的探究性特点，故成人教学过程也是师生共同研究解决问题的过程。在这一过程中，学生可以达到三个层次上的收获：一是具体问题得到解决，相应知识技能得到充实更新，使实际工作向前迈进一步；二是在解决问题的同时，掌握了分析、研究、解决问题的方法，提高了解决类似问题的能力；三是教学过程中师生、生生交互式交流探讨，使学员碰撞出灵感的火花，产生了创造性的新认识、新思路，并通过理论创新推动实践创新。这三个层次的收获，第一个层次的收获是以往传统知识教育的主要目标，第二个层次的收获是现实发展教育的主要目标，第三个层次的收获是只有通过创新教育才能实现的目标。由此可见，成人教育要充分利用学员的实践优势，强化创新意识，实现教育发展的高境界。

新世纪，面对知识经济、信息社会、终身学习的时代背景以及教学目的由知识学习为主向能力培养为主的转化，适应知识学习为主的教学原则将被弱化，促进能力发展及素质提高的教学原则体系将尽快构建起来。因此，我们成人教育工作者，除要继续发挥那些具有历史继承属性的教学原则对新兴成人教育体系的有效指导作用，还要遵循教学原则永恒发展的原理，着力探索适应新形势下教育发展需要的教学规律，尽快构建起适应终身教育需要的成人教育教学原则体系。

第二章　成人教育的历史足迹

教育作为人类社会的一种特有现象，伴随人类的产生就产生了。然而作为教育现象之一的成人教育，又是怎样完成其历史进程的呢？本章对这一问题进行初步的探讨。

第一节　关于成人教育的历史
起点及确认依据

成人教育起点是成人教育史研究的基石。但一直以来，研究者对此尚未取得一致意见。本节拟对此问题作一些初步探讨。

一、不同的见解

成人教育何时产生，主要有两种不同看法：有学者认为教育起源于劳动，是伴随人类社会产生而产生的。在教育初始阶段，普通教育与成人教育是融为一体的。因此，成人教育是同人类教育一起产生和发展的[①]。也有学者认为，在西方，成人教育开始于 14～16 世纪文艺复兴时代。而在我国，春秋末期，孔子已大规模地办了成人教育，其实施机构为私学。但有组织的成人教育

---

① 熊华浩．成人教育的理论与实践．武汉：湖北教育出版社，1987：26．

开始于 19 世纪末、20 世纪初①。也有学者称，虽然自古以来成人的教育一直是一种文化功能，但只有到 1926 年美国成人教育协会成立时，成人教育才被认为是这一国家值得重视的领域②。有些人干脆回避了成人教育起点的问题，直接使用了"现代成人教育"概念。

二、相关的启示

上述各种看法，各有确切的材料佐证，自然也有一定的合理性。但作为已经定格的客观历史现象，人们总该找到一个取得共识的平台。在此，诺尔斯在《现代成人教育实践》一书中对"引导成人教育定义混乱"的原因分析③，对我们研究成人教育起源问题也许有一定的启示和帮助。

诺尔斯认为，引导成人教育定义混乱的问题之一，是"成人教育"术语使用起来至少有三个不同的含义：一是"就最广泛的意义讲，该术语描述的是一个过程——成人学习的过程"；二是"就其技术意义讲，成人教育指的是各种各样的机构为完成其专门目的而进行的一种有组织的活动"；三是"将所有此类过程与活动结合起来，形成一个概念，名之曰一个运动或一个社会实践领域"。既然一个含义可以成为人们认识成人教育的一个侧面，且揭示了成人教育处于某个发展阶段的某种属性，那么我们可以尝试把每一种属性纳入事物发展坐标的纵向过程中去考察，并据此得出对成人教育起源的正确判断。

---

① 张念宏．教育百科辞典．北京：中国农业科技出版社，1988：137．
② ［美］马尔科姆·诺尔斯．现代成人教育实践．蔺延梓译．北京：人民教育出版社，1989：15．
③ 同上，14、15．

三、成人教育历史分期及其依据

在社会发展的任何阶段上，教育对社会的命运都曾有过贡献，但在社会的不同发展阶段上，教育的目的、作用及其实施方式又是有重要差别的。纵向研究诺尔斯关于"成人教育"术语的三个含义，可以用"一个起步、两个台阶"描述它们之间的关系。

一个起步，即作为"成人学习过程"的成人教育，是成人教育最早形态。因为作为成人个体的学习提高，早在成人参与的各种社会活动中就有了，人们说成人教育伴随人类社会产生而产生，正是从这个意义上讲的。但这里有两个"没有分离"是不容忽视的：一个是教育活动与主体参加的社会活动没有分离，另一个是成人教育与社会教育没有分离。这第一个"没有分离"，表明教育只是构成社会活动的一个因素，而未成为一项独立的社会活动；而第二个"没有分离"，表明成人教育只是作为教育活动的一个因素，尚未能作为独立的成人教育活动存在。这种状态从人类原始社会沿袭到封建社会，奠定了成人教育成为独立教育活动的宽厚的实践基础。

第一个台阶，即作为"组织活动"的成人教育，是作为个体活动的成人学习经过漫长历史发展的结果。此阶段的成人学习较之"起步阶段"的成人学习有两个根本不同：一个是成人个体独立学习过程变成了群体活动过程；另一个是作为有组织的群体活动，有了属于组织活动的共同目的、实现目标的过程以及保证过程的管理。这种组织可能是一所独立的学校，可能是一个成人业余团体，也可能是其他什么非一人参加的学习组织。这种状态是从 18 世纪人类伴随工业革命进入近代社会开始的。

第二个台阶，即作为"社会实践领域"的成人教育，是"组织活动"成人教育继续发展的结果。在这个阶段上，成人教育已与教育成人有关的所有个人、机构、协会融为一体，构成了一个独立的、庞大的社会体系。这个体系较之作为"组织活动"的成人教育又有两点不同：一是办学的组织愈发受到其所处社会的约束，如需求导向，统一的章法与评价标准，乃至教育资源的共享；二是组织化了的学习者又提出了更高层次的个别化学习要求，表现为针对每个学员的不同需求，提供可选择的内容和自主性、终身性的学习，这看上去似乎又回到原始的成人学习状态，其实不然，因为有一个本质的区别，即此阶段的个人学习是在组织系统内实现的，是有组织学习的高级阶段。

从以上"一个起步、两个台阶"的分析，对照第一章给出的成人教育的定义（成人教育是终身教育体系中，面向成人群体实施的、一次连续性学校教育之外的教育活动的总和），笔者认为，成人教育的起点，应从第一个台阶，即有组织的成人学习活动开始，也就是从"近代成人教育"（本章第三节）开始的，时间上虽无精确的划分，但大约从 18 世纪开始。在此之前的成人学习活动以社会教育的要素形式存在，其后则是成人教育的发展。

第二节　作为社会教育要素存在的古代成人学习活动

一、原始社会的成人学习

原始社会（人类社会）的教育，是从原始群落的生活和生产开始的。辨别植物，采集野果，编织物品，乃至保存火种，打造石器，制造弓箭，共同围猎——每一种活动无不是为了生存，每一天的生存无需要劳动，每一次劳动无不有意无意传递着生活经验、劳动技能与生存信息，人类语言由此产生，大脑思维因此发展，类人猿发展成为人，这就是教育的最早形态——影响。

当"影响"启动智慧，进而加速人类自身的发展之后，人们的劳动经验和生存技能越来越丰富，生存的困难相对减少，群体开始由被动生存向主动生存转化。于是产生了两种现象：一是群体中少数人产生了超越现实的创造思维，二是把创造思维产生的结果有意识地传给他人。

燧人之世，天下多水，故教民以渔。宓羲之世，天下多兽，故教民以猎。（《尸子》卷上）

至于神农，以为行虫走兽难以养民，乃求可食之物，尝百草之实，察酸苦之味，教民食五谷。（《新语·道基篇》）[①]

至于神农，人民众多，禽兽不足，于是神农因天之时，分地之利，制耒耜，教民农作……（《白虎通》卷一）

后稷教民稼穑，树艺五谷，五谷熟而民人育。（《孟子·滕文公上》）

嫘祖始教民育蚕，治丝茧以供衣服。（《路史》后纪卷五）

尧聘弃使教民山居，随地造区，研营种之术。（《吴越春秋》）
……

原始社会的成人学习，是融入原始社会的社会活动之中的。人作为个体，只要能够走动，就必须而自然地进入生物群体之中，求生存，同行动，并无成人还是少年之分。而且，从上述对原始社会那只言片语的记载，"教民"的"民"并无年龄的界定，故可以认定，"民"包括氏族群体中的任何人。作为一般技能，是年长者传授给年轻者；而作为特殊技能，则是个别人传授给其他人。与社会活动一体，与社会教育一体，是原始社会成人学习的基本特征。

---

① 转引自：王定华，田玉敏. 中外教育史. 天津：天津社会科学院出版社，1991：15～17.

二、奴隶社会的成人学习

奴隶社会的产生给人类带来的一个最大变化，就是把百万年来人与自然的单一矛盾扩展到人与自然和人与人的双重矛盾。阶级矛盾丰富了社会生活，复杂了社会关系，同时也产生了推动社会发展的另一个强大动力，进而使人类社会进入到加速发展的轨道。伴随社会经济、文化的发展，教育也得到了较大的发展。

奴隶社会是在金属生产工具、剩余产品、阶级"三出现"基础上发展起来的，它为少数人摆脱繁重的体力劳动而专门从事社会管理和文化活动，促进文化发展提供了条件，同时也为奴隶主贵族阶级独霸文化教育提供了可能。这一时期的教育表现出四个突出特点：

第一，出现了学校。教育开始从社会生产、生活中分离出来，具备了独立的社会职能。如东方古埃及的宫廷学校、职官学校、僧侣学校、文士学校，巴比伦的神庙学校（附设在神庙中的学校）、宫廷学校，古印度的"古儒"家教制，中国的辟雍、序、庠、学、瞽宗，以及西方古希腊的文法学校、弦琴学校、哲学学校，古罗马的拉丁文法学校、修辞学校等。

第二，丰富了教育内容。文字、典籍的出现，使人类的生产、生活经验不再仅仅物化在器皿上，作用于活动中，而是开始以知识的形态积累起来并得以传于后世。如天文学方面的日历，预测日、月食，数学方面的十进位计算法，物理学方面的力学定律，以及军事、体育、雄辩术、音乐等。尤其是在我国西周时期就已经形成的"六艺"（礼、乐、射、御、书、数），已包含了德、智、体、美诸方面要素。学校教育无与伦比的作用及无可替代的职能已经初步显现出来。

第三，产生了教育思想。教育经验的积累，促进了教育思想的产生与发展。如古希腊唯物主义哲学家德谟克里特（约前

460～约前370)的"天性和教育在某些方面是相似的,后者可以改变"的教育观点,古希腊唯物主义哲学家、教育家苏格拉底(前469～前399)的"与其自己去治人,不如训练能够治人的人更为有用"以及"教育的目的在于培养有完美道德的人"的观点,古希腊唯心主义哲学家、教育家柏拉图(前427～前347)提出的"筛选"和培养国家统治人才的教育制度,古希腊思想家亚里士多德(前384～前322)关于教育的政治作用、教育应由国家管理以及关于儿童年龄分期的观点,乃至古罗马杰出的教育家、演说家昆体良(约35～95)关于高、中、初等教育及幼儿教育的系统论述,被称为欧洲古代教育理论和发展的最高成就。尤其是中国古代奴隶社会末期的杰出的思想家、教育家、政治家孔子(前551～前479)的博大精深的教育学说,在人类历史上经久不衰,昭示着奴隶社会教育对人类社会的不朽贡献。

第四,表现出阶级属性。原始社会的教育并没有阶级性,而奴隶社会的教育一开始就构建在阶级分化的基础之上。古希腊斯巴达和雅典的学校专为贵族阶级而设,古埃及的宫廷学校只吸收王子、王孙和贵族子弟入学。大教育家孔子提出"有教无类",虽是划时代的进步,但毕竟是"逆潮流而动",既无法扭转自夏、商、周以来"学在官府"的办学格局,也无力废除"只收王太子、王子、诸侯之子、公卿大夫元士之嫡子入学"的限定,就是乡学,也依旧只收奴隶主贵族子弟。教育属性受制于所在社会属性的基本规律第一次充分表现出来。

由上述,奴隶社会的教育取得了开创性进展,而在此期间的成人学习活动并没有更多的突破,只在以下几处见到只鳞片爪:

(1)斯巴达的成人学习活动。斯巴达教育的目的完全取决于它的政治、军事需要,那就是要把奴隶主阶级子弟培养成忠于统治者的强壮军人,培养成健壮、勇敢、服从、善战、残忍的武士,使他们能对外征服异邦,对内镇压奴隶。斯巴达的教育体系有三段：……第三段：18～30 岁。"年达 18 岁的青年，即离开教育场，进入'埃弗比'，即青年军事训练团，受高一级的教育。入团以前青年必须在神庙的祭坛上接受鞭打的考验，凡能忍受的为合格者。在这里除继续进行竞技等体育训练外，主要是受军事训练，学习使用武器，学习战术，还实际参加战争和屠杀奴隶。青年们在埃弗比受训到 20 岁就成为武士，开始服军役，在国家边境沿线驻扎，直到年满 30 岁，通过一定仪式，获得完全的公民身份，成为一个正式的合格军人。全部教育历程到此正式结束。"①

（2）雅典的成人学习活动。雅典的教育分为 0～7，7～13，13～16，16～18，18～20 五个阶段。"在雅典，奴隶主子弟年满 18 岁就成为'候补公民'，升入埃弗比受最后的军事教育。雅典与斯巴达不同，这一年龄的青年进不进军事训练团，完全由自己决定，但只有正式公民的后裔才能进得去。年达 20 岁就算完成正式教育，通过一定仪式，获得正式公民称号，取得完全的政治权利，开始担任国家军事、政治等方面的职务，成为统治集团中的正式一员。"②

（3）中国的成人学习活动。孔子在中国历史上首创私学，完全按着自己的意志进行培养人的活动。孔子对成人学习的贡献，首先表现在提出了"有教无类"的主张。"无类"亦即不分种族，不分贫富，不分长幼。成人显然在孔子的教育视野之内。在论述教育的目的时，孔子提出教育要培养"志于道"、"志于仁"的志士、君子和成人③。在"有教无类"的基础上，孔子把"成人"

---

① 王定华，田玉敏．中外教育史．天津：天津社会科学院出版社，1991：274、275.
② 同上，276、277.
③ 这里的"成人"是指智、仁、勇、礼、乐兼备的高于"志士"、"君子"的完人。见《论语》。

作为实施教育的规格标准，是其对社会成人群体教育期望之所在。孔子对成人学习的贡献尤其表现在其 40 年的教育实践。

第一，广泛的教育对象为成人学习提供了机会。孔子的弟子来自齐、鲁、宋、卫、秦、晋、陈、蔡、吴、楚、郑等各诸侯国，来自不同的社会阶层。有出身于奴隶主贵族的孟懿子、南宫敬叔、司马牛等；有"穷居陋巷，一箪食，一瓢饮"的颜渊；有被称为"卞之野人"，食黎霍、百里负米养老母的子路；有身着芦衣为父推车的闵子骞；有亲自耘瓜，帮母织布，三年不举火，十年不制衣的曾参；有家无置锥之地的仲弓；有"缧绁之中"的犯人公冶长；有曾为大盗的颜涿聚；还有"家累千金，结驷连骑"的大商人子贡[①]。孔子的学生群体就是当时社会成员构成的缩影。

第二，丰硕的教育成果证明了成人教育的价值。在学校教育刚刚出现，受教育的权利还只是统治阶级子弟的专利的时候，孔子的教育冲破阶级、年龄两个束缚，其设想能否成功，不能不受到世人尤其是统治者的怀疑。然孔子奋斗 40 年，实实在在地培养了许多"学而优"的学生，所谓"弟子三千"，堪称私学之首，而"七十二贤人"更是不世之功！他们或为相，或为师，"大者为卿相师傅，小者友教士大夫"，直至后世"从属弥众，弟子弥丰，充满天下"，展示出成人学习的丰硕成果。

第三，独到的教育方法蕴涵了终身教育的理念。孔子的教育目标是"学而优则仕"，但其在办学过程中又不断实践着"仕而优则学"。当时鲁、齐、卫等国的执政者都多次向孔子请教治国安邦和制礼作乐等许多问题，已经踏上仕途的学生更是常遵孔夫子之旨，执政不忘治学。尤其是孔子本人，求知不厌，治学不倦，堪称终身学习的楷模。孔子朴素的继续教育、终身学习思想

---

① 王凌皓.中国教育史论.长春：吉林人民出版社，2000：11.

意识，已经超越了他所处的时代。

三、封建社会的成人学习

　　大约在公元前 5 世纪，春秋战国之交，古老的中国就进入了封建主义社会。一千年后，西欧才在古罗马奴隶制帝国的废墟上开始形成封建国家，世界中古史的序幕徐徐拉开。随着封建社会生产力的发展和社会分工的扩大，商品经济日益活跃，集市兴起。到了 11 世纪，逐渐形成了封建社会的城市。手工业者和商人集中在城里，进行着繁多的手工业活动。于是，手工业和商业成为封建社会新的经济增长点。

　　封建社会的教育较之奴隶社会的教育，主要表现为量的发展而并非质的飞跃，学校体制趋于完备。在中国，唐代已有了相当完备的学校体系。在西方，虽出现了僧侣垄断文化，摧残教育，阻碍科学发展的"黑暗时期"的波折，但到 12 世纪，城市大学却得到了长足的发展。到 15 世纪末，全欧洲的大学已增加到 60 多所，把人类教育水准提升了一个层次，进而又推动了社会政治、经济特别是科学文化的发展，推动了具有资本主义色彩的"文艺复兴"（15、16 世纪）。自然科学、社会科学和各种学校的相互促进与发展，使教育的文化传播功能和推动社会发展的功能得到进一步展示。

　　上述封建社会教育的发展，并未使成人学习活动有长足的进步，只是到"文艺复兴"的后期，英国卓越的人文主义思想家莫尔（1478～1535）才在空想社会主义思想中提出了成人教育的基本思想。他把教育看做发展人的多方面才能的主要手段，是社会繁荣兴盛的最主要工具，可以使全体社会成员成为知识丰富、道德高尚、身体健康、快乐幸福的人。他主张教育应由国家办理，除学校外，国家应为社会成员设立图书馆、博物馆和公共大厦，以备社会成员进行学习和研究之用。他希望把科学和艺术变成全体劳动人民的财富，使文学宝藏和科学知识人人都能享受①。他提出成人也要学习广泛的知识，如希腊文、希腊哲学、文学、历史、医学等，目的在于增长才智，发展思维，寻求事物的规律，探究自然的奥秘。这些尽管还只停留在空想阶段，但还是为成人教育的发展奠定了思想基础。

在中国封建社会的教育发展中，成人学习活动虽无醒目的功绩，却有实在的贡献，主要体现在科举制度之中。中国科举制度从隋唐开始，直至明末清初，贯穿了中国封建社会的几乎全过程。科举作为重要的选才渠道，对中国封建教育具有重要的导向作用。参加考试的学子，既有"官学"的学生，也有"私学"的学生，既有初出茅庐的青年生徒、乡贡，也有屡试不中的中年学子。"中第"作为目标，学习作为职业，开辟了中国封建社会的一块成人学习的重要领地。

综上所述，世界古代成人学习活动历经原始、奴隶、封建三种社会形态，可谓源远流长。但史册上关于成人学习的记载却寥若晨星。这从一个侧面表明，成人学习还没有作为一个独立系统或领域进入人们的视野，但这并不能说明成人学习不重要和对社会发展的作用不巨大。事实上，从奴隶社会、封建社会的政治、经济、文化教育背景及史料中关于教育的零星记载，我们可以描绘出古代成人学习的两条主线：一条是前面谈及的古希腊斯巴达、雅典乃至中国孔子的私学、科举制下的成人学习，作为"显学"的一部分，是与普通教育连在一起的，是普通青少年教育的延伸和发展。其中孔子私学中的在职、职后学习学员，终身伴随孔子的学员，以及中国科举制度中范进等"迟第"或"不第"学员，他们所进行的学习已经含有了成人教育的因素。另一条是从原始社会沿袭下来的，在生产、生活实践中通过言传身教或潜移

---

　　① 王定华，田玉敏．中外教育史．天津：天津社会科学院出版社，1991：311.

默化而进行的关于生产技能和生活经验的教与学，是属于劳动群众的成人学习。在以自然经济为基本特征的奴隶社会和封建社会，这条线保证着劳动者的个体生存与社会经济发展，故这条"看不见的战线"与全日制学校一起构成了适应古代人类社会发展的教育体系。

第三节　近代成人教育

一、时代背景

世界近代社会，一般指资产阶级革命开始至社会主义出现以前的 300 余年的人类历史。它大体上可分为三个阶段：

第一阶段：从 1640 年英国爆发资产阶级革命开始，到 1789 年法国资产阶级革命以前，为资产阶级革命的酝酿发动时期。这期间，在经济上，资本主义原始积累过程在继续，农民、城市小手工业者与生产资料分离的现象已经发生，残酷的殖民掠夺和奴隶贸易为资本主义经济的发展提供了大量生产资料、大批劳动力和广阔的市场，资本主义工商业得到迅速发展。各门近代学科相继从哲学中分化出来，并广泛应用到航海、测量、医学、工艺过程和工业技术等崭新领域，促进了工业、商业、农业的发展，并推动了各国教育制度、学校体制、教学内容和教学方法的相应改革。

第二阶段：从 1789 年法国资产阶级革命起，到 1871 年巴黎公社止，是资本主义制度在欧美各国胜利和发展时期。这期间始于 18 世纪中叶的英国工业革命运动蓬勃发展，并逐步推向欧美各国。工业革命产生的技术变革，用大工业生产代替了以前的手工业生产，社会生产力得到了迅速发展。而工业革命带来的社会变革，突出表现为资产阶级又受到一个更进步阶级——无产阶级的挑战。

第三阶段：19 世纪下半叶到 20 世纪初，世界主要资本主义国家都完成了由自由竞争到垄断的过渡，资本主义开始进入帝国主义阶段。各资本主义国家为争夺原料产地和销售市场展开激烈竞争，重新瓜分世界的帝国主义战争日益迫近。伴随资本主义大工业的发展，无产阶级队伍不断壮大，无产阶级与资产阶级的矛盾日益加深。马克思主义在与各种机会主义的斗争中得到广泛传播，各国纷纷建立起工人阶级政党，人类社会的发展注入了新的活力。

二、社会教育

资本主义的经济基础和上层建筑，一定程度上消除了奴隶、封建社会形态对教育的束缚。由于资本主义工商业的发展和科技进步，需要大批具有一定文化知识的工人和科技人才，同时，也由于工人阶级的壮大并为争取受教育权利而斗争，近代社会的教育得到长足的发展，主要表现在以下几个方面：

第一，从法律上废除了封建教育的等级制，扩大了学校教育领域，不仅培养统治者、管理者，也培养劳动者。许多国家提出了普及义务教育的口号，培养劳动者开始成为学校教育的任务。

第二，逐步建立起完整的教育制度。由于基础教育的普及和高等教育的发展，各级各类教育联成统一的体系，如美国面向全体青年的初等教育、中等教育、高等教育统一的单轨学校制度等。中世纪学徒制的崩溃和技术教育的发展，把职业教育、成人教育提上日程，受到关注。教育在纵、横方向上都得到了发展。

第三，班级授课制产生，教学组织日益完善。由于学生人数增加，以往的个别教学形式已无法满足教育发展的需要，加之人们对学校教育的规律已有了相当的认识，于是，班级授课制以及相应的教育理论与方法应运而生，并迅速得到认可，为学校教育的大发展开拓了广阔的空间。

第四，教学内容日益丰富。工业需要技术，发展需要科学，工作需要知识，自然科学知识得以迅速发展并受到社会空前的重视。实科教育发展起来，教育为社会生产服务的意识加强，教育与生产劳动的联系愈加紧密，教育与科学技术的内在联系得以确定。

第五，教育科学得到发展。教育科学的基础学科——教育学开始从哲学和其他学科中分化出来，成为独立的学科，并在发展中与其他学科相互渗透、结合，教育哲学、教育社会学、教育心理学等一系列新教育学科开始萌芽；而且，活跃的教育思想形成了百家争鸣的态势，人类教育又向科学化迈进了一步。

三、成人教育

（一）发展概况

随着17、18世纪宗教改革、产业革命和民权运动的发展，近代成人教育首先在欧洲，继而在世界范围内得到较大的发展，成人学习活动开始以有组织的形式登上人类教育舞台。

1. 社会团体组织的成人业余教育

1710年，英国基督教知识普及协会开始教矿山和工厂的劳动者读书识字[①]。

1735年英国成立的"奖励学习协会"、1768年成立的"月光协会"等都以普及科学知识和新工艺为目的。此外，普及大众教育的"友爱协会"等也很受欢迎。

1799年在英国格拉斯哥创办的工人学习班，是最早具有职工讲习性质的机构。到1850年，英国已有职工讲习所610个，

---

① 熊华浩. 成人教育的理论与实践. 武汉：湖北教育出版社，1987：30.

会员 10 万多人。教学内容主要是与会员从事的工作密切相关的工艺技术原理及各自领域的科学知识。受到这一运动影响，美国各地建立了机械工讲习所，成为成人教育活动的中心机构。法国也陆续开办了许多工人识字班。

19 世纪 40 年代，德国相继建立了工人教育协会，组织各类职业培训，同时进行政治教育。到 1865 年，协会发展到 106 个。1890 年，德国又出现了"基督教德国民众协会"和"自由大舞台"两个成人教育组织，组织讲演活动、读书小组活动，还开设一些课程。

在瑞典，读书会也积极推动了成人教育的发展，学习方式主要是阅读、讨论，成员要把自己的知识和经验贡献给大家。因得到政府支持，读书会遍布城乡各地。

2. 独立设置的成人教育机构

1798 年，英国诺丁汉卫理公会教徒 William Singlexon 在诺丁汉创立了第一所成人学校，招收工场女工学习读、写、算知识，并进行宗教教育。1812 年，威廉、史密斯在 Bristol 也建立了具有宗教性质的成人教育学校。1814 年，英国掀起了一场教育运动，到 1815 年，仅 Bristol 地区就有为成人开设的学校 44 所，两年后，英格兰有 20 个城镇设立了成人学校。1823 年，工艺学社成立，注重科学知识与实用技术学习，兼授文学、历史等学科知识。到 1850 年，这类学校已发展到 500 多所。1842 年，教会人士创办了民众学院，为工人提供夜间学习的机会，课程侧重社会知识教育。这大约就是夜大学的开始。1852 年在雪菲尔特成立了民众大学。1854 年又在伦敦成立了工人大学。1899 年罗斯金大学成立，成为劳工的中心学府。1826 年在马萨诸塞州创立了美国第一所讲演会，是工农的自由组织，以增加文化知识、讨论共同问题为宗旨。到 1839 年，美国此类组织已增加到 3000 个以上。1844 年，丹麦创建了第一所民众高等学校，其宗旨是让接受过义务教育及后继教育的人把职业经验和社会生活经验带到民众高等学校中来，作为大家学习的资源，达到启发学员心智、发展人性之目的，学习方式以讲座为主。之后，民众高等学校在北欧得到迅速发展。在中国，1914 年商务印书馆创办了函授学校，但并未得到好的发展。

　　3. 普通学校开放，服务成人教育

　　这一行为主要在大学，又称为"大学推广运动"。1873 年，英国剑桥大学率先设立专门的推广教育机构，活动形式有讲授、讨论、提交报告和考试等。牛津大学也紧步其后。1920 年，诺丁汉大学创立了成人教育系。1922 年产生了第一位成人教育教授①。1874 年，美国伊里诺斯州威斯里安学院开设函授课程，并可以授予学位。1869 年，哈佛大学设立夏季学校，教学内容最初多与农业、科技有关，采用讲座、讨论会、咨询、巡回教学等形式。1891 年，芝加哥大学设立了第一个函授部。至此，公立学校开设成人班，在美国已形成制度。19 世纪中期，美国东部大城市的公立中小学开始开办成人班，主要从事移民同化活动。成人班的重点放在中学辍学的中青年身上。随着工业迅速兴起，这类教育又增加了职业课程。1898 年，中国满清政府创办了"京师大学堂"，课程设置以封建传统文化为指导，学生还保留着科举时代的身份，被称为"老爷"，成人教育与普通教育仍保持着一体化状态。

　　4. 企业办成人教育

　　日本明治维新后建立工部省，积极引进先进的生产技术和开展传授技术的教育。首先在纺织和缫丝业内开展培训活动。在重工业企业中则是办徒工学校和工业实习学校，培养技术员和熟练

---

　　① 卞奎，等. 成人教育与社会发展：中英成人教育国际会议论文集. 济南：山东教育出版社，1995：16.

工。1899年创办的三菱工业预备学校，设有本科和补习科，针对各种人员分别进行培训。在法国，19世纪中叶也出现了职业学校，逐渐发展为由厂内学校和徒工训练学校取代现场徒工训练。在英国，罗伯特·欧文在其任苏格兰新拉纳克纺织厂经理时，在工厂区开设文化教育机构，为10岁以上从事生产劳动的青少年开设夜校，为成年工人及其家属在业余时间组织讲演会、座谈会和各种文化娱乐活动。

5. 儿童业余教育

1763年，英国一些宗教界人士举办了"主日学校"。这种学校只让儿童在每周的星期天去学习，教学内容是读、写、算的简略知识及宗教教义和宗教道德常识等。到19世纪末，英国已有50万儿童进入了"主日学校"。1834年，在工人阶级宪章运动的压力下，英国国会被迫颁布了一个"工厂法"，规定所有14岁以下的童工每天必须受2小时的义务教育。1852年，法兰西第二帝国建立，各种工业学校迅速发展，如1852年铁道公司开设了徒弟学校，1864年为女工创办了工业学校等，学生在实习工厂接受生产技术教育。

6. 成人教育辅助机构

18世纪末，德国发起了一场开发智力的运动，在各个博物馆内经常举办有关自然科学的讲座和讨论会。艺人、工匠和农民也建立了自己的俱乐部，举办职业培训。在美国，从19世纪30年代开始建立免费的公共图书馆，随后发展成为美国重要的文化和教育设施。1877年，日本文部省颁布了《公立图书馆设置概要》，强调图书馆要为个人提供学习机会，并视图书馆与学校有同等的教育地位。明治初年，图书馆和博物馆成为校外教育和成人教育的中心设施。

19世纪中叶，中国建立了太平天国政权。这一政权机构把教育划分为儿童教育、妇女教育、士兵教育和群众教育，进行了特定的成人教育实践。此外，清代末年创办的"为救济长年失学者"的补习教育，以及 1910 年张元济和严复等人联名发起创办的"师范讲习社"等，是我国最早的成人学校。辛亥革命后，南京临时政府教育部设置了社会教育司，1912 年至 1913 年制定公布的"壬子癸丑学制"，就列有成人补习教育。民国时期，成人教育曾有"通俗教育"、"社会教育"、"民众教育"等不同的名义和识字教育、补习教育、职业教育等不同的内容，但实际上并未成为实实在在的教育活动而广为实施。

（二）基本特点

从上述成人教育的部分历史事件中，可以看出近代成人教育有如下基本特点：

1. 成人教育开始作为独立的教育体系走上社会舞台。

前述古代成人教育的两条发展线路，在进入近代社会后，开始交会而逐渐合并成成人教育体系。这种交会产生于两个方面的情况变化：一方面是在工业革命的冲击下，作为技术教育组织的学徒制已走向崩溃，代之而起的是各种工业学校。产生这一变化的根本原因，在于工业生产技术传授不是靠耳濡目染、言传身教的师徒教育形式就能大批量完成的，而是需要通过专门的教育过程来实现。于是这条最古老的成人教育形式开始在社会发展中走向衰亡，实科教育、职业学校等专门教育机构应运而生，其中全日制教育形式服务于青少年职前教育，业余教育形式服务于成人职后教育。另一方面是各级全日制学校开始通过业余教育形式服务于成人学员。适合成人的灵活多样的其他教育形式也被开发出来，成人教育的独立体系开始形成。

2. 资本主义制度是成人教育独立的"助产婆"。

在资本主义以前的历史形态中，劳动人民没有接受教育的权利主要基于两个原因：一个人为的原因是封建贵族和奴隶主阶级对教育权利的垄断。而另一个深层次原因，则是在自然经济条件下，劳动群众即使不受教育，也同样可以给统治阶级创造供其享用、挥霍与积累的物质财富。随着社会生产力的发展，资产阶级登上了历史舞台，以工业经济为基础的资本主义，失去掌握生产技术的广大工人群众，就失去了本阶级的发展乃至生存的基础。于是，资产阶级联合无产阶级及其他社会阶级、阶层，推翻封建贵族，为劳动群众赢得了受教育的权利，尽管主观上是为了资产阶级自己，但客观上毕竟帮助无产阶级实现了一定程度的思想与文化的解放，进而使成人教育作为独立的教育体系，得以从封建桎梏下解放出来。当然我们还应看到，社会的发展是不以哪些人、哪个阶级的主观意志为转移的，成人教育迟早要走入社会的前台，如果资产阶级不能完成这个任务，也一定会有其他阶级来完成这一任务。正是从这个意义上说，资本主义制度对成人教育独立发挥的是"助产"而不是"生产"的作用。

3. 教育内容集中，办学形式发散。

近代成人教育的内容，相对集中于四个方面：一是语言、哲学、逻辑等文科知识类，二是数学、化学、物理等自然科学知识类，三是工、农、医等实用科学知识类，四是宗教、道德知识类。由于当时科学文化知识的范围和深度都还有限，运用于具体工作岗位还较初步，故成人教育的内容还不广泛。但成人教育一开始就强调所学知识的实用性，突出岗位训练特点。

办学形式的发散性，从前面的概括中不难看到。刚刚独立于教育之林的成人教育，立即在六个方面展示了自己办学的灵活性，远不似全日制学校教育那样一枝独秀！这是成人教育对象群体复杂、要达到的目标复杂以及选择的教育内容复杂的必然结果，反映了成人教育的本质规律，也为成人教育将在整个人类教育中大显身手而埋下了伏笔。

4. 面临新挑战。

刚刚作为独立教育形式登上社会舞台的成人教育，在自己许多方面尚待成熟的同时，就又面临着新的挑战，马克思的"大工业的本性决定了劳动的变换、职能的更动和工人的全面流动性"，"承认劳动的变换，从而承认工人尽可能多方面的发展是社会生产的普遍规律"① 的"全面发展"目标，德国著名民主主义教育家第斯多惠提倡的"全人类教育"思想，都给刚刚登上社会舞台的成人教育提出了更艰巨的任务。

第四节　现代成人教育

这里的"现代"是指 1917 年俄国十月社会主义革命胜利，在人类历史上创立了第一个社会主义国家开始，到 20 世纪末近一个世纪的人类社会历程。这一历史时期的最大特点是政治上资本主义与社会主义两大对立的政治体制以国家的形式并存、斗争并各自发展。一方面，不同的政治体制、经济体制决定了不同的意识形态和文化教育发展思路，进而产生了成人教育的不同发展道路；而另一方面，社会经济与科技的发展又使不同意识形态与政治制度下的教育（含成人教育）的形式与发展思路产生某种融合与借鉴，走上某种共同的发展道路。当然，这种共性决定于共同追求的人类进步与发展目标，而达到这一目标的具体道路与相应举措仍不免带有强烈的阶级性、阶段性特点。

一、时代背景

19 世纪中叶，德国利用英国忙于产业革命、法国忙于政治革命的时机，开始了富有深远意义的哲学革命。这场思想解放运动为科学革命奠定了基础。到 1895 年，德国各行业产品产量已

---

① 马克思恩格斯全集：第 23 卷. 北京：人民出版社，1972：534.

压倒英国，实现了工业化，具有了争夺殖民地的经济基础。1914年，帝国主义国家两大集团之间为争夺殖民地暴发了第一次世界大战。战争削弱了资本主义世界的实力，给以马克思主义为指导的无产阶级革命创造了时机，世界上第一个社会主义国家——苏联诞生。世界各国工人革命运动和民族解放运动也蓬勃兴起，开始了无产阶级社会主义革命的新时代。1929～1933年，发生在帝国主义国家的世界性经济危机震撼了整个资本主义世界，激化了德、意、日等国家的内部矛盾。他们企图以对外战争的策略摆脱内部危机，开始了旷日持久的第二次世界大战。1945年苏军攻克柏林，8月15日日本投降，第二次世界大战结束。第二次世界大战又产生了中国等十几个社会主义国家。以帝国主义与社会主义两大阵营的对峙为基本特征，世界进入了冷战、竞争与发展阶段。

二、社会教育

两种不同的社会制度，决定了两种不同的教育制度。不同的教育制度，有特性，也有共性。特性体现的是阶级性，而共性体现的是时代性。对科学、进步的共同追求及其教育国际化的发展趋势，使两种不同教育制度的共性日益增多。

1. 教育体系更加完备。

以学校教育为基础的现代教育体系已经形成。纵向上，学前教育、中等教育、高等教育、继续教育等可纵贯人的终身；横向上，普通教育、职业教育、成人教育、特殊教育等可满足每一个社会成员的各种学习需求。教育在社会发展中的地位和作用愈加突出。

2. 教育改革成为教育发展的动力与潮流。

教育现代化、多样化、个性化作为班级授课制基础上更高层次的目标，正成为21世纪教育改革与发展的主旋律。以学历到能力、知识向素质两个重心转移为基本特征的教育目标定位，要求教育思想、课程体系、评价方式乃至办学体制必须实施相应的变革，教育正以前所未有的速度改变着社会及其自身。

3. 教育面临着新课题。

知识经济与信息社会给教育提出了两个重大课题，即人人受教育，终身要学习。前者作为社会发展的需求，将有力推进教育民主化向纵深发展；后者作为人类自身发展的需要，将迅速推进终身教育制度的完善。成人教育的社会地位将在终身教育的坐标系中得到重新确认，成人教育的巨大潜能将在未来社会中得到更充分的发挥。

三、成人教育

20世纪是人类空前动荡和发展的时代，这一时期的成人教育围绕国际化、法制化、多元化三大基本特点展开。

（一）国际化

成人教育国际化在一定程度上已经打开了国家乃至社会制度间的界限，主要表现在成人教育国际会议的召开、成人教育世界性机构的建立和成人教育学员的跨国学习等。

1. 成人教育的国际性组织与会议

1925年，在英国爱丁堡召开了首次世界教育（含成人教育）大会，有28个国家、6个组织参加了会议，由世界教育联合会主办。由此拉开了20世纪世界教育合作的序幕[①]。

1929年，在英国剑桥召开了首次世界成人教育大会，有33个国家、4个组织的300人出席会议，由世界成人教育协会主办。世界范围内成人教育的合作由此开始。

1938年，在加拿大的维多利亚召开了国际函授教育大会第

---

① 　关世雄，张念宏．成人教育手册．北京：北京出版社，1986：456.

一次会议，会议的主题是函授教育。这是成人教育首次分类会议。

1946年11月4日，联合国教育、科学及文化组织（简称"联合国教科文组织"）成立。同年12月14日，经联合国第一届大会批准，它成为联合国的一个专门机构，总部设在巴黎。之后的半个世纪，该组织为促进世界性文化教育事业的发展作出了不懈的努力。其直接召开的"国际成人教育会议"就有5次。

第一次国际成人教育会议于1949年在丹麦的赫尔辛格举行。出席会议的有25个国家的79位代表和观察员，其中54人来自西欧，亚非拉代表仅10人。会议提出了有关成人教育的一些原则：一是成人教育的多样性，二是发展成人教育的迫切性，三是成人教育要优先考虑的对象。会议发表了原则宣言，希望成人教育能在创造和平、发展经济、培养有教养的公民方面发挥作用。

第二次国际成人教育会议于1960年在加拿大的蒙特利尔举行。有51个国家的171位代表出席了会议，其中亚洲国家12个，拉丁美洲国家8个，阿拉伯国家4个。会议研究了一些成人教育的实质性问题：一是认为成人教育超越了传统教育与职业教育概念，成人教育不能只作为二者的附属与补充；二是强调了必须优先考虑扫盲问题；三是开展了国际间经济资助，帮助经费不足的国家开展扫盲；四是阐明成人教育的内容不仅是传授知识，还有维护和平、进行道德教育。其中第一条表明人们对成人教育本质的认识已深入了一步；第二、三条都是关于扫盲问题，突出了资本主义世界成人教育的当务之急；第四条是关于成人教育功能的认识，也较以往前进了一步。会议还强调了政府组织在成人教育发展中的日益增长的作用。会议之后，各国成人教育管理机构的建立与立法活动都有很大进展，为成人教育新高潮的到来作了思想与组织准备。

第三次国际成人教育会议于1972年在日本东京举行。有85

个国家的代表出席了会议，其中亚洲国家 15 个，非洲国家 19
个，拉丁美洲国家 17 个，阿拉伯国家 10 个。代表中有许多是国
家主管教育的高级官员。会议总的题目是"在终身教育背景中的
成人教育"，着重讨论的问题有：十年成人教育的主要趋势；接
受成人教育的概念；成人教育要纳入国家社会经济、国民教育发
展计划中；提出正规和非正规教育是相互补充，相互作用，密切
联系的；指出了政府组织与非政府组织进一步合作的必要性；确
认成人教育的重要性，在经济文化发展、在社会进步中的重要作
用等。这次会议在成人教育发展史上的重要性突出表现在三个方
面：一是与会代表的构成，发展中国家已占 71.8%，加大了成
人教育对发展中国家的影响。许多国家的高级官员出席了会议，
表明政府对成人教育开始重视并将加大对成人教育的支持力度。
二是会议确定从终身教育的背景中认识成人教育，抓住了成人教
育的根本，为成人教育的发展奠定了坚实的理论基础。三是按照
会议要求，联合国教科文组织在成人教育方面采取制定国际准则
的行动，会议后即着手准备。1976 年 10 月 26 日～11 月 31 日，
在肯尼亚的内罗毕召开了联合国教科文组织第十九届会议，通过
了《联合国教科文组织关于发展成人教育的建议》。《建议》对
"成人教育的定义"、"发展成人教育的原则"、"从事成人教育人
员的培训和地位"、"成人教育与劳动的关系"以及成人教育的管
理、行政、协调和经费等都作了较系统的阐述，对各国成人教育
具有一定的借鉴和指导作用。其中"成人教育不能仅仅从它本身
来考虑，它是包含在终身教育和终身学习总体计划中的一个部
分"[1] 的论断，体现了对成人教育的深层次认识。

　　第四次国际成人教育会议于 1985 年在法国巴黎举行。参加
会议的有联合国会员国政府组织 103 个，非政府组织 122 个，另

---

　　[1]　关世雄，张念宏．成人教育手册．北京：北京出版社，1986：444.

有观察员 299 人，合计代表 841 人。这次大会的主要议题是：1972 年以来成人教育的演变情况及其发展前景，尤其是作为教育活动自然延续的成人教育的发展情况；成人教育对解决当今世界某些重大问题能作出的贡献；促进成人进一步积极参与经济、社会和文化生活的优先教育活动；为发展成人教育的国际和地区合作方式等。会议还成立了两个委员会，并委托两个委员会分别审议了"成人教育对推动积极参与经济、社会和文化生活，积极参与解决当代世界某些重大问题可能作出的贡献"和"扩大和改进成人教育的途径和手段"两个议程项目。两个委员会在组织代表认真讨论交流后，向大会提交了书面报告，内容涉及成人教育发展中许多全局性与区域性问题，充分显现出成人教育的丰富多彩与博大精深。

第五次国际成人教育会议于 1997 年在德国汉堡举行。这次伴随世纪更替的会议，肩负着成人教育继往开来的使命。会议的主题是：成人教育是 21 世纪的关键。会议提出，成人教育是一把通往 21 世纪的钥匙；成人教育是人类教育的顶巅；成人教育既是人的发展需要，也是社会建设的需要；既然学习是人的基本权利，那么成人教育就要服务于每一个人。

以上由联合国教科文组织主持召开的 5 次国际成人教育会议，对全世界成人教育的发展发挥了重要的导向与推动作用。

2. 成人教育的区域性组织与会议

在联合国教科文组织主持世界性成人教育活动的同时，区域性组织会议也十分活跃。据不完全记载，各时期区域性以上的成人教育组织还有"世界成人教育协会"、"国际教育局"、"国际劳动者教育协会"、"欧洲成人教育局"、"国际地方政府联合会"、"世界教学组织联合会"、"东非、中非成人教育联合会"、"欧洲文化协作委员会"、"非洲成人教育协会"、"国际大学成人教育协会"、"国际函授教育大会"、"世界比较教育协会联合会"、"联合国教科文组织教育研究所”、“亚洲及南太平洋成人教育机构”等等。这些组织或与某大学合作开展活动，或独立主持、召开各类专题性、区域性成人教育会议，研讨交流问题，对加强成人教育的区域合作和促进整体发展都发挥了十分积极的作用。除此之外，世界性成人教育范围内的专项教育交流活动也十分频繁，其中最突出的是函授教育的国际活动。

函授教育作为世界高等成人教育、远程教育的先驱，其产生、发展与贡献贯穿整个 20 世纪。1938 年，国际函授教育大会成立暨第一次会议在加拿大的维多利亚召开。会议的宗旨是增进世界函授教育的相互了解，培植函授教育工作者之间的友谊，加强国家间的函授教育合作。其后，又于 1949 年、1950 年、1953 年、1957 年、1961 年分别在美国、新西兰、加拿大召开了五次国际函授教育大会。1965 年在瑞典的斯德哥尔摩召开的国际函授教育大会没有排序。以后又分别于 1969 年（法国）、1972 年（美国）、1975 年（英国）、1978 年（印度）召开过国际函授教育大会。可以说半个世纪以来，世界性函授教育的交流与研讨一直没有中断过。这些组织、会议与活动，虽每次都不是世界全员参加，对各国也没有指令性的要求，但给与会者的启示、导向及其引发的实践、探索，对推进各国成人教育发展所起到的作用是无法估量的。

3. 公民跨国学习

在加拿大的许多学校或培训中心，都设有国际合作部。如哥伦比亚电话公司是一个大型的私人企业，其设立的培训中心有 150 名教职工，在那里就有许多外国学员进修。IBM 公司培训中心也接受世界各国的人员进行培训。培训中心直接向学生收费，或由两国间签订合同，使成人教育特别是职业技术教育趋于国际化、商业化。这种情况不局限于加拿大，而且随着社会的发展，“地球村”的完善，发展前景将更加广阔。

　　成人教育一独立登上世界舞台，就立即赢得了广泛的国际性合作，究其原因，是因为教育——尤其是成人教育，不仅具有广泛的共同点，而且能在共同的合作中都实现自己超常的发展。实现"双赢"的共利性，开辟了成人教育国际合作的广阔前景。

（二）法制化

　　成人教育的国际化，强化了各国对成人教育的认识与重视，推动了成人教育的立法工作。各国都从自己的实际与习惯出发，采取了相应的法制形式。下面仅就少数国家的成人教育法律，作一下极简单的介绍。

　　1. 英　国

　　英国在资本主义世界中发展最早。1902年颁布的《巴尔福法案》奠定了英国教育制度的基础。1944年，英国政府颁布《白特勒法案》（白特勒是当时的教育委员会主席），这是一部对英国现代教育发展具有很大影响的教育法令，它提出了"加强职业教育，地方教育当局为已参加劳动的青年提供继续教育的机会，设立全日制或业余的中等技术和中等职业学校"等。进入20世纪60年代后，为推动成人教育的创造性发展，英国政府又在法律基本框架之内，通过教育白皮书、发展规划概要等文字形式，提出对教育发展的基本设想、指导方针及实施意见，在不同层面上有效发挥了对成人教育的规范、指导作用，保证了成人教育的顺利健康发展。1998年发表的《学习时代》绿皮书，进一步加大了对终身教育的支持力度。

　　2. 法　国

　　1938年，法国劳动部提出"工人培训"建议，开展成人职业速成培训；1947年发布的《教育改革方案》，提出了法国教育改革的六条原则，重视学生离开学校后的继续教育；1963年颁布的《职业培训法》，明确了继续教育的地位；1971年7月颁布了4部关于继续教育的法令，规定职业继续教育属终身教育范畴，制定了一系列支持政策；1978 年、1984 年，政府又两度对上述法律作了补充修改，强化了两项重要措施：一是依法保证职工继续教育经费，明确规定无论职工所在企业的性质与规模如何，每个劳动者都有权享受培训假；国家设专门机构负责收集和管理培训所需经费；职工参加培训期间，工资由企业照发，企业应为职业继续教育提供经费。二是保障企业职工接受继续教育的权利，实行带薪教育休假制度等。

3. 联邦德国

1969 年颁布的《职业教育法》又称《职业教育条例》，规定初级培训的目的在于通过系统培训，为某一工种的职工提供该工种的广泛基础训练，并传授该工种所需要的知识、技能和必须的工作经验；适应培训的目的是使受培训者能提高职业知识和技能，适应技术迅速发展的需要或得以晋级提升；转业培训的目的是使受培训者能够胜任改换的工作。同年通过的《劳动促进法》，规定西德劳工局应该为成年人和青年人职业进修提供补助。1970 年 2 月 13 日德国教育审议会提出的教育改革方案《教育结构计划》，把整个教育体系划分为初步教育、初等教育、中等教育、高等教育和继续教育，并对各级教育的基本要求作出了原则规定。此外，1970 年以来，各州陆续制定了《成人教育振兴法》以及针对在职学习者的带薪休假制度，让成人教育为每一个德国人创造终身受教育的机会。

4. 美 国

1966 年颁布的《成人教育法案》，经 1968、1970、1972、1974、1978 各年多次修改补充，到 1978 年 11 月 1 日正式完成。《法案》的目的是为成年人提供受教育的机会并建立成人教育计划，具体分为三个方面：使所有成人学到社会中必要的基本技能；使渴望继续受教育的成年人至少提高到中等教育毕业水平；使成人普遍享受有用的训练，以便成为更能受雇用，更有才能和更负责的公民。《法案》对有关概念的定义、经费及有关成人教育项目的计划与实施都作出了明确的规定。《法案》还确定设立国家成人教育咨询委员会；设立供国家一级计划使用的自由支配基金等，作为美国长期稳定的指导方针，为美国成人教育的发展提供了保证。

5. 日　本

日本自明治维新，尤其是"二战"以后非常重视教育，把成人教育统一在全国教育体系之中。在国家教育基本法中，都包括成人教育的内容。1947 年颁布的《教育基本法》在第七条"社会教育"中提出：家庭教育和在劳动场所及其他社会上开办的教育事业，应该受到国家及地方公共团体的鼓励；国家及地方公共团体通过建立图书馆、博物馆、公民馆等设施和利用学校的设施以及其他适当的方法来实现教育目的。1949 年颁布的《社会教育法》在第三条中提出：为发展社会教育采取一切可能的办法，提供必要的设施设备，使所有的国民都能够在任何机会、任何场所，自主地为获得实际生活需要和提高文化素养的学习环境而竭尽努力。1990 年 6 月 29 日通过的《关于健全终身学习推进体制的法律》对促进都道府县振兴终身学习事业，对整备该项事业的推进体制和其他必要事项，以及促进在特定地区综合提供终身学习机会的措施，都作出了规定。

6. 巴　西

1967 年 12 月 15 日，国会以第 5379 号法令，颁布了《巴西关于青少年和成年人实用读写能力训练及终身教育法》[①]，其中规定"青少年及成人实用读写能力训练以及他们的终身教育，将永远成为巴西政府教育和文化部的重点工作"，"青少年及成人实用读写能力训练和终身教育计划将通过和军、民当局及一切政府

---

① 关世雄，张念宏. 世界各国成人教育现状. 北京：北京出版社，1986：484.

机构合作（法定的与志愿的）的办法，通过大中学校学生合作（在不影响学业的前提下）的办法来实现"，并对教育经费、手段及组织领导等作了具体规定。1971 年，巴西政府又颁布第 5692 号令，将各种形式的成人教育统一称为"补充教育"，实行以成人教育"补充"正规教育的模式。

以上简单列举了 6 个资本主义国家成人教育的部分立法情况，虽然只是整个资本主义世界众多国家成人教育立法的小小部分，但足以表明 20 世纪成人教育发展的法制化趋势及对推进资本主义世界成人教育发展产生的巨大动力。社会主义国家的教育法制建设同样成绩显著，将在后面论述苏联和中国的成人教育时予以介绍。

（三）多元化

20 世纪成人教育的国际化、法制化特点，为成人教育的多元化办学提供了广阔的发展空间。这里的"多元"是指较之全日制普通教育，成人教育在诸多方面的开放性。现仅就成人教育的类别多元侧面，对世界部分国家的成人教育情况作一些简要介绍。

1. 部分资本主义国家的成人教育

（1）扫盲教育

资本主义世界的扫盲运动，尽管各国采取的政策与方式不尽相同，但总的高潮出现在 20 世纪 60 年代。这大约与三个因素有关：一是进入 20 世纪以后，普通初等教育得到了巨大发展，尤其是发达的资本主义国家。到 20 世纪中期，初、中等义务教育体系已建立起来，于是成人中的文盲群体突现出来。二是"二战"以后，世界进入了科技革命时代，工业发展与技术革命不断缩小着劳动密集型产业空间。三是伴随社会进步，公民要求文化解放的呼声日益增高。于是，扫盲运动在联合国教科文组织的倡导与推动下轰轰烈烈地开展起来，并以适合各自国情的方式被坚持下去。

①　美　国

20世纪60年代初，全美不到2亿人口中，有2300万成年人不会读和写，5600万成年人没有获得高中毕业文凭。大量的文盲和受教育不足者使社会付出了很高的代价（缺乏熟练劳动力，公共福利费用不断增加，依赖与犯罪等）。1962年，国会教育和劳工委员会在《经济权益法案》中增加了一条"成人基本教育计划"，规定成人教育的主要任务是扫盲，使人们获得在初等教育中应掌握的知识和技能。伴随着扫盲活动的深入与广泛开展，"功能文盲"的概念也被广泛接受。1957年，美国格雷教授曾提出，他发现在美国，学校教育已不再是解决一个人一生阅读问题的保证。在工业化国家里，"文盲"的概念已不再用是否进过学校或认识多少字来决定，而是以一个人所具有的文化知识是否能应付日常生活需要为标准。用"功能文盲"标准取代只求达到读、写、算的传统扫盲标准，使扫盲教育更有针对性、实效性。据1977年统计，全美国已有8.7万人完成了八年级的课程，16万成年人达到了高中毕业水平，3.5万人进入其他学科、领域内继续学习，10万人谋得了职业或获得了更好的工作，2万人已不再需要公共救济了。到80年代中期，全美国成人教育学员的入学率每年递增12%，学员中16～34岁的占2/3，16～24岁的失学青年占40%以上。功能扫盲教育正在汇入终身教育的大潮之中。

②　英　国

70年代初，英国开展了一场全国性的成人教育运动。先是由一些民间组织发起，目标是解决全国约200万人的读、写基本技能问题。1974年，政府成立了"成人扫盲资源办事处"，并拨出专款支持成人扫盲教育工作，各地方教育局开始建立成人扫盲教育机构，结束了英国扫盲教育民间组织单枪匹马的局面。1978

年，又以新成立的"成人扫盲教育处"取代原"成人扫盲资源办事处"，主要任务也由提供经费转向为各地的扫盲教育提供咨询、出版有关书刊并有限地资助少数富有创新性的扫盲教育项目。1980 年，该处又为"成人识字和基础技能处"所取代，进而把成人扫盲教育纳入成人基础教育的轨道，把读、写与计算的技能学习归于统一的领导之下。1985 年，"成人识字和基础技能处"在一份报告中总结道：几年间，成人扫盲与基础技能教育已成为教育体系的重要组成部分。成人扫盲教育运动已转变成为一个不断的永久的活动，而且正在不断地发展和探索。

③ 巴　西

1975 年时巴西的文盲率还高达 33.6%，故扫盲是国家成人教育的重点。扫盲的具体组织工作由各市镇扫盲委员会承担。国家设"巴西扫盲运动基金会"，又称"莫布拉尔"，负责为各市镇扫盲委员会提供教材、技术指导、资金及其扫盲成果的评价。完成了扫盲学习任务的人可继续学习一种为期 12 个月，相当于小学四年级水平的所谓"一体化"课程，为后续学习打基础。此外，莫布拉尔还开设一种旨在促进社区发展的所谓"莫布拉尔文化课程"，继续巩固和发展扫盲成果，并得到巴西无线电广播教育服务局以及巴西电视教育基金会的支持，广泛开展成人广播电视教育。

④ 古　巴

1959 年古巴革命胜利，确定成人教育的第一个目标就是扫盲。1961 年开展的全国扫盲运动中，全国有 26 万名学生、教师和政府工作人员志愿组织起来，奔赴农村，与 70 多万个农民家庭同吃同住，教他们识字、写字，宣传掌握文化的重要性，提高阅读能力的好处与方法。此次大规模的全国扫盲运动，使原来 97.9 万文盲减少到 27.2 万。到 80 年代中期，古巴已基本上成为一个无文盲国家（文盲率低于 0.4%）。

⑤ 智　利

扫盲教育是智利成人教育系统的主要部分。1971 年，智利公共教育部发起了一个全国范围内的大规模扫盲运动，重点在训练实用读写能力。到 80 年代中期，文盲人数已由原 70 万下降到 40 万，约占成人总人数的 0.6%。

⑥ 墨西哥

大量文盲的存在是墨西哥的全国性问题，因而国家把扫盲确定为成人教育的首要任务，分两条战线实施：一条是大力发展初等教育，不使 14 岁以下的人口群体中产生新文盲；另一条是扩大发展成人教育机构，让那些儿时无法上学或半途辍学的成年人都受到教育。国家在各州设立扫盲促进委员会，负责制定扫盲教学计划、大纲，编写并印发教材，举办农村流动教室等，具体组织工作由遍布全国的"扫盲中心"负责。到 80 年代中期，文盲率从 24% 下降到 19%。国家还把扫盲和普及基本职业技术教育相结合，扫盲教材突出实用性、功能性特点。学员脱盲后，政府还在民众阅览室和校外教育中心为他们开设速成初等教育课程和劳动技术革新课程。

扫盲是世界各国共同面临的成人教育的一项基本的长期的任务。在 1985 年联合国教科文组织第四次国际成人教育会议上提出的关于扫盲教育活动的一些见解，对当今乃至未来各国扫盲教育工作发挥着重要的指导作用。这些见解目前的表述是："扫盲必须超出读、写、算三种基本技能"，"使学习者受到训练，去过一种读写生活——观察和认识社会经济的现实，并用行动去改革现实"，"扫盲不是孤立的边缘性活动，而是终身教育体系的重要组成部分"[①]。

（2）职业培训

从 20 世纪 50 年代起，许多工业国家面临第二次工业革命，

---

① 关世雄，张念宏. 世界各国成人教育现状. 北京：北京出版社，1986：66.

从劳动密集型产业向技术密集型产业过渡，传统的单一职业能力已无法适应现实社会发展需要。于是，转换和完善发展岗位工作能力的培训成为 20 世纪成人教育的另一个重点。这里仅就 4 个国家的职业培训情况作以简略介绍。

① 美国的技术培训

20 世纪是美国得以长足发展的时期，从条件到需求，都为成人教育的发展提供了动力。1981 年，美国企业用于职工培训的经费达 300 亿美元，相当于全美公立大学同期的经费开支。美国的高等职业培训有三条主要途径：

第一，与科研紧密结合的职业培训。这类培训机构大都设在本企业的研究机构内，并由研究人员兼任教师。研究单位搞出的新成果，可以直接传授给受训人员。学员来自四面八方，也带来了各种研究课题，推动研究工作。这类培训一般都是短期的，一段完成后回到工作岗位，过一段时间需要时再来培训。有些专业培训课程得到美国教育委员会的承认，算学分，达到学校要求的还可授予学位。有些企业办的培训中心也是独立的经营机构，可代用户培养操作人员或接受公司的职员学习。

第二，企业组织安排的职业培训。道格拉斯飞机公司有3800 名技术和管理人员，占职工总人数的 25％以上。该公司的职工教育结合工作实际，丰富多彩。公司还实行“工作日教育”（即脱产学习）。1982 年，该公司花了 40 万美元组织了近 2.3 万个学时的各类“工作日教育”，形成了“四有”（有计划、有经费、有措施、有检查）、“三严”（要求严、考核严、升降制度严）的职工再教育机制，把职工再教育、职工利益与公司发展紧紧联系在一起。

第三，社区学院、职业技术学院。此类学校进行的培训灵活性大，针对性强，时间又较短（2 年），在美国很受欢迎。学院一般设立三类机构：一是工业顾问委员会，吸收本地区企业界的名流或企业主参加，他们讨论、研究本地区工业发展对人才的需要，确定专业设置；二是专业委员会，请专家教授参加，研究专业课的教学计划；三是人力调查办公室，由学校派人调查本地区各行业对人力的需要，根据需要办学。

　　② 加拿大的企业管理人员培训

　　20 世纪 60 年代以来，综合大学扩充和建立了管理学院和系、科，各省成批建立以职业培训为主的社区学院，许多大中型企业成立了自己的培训中心，社会上各种盈利和非盈利的私人培训机构也应运而生，进而形成了各有特色，互为补充，对管理人员开展多层次、多规格培训的教育体系。约克大学 1982 年攻读工商管理硕士的研究生中，参加全日制学习的学生有 42％的人具有一年以上的工作经历，参加部分时间学习制的学生有 90％以上的人具有一年以上的工作经历，其中五年以上工龄的占49％。此外，大学和管理学院还举办许多针对在职中、高级管理人员的特别专题培训项目，主要侧重于知识更新和提高战略决策能力；多伦多大学 1982 年举办的管理程序训练班，主要为提高高级管理人员分析当前经营战略和计划未来的能力；社区学院中，有相当大的比例是为掌握新知识和技能或转换新的工作而来继续学习的在职人员。到 80 年代中期，全国政府举办的社区学院已有 115 所。由私人组织的盈利和非盈利教育机构，多是联合组织形式，主要任务是进行调查研究，设计培训计划，聘请专业教师，同接受单位签订合同并实践培训等。由于培训与咨询相结合，效果很好，已扩展到全国范围，并开始在南美洲开展培训活动。

　　③ 西德的徒工培训

　　西德的经济发达得益于庞大的熟练技术工人队伍和专业管理人才。西德采取的是"小学——中学——大学——社会"和"小学——初中——职业学校——社会"的"两条腿走路"的办学体制，为世界职业技术教育提供了成功的经验。西德企业家认为，职业学校所进行的教育仅是预备性和辅助性的教育，农、工、商企业本身才是职业技术培训的重要部分。在西德，凡具有普通中学毕业学历的人，均可以向私人或政府机关提出申请进入农、工、商等企业当学徒，学期一般 3～4 年，采取的是工场教学法。每周由全日制学校传授 8～12 小时理论课和公民常识，其余时间则回工场学习实用职业技术，培训内容完全根据企业需要来决定。由工程师以上的工程技术人员任教，另设具有实践经验的脱产、半脱产技师若干人担当技术培训员工作。每个学习单元均含有六个步骤：在工场集合学徒布置作业，讲解和说明，操作示范，徒工试做，徒工自己练习（必须熟练到习惯程度，技术培训员经常在旁指挥），徒工把操作过程详细写在周记本上。基本训练完毕，还需考试。由劳工部或其他官方代表、职业学校老师代表、教学工场培训员代表及各业专家代表等组成考试委员会，内容包括职业基础课程、专业课和公民知识三大类。及格者，便成为专业工人，参加企业工作。

④ 英国的职业培训

20 世纪 80 年代末，英国经济陷入困境，成人职业教育和技术培训被当做重振英国经济、降低失业率的战略措施得到普遍重视。国家在分析了英国人口结构变化时认为，青少年在国家总人口中比例的不断降低，意味着潜在的就业大军的数量将减少，职业和技术教育的主要对象将是已经就业或即将就业的从业人员，而教育与培训的重点是培养技术转换能力。于是国家开始实施一个持续到 20 世纪末，每年投资 150 亿英镑，培训 60 万人的就业培训方案。与此工程配套，政府在 1986 年还推行了"国家职业资格证书"制度，置各种职业教育课程和证书于全国统一的标准之下。国家职业资格证书侧重工作实际操作能力的考评，不管在什么地区、学校受训，学制长短，只要达到规定的等级标准，就可以获得相应的职业资格证书，并得到全国各地本行业的承认。

（3）远程教育

远程教育是既有历史传统，又有现代发展，更有发展前景的成人教育形式。一般分为传统和现代两个阶段。传统远距离教育以函授为主体，发端于近代成人教育时期，发展于整个 20 世纪，世界上少有哪个国家没有举办过函授教育。20 世纪 60 年代以后，随着广播、电视等现代通信技术在各个领域的广泛运用，传统的函授教育形式也受到挑战。于是出现了两类并行的远程教育：一类是以学生自学文字材料为主，其他各类现代传媒技术为辅的远程教育模式，日本现行函授教育体系是其中之一；另一类是以现代信息传递技术为主要教学媒体，文字信息材料为辅助的远程教育模式，以英国的开放大学为代表。以下对这两种模式作以简单的介绍。

① 日本的函授教育

日本的函授教育具有悠久的历史，从 20 世纪 50 年代起就创办了大学函授教育，以法政、庆应大学为首，另有 10 所大学相继设置了函授教育部（都是私立大学）。开办大学函授教育的目的，是为因经济和工作原因不能到校学习的青年人提供大学教育机会。它作为正规教育的补充，同正规大学享有同等的资格，可授予学位。以 1948 年民间团体大学基准协会公布的"大学函授教育资格"作为基本指针，按需求设置各种专业与实用类课程，采取函授与面授相结合的教学方式。四年的大学函授学习中，至少有一年时间参加面授学习是毕业的条件。到 1983 年，实施函授教育的私立大学有 13 所，短期大学 10 所，有正规学生 11 万。1981 年 10 月，文部省公布了《大学函授教育设置基准》，调整传统函授教育面对新需要的主动适应性，从职能上由原来"为没受过正规教育的青年人提供大学教育机会的机关"转向"对社会各阶层成年人进行继续教育和再教育的终身教育机关"。要点是：

专业设置，各校自定；教学方法，采用函授、面授、广播电视三种方式；毕业条件略作调整，原来规定的通过面授取得的学分，允许 1/3 以内通过广播电视教学取得，也可以到其他大学听公共讲座获得学分。

　　除了上述高校正规教育，日本还有社会函授教育，主要是开设实用课程的短期培训，以讲座为主要形式，谁都可以办，谁都可以学，也发放教材，有答疑和自学指导等环节。

　　② 英国的开放大学

　　英国的开放大学 1971 年正式招生开学，由艺术、教育学、数学、自然科学、社会科学和技术科学六个部分组成，另设有一个教育技术分院，致力于对各种课程的设计、改进、监听和评价。它是一所世界性独创的、在学术上独立的全国性大学。它面向 21 岁以上参加了社会工作的成年人，开设大学、研究生与短期进修班等各类课程。学校自己颁发结业证书与学位证书，在法律与学术上有与传统大学同等的地位和权利。学生没有入学考试，以申请登记顺序录取，并通过严格的淘汰制激发学生的刻苦精神与学习热情。教学过程有四个主要环节：向学生提供系统的阅读材料，学生自学；通过广播、电视播出学习内容，并进行辅导，还能利用广播、电视进行讨论；雇用业余辅导教师对学生面对面或用电话进行辅导；完成作业、练习、实验及考试方面工作，督促与深化学习活动。学校还专门设计基础与选修课程以适应不同程度学员的需要，编写详细的教学大纲和学习目的说明书指导自学，设置课程组优化函授教材，利用广播、电视使学生获得教学现场和经验，使用家庭实验箱解决理工科实验教学问题等。到 80 年代中期，开放大学有学生 7.5 万，已有 3.9 万名成人从开放大学毕业，约占英国大学毕业生的 1/12。

　　③ 美国的远程教育

　　电影、电视、计算机在教学方面的应用最早出现在美国。20

世纪 30 年代，衣阿华州立大学的试验性电视台播放了艺术、工程和植物学的讲课；1947 年，路易斯安娜州立大学建立了世界上第一个语言实验室；1955 年，宾夕法尼亚州立大学建成了闭路电视系统；1956 年，芝加哥电视学院综合使用了电视、出版物、书面作业、实验以及面对面辅导和电话辅导等教学方法，成为英国开放大学的一个先兆。1968 年，斯坦福大学成立了一个继续教育协会，1969 年建立了教育电视网，每天从早 7 点到晚 7 点，同时使用 4 个电视频道播放专业技术课程。分注册学生（与在校学生相同）、非注册学生（完成作业，参加考试，但不授学位）和收看电视观众三种。80 年代中期，每年约有 5000 名学生参加学习，注册学员约占 1/3。像斯坦福大学这样的教育网，已遍布美国 17 个州的二十几所大学。德克萨斯州的南美以美大学则是依托数所院校联合成立的"研究生教育与研究协会"，建设了一个微波闭路电视网络，参加协会的学校都有制作教育电视节目的演播室。北德克萨斯州很多公司的雇员都可在工作地点利用这一网络进行研究生水平的有学分和无学分课程的学习。1982 年 10 月，美国电力与电子工程师学会教育部门利用同步卫星转发的课程，在阿拉斯加地区甚至夏威夷等遥远偏僻地区都可以收看。

70 年代中期以后的 10 年中，世界开放大学在许多国家得以迅速发展。其中有代表性的学校有：巴基斯坦的阿拉玛·伊克尔开放大学、加拿大的阿萨巴士卡大学、以色列的平民大学、联邦德国的远距离大学、伊朗的自由大学、斯里兰卡的远距离教育学院、哥斯达黎加的远距离大学、委内瑞拉的国立开放大学、西班牙的国立远距离教育大学等。随着信息网络的问世，现代远程教育又进入一个新的发展阶段。

（4）继续教育

"继续教育"概念，是最少确定性的一个概念，有"大学后继续教育"、"继续工程教育"等多种表述。有的国家甚至视继续教育为成人教育的另一种说法。笔者认为，继续教育是较高层次的成人教育。这里把美国继续教育的情况作以简单的介绍，也许具有一定的代表性。

① 大学推广计划

美国有3200所高等学校，其中2/3兼办成人教育，设继续教育部、继续教育学院、继续教育中心等。教学、科研、推广是一般大学的三项任务（以培养研究生为主的大学不设继续教育学院）。如加利福尼亚州洛杉矶大学的继续教育学院，设8个系，开350门课程，有11万成人参加学习，超过本科学生数倍。美国纽约大学继续教育学院的所有课程都是为"第二次教育机会"的寻求者开设的，学习者可作为业余学生，在3年内学完2年全日制大学的课程，达一定学分者可获学士学位或"准学士"学位。成人学位课程适应社会需要，适合成人特点，可转学分，灵活方便，有利于培养能正视社会现实并有志于改革的通用型人才。美国全国有3100个县，每个县设有农业教学、科研和推广办公室，与农业院校挂钩。农业院校的推广教育人员下到农场调查、了解农业生产上存在的问题，把调查出来的问题带回到大学进行分析研究，然后再把研究成果推广到农场。全国240万户农场主，有2/3的人受过农业合作推广教育的训练。美国人认为，1948～1971年美国农业生产稳步上升，是农业合作推广教育的重要成果[①]。

② 科技人员的继续教育

贝尔实验室是世界上最大的电子学和通讯技术研究单位，是获得过4次诺贝尔奖、在世界科技界享有盛誉的科研机构。有雇员2.4万余人，有学位人员占总人数的54.6%[②]。贝尔实验室把

---

① 关世雄，张念宏. 世界各国成人教育现状. 北京：北京出版社，1986：410、411.

② 同上，434.

组织在职科技人员的教育当做完成技术使命的基础。在指定时间内（如1～4年）能令人满意地完成学习课程是该实验室技术人员被雇用的条件。实验室为职员提供了一系列学习计划：一是研究生学习计划。面向新雇用的具有学士学位的技术员和需要新定级的雇员。方式有两种：一种是可到大学脱产学习一年，完成硕士学位要求的课程；另一种是在本地大学占用部分工作时间学习，用两年时间完成硕士学位。学习期间有经费资助计划，学完后视学业情况决定使用与发展。二是工作时间内继续教育计划。主要目的是帮助技术人员适应迅速发展变化的形势，有提高技能、扩充知识、再训练等方面。学习方式或是相对集中三五天，或分散学习十几周。讲授内容既有现实应用知识，也有先进技术。每年有近5000人参加一两种这方面课程的学习，三是适合个人的学习计划。面向全体雇员，通常在各分部的自学中心学习，以录音带、录像带、计算机教学为主要形式，有时也有专家面对面辅导。参加学习的程序是：学习者本人申请，主管批准，参加入学考试。学习结束后要考试，自学中心把学习情况通知学习者的主管。四是系统训练计划。是为技术员提供工作急需的技能和知识，进行工艺和技能的快速培训。采取短时集中学习，包括个别训练、教员引导和计算机辅助教学，也有研讨。系统培训课程自愿参加，但必须经主管批准。五是职员训练教育计划。主要为工作6个月以上的管理及辅助人员提供继续教育的机会。内容有管理技能、通信、数据处理、岗位职责等，主要是为了适应工作需要。训练活动在公司内部利用工作时间进行，包括讲课、个人作业、小组讨论等方式。六是业余学习计划。所有雇员都可选择的业余学习。内容有技术性的、非技术性的，每周一个晚上。办学部门每半年公布一次开课计划，学习者个人选择。此外，还有面向技术人员的工作技能发展教育计划，面向技术编辑、作家和其他行政人员的技术交流硕士学习计划和面向单项需要的特殊学习计划等，构建了一个相当完备的继续教育、终身学习体系。

(5) 普通高校设置成人教育专业乃至研究生以上课程

20 世纪 30 年代，世界上第一个成人教育研究生课程在美国的哥伦比亚大学设置；60 年代，南斯拉夫的萨格勒布大学和贝尔格莱德大学设立了成人教育的博士学位。在此期间，匈牙利的布达佩斯大学、德布勒森大学和荷兰的阿姆斯特丹大学也相继设置了成人教育的博士学位。

(6) 其　他

除以上五种主体形式，适合各国特点的成人教育形式还有很多，下面再简单介绍几种。

① 日本的民间志愿团体教育

歧阜县大野郡泷见村的"奥克·魏来基"是热衷于手工制造衣柜、桌子等家具的十人左右的学习集体的名称。这个集体内有指导资格的人用轮流讲课的方式进行手工作坊式的技艺传授，讲解过后也自由讨论，每周讲课一次，有的老师还能就承担的专题写出提纲发给大家。这种结合生活所需且大家都有兴趣的互教互学活动，使许多好的技艺得以延续发展。

② 瑞典的成人住宿专科学校——民众高级学校

民众高级学校是斯堪的纳维亚特有的成人教育形式，创建于19 世纪中期，当时主要是为农村青年提供接受普通教育的机会。各学校可自行决定所授课程，所设科目也远非一种，学生在教学计划的制定和实施上有很大决定权。在瑞典，这样的学校有 120 所，平均每年录取 20 万新生。课程从 2 天到 30 周不等。短期学程录取新生的数目是庞大的，移民和残疾人入学人数也在不断增长。近年来，许多学生参加了长期学程的学习，培养自己在业余活动中的领导能力。一些学校针对那些对学习不大感兴趣、对职业培训也漠不关心的失业青年开设特殊课程。

③ 瑞典的学习小组

由义务教育协会地方分会主办的"学习小组",是迄今（到20 世纪 80 年代中期）瑞典人数最多的一种成人教育形式。在1980～1981 财政年度,32 万个学习小组吸收了 294 万名学员,妇女占一半以上。学习小组的经费一般由义务教育协会赞助,有1/3 由政府提供经费。小组有权自行拟定工作学习计划,并付诸实施。公共图书馆和教学辅助中心提供学习条件。小组的学习内容有多种级别,大学程度的约占 1%。如学员在小组学习中完成了大学程度的高校课程,可参加某大学的专门考试并获得学分。

④ 阿根廷的两类成人教育

阿根廷的成人教育分为两类:一类叫"系统成人教育",其修业年限和教学内容都可与正规教育系统衔接,构成正规教育系统的一部分;另一类叫"非系统成人教育",其修业年限和教学内容都不与正规教育系统衔接,主要开展职业培训。每个系统都有多种培训中心和教育机构。阿根廷的成人教育还有两个特点:一是学生交叉选学,约有 40% 的正规中等学校学生注册参加非系统成人教育的学习,以便取得就业资格;二是地区间教育发展不平衡,农村落后。20 世纪 70 年代后,成人教育向回归、终身教育方向发展。

⑤ 美国的老人学校

老人学校的创办人是马丁·劳顿,第一所学校 1975 年开学,招收 60 岁以上的人入学。到现在,在全球的 750 个这样的学校里约有 8 万人就读,平均年龄 68 岁。老人学校课程设置灵活,从人类考古到夏威夷花布的缝制方法,从柏拉图到古生物学。老人们有的远涉重洋到以色列考古,有的不畏酷热在弗吉尼亚观察鸟类。课程因材施教,不留家庭作业。老人们有不同的学习目的。91 岁的安迪森以前是会计,现主修计算机课。他之所以学这门课，是因为"我的孙子常大谈计算机，而我却很难听懂"①。他们中 60％有大学学历，30％曾做过教师。学校为老人提供了最好的、无拘束的人与人之间的关系。有的学生说，这里"课程虽然有些可怕，而这里的人却非常之好"②。

　　⑥ 新加坡的海外培训

　　为多渠道培训电脑人才，新加坡重视选派人员到国外学习电脑技术。在与外国政府或公司联合开办的训练中心里，事先挑选一部分师资到该国或该公司总部的电脑机构受训，毕业后再回国参加教学；在大专院校设立奖学金制度，奖励优秀学员到先进工业国家学习电脑专业知识和技能；由跨国公司承担培训任务，使受雇于该公司的技术人员到公司总部的电脑单位进修。

　　⑦ 芬兰的国家培训中心和领导艺术学校

　　芬兰国家培训中心是一所专门培训国家机关工作人员的教育机构，由国家财政部主管。培训工作采取了多渠道，每个工作人员平均每年受训 3～5 天，共性的课程有领导艺术、计划与经济管理、外语等。培训中心不设专职教员，聘请来自本专业第一线的专家、官员、教授等承担教学工作。由于课程设置新颖实用，总理、部长也参加学习。领导艺术学校创立于 1936 年，是一所专门培养领导人的私立教育机构。针对现代企业领导人专业内行、领导经验不足的特点，着眼点放在培养提高领导能力上。企业领导人教学班分为初、中、高三个层次，学校还为经验丰富的领导人举办短期培训班，解决具有共性的迫切问题。

　　⑧ 奥地利的成人教育网

　　奥地利成人教育网拥有 8500 个教学设施和教育中心，1200 个公共图书馆，并有广泛的教育计划。有近 30000 名自由职业

　　① 关世雄，张念宏．世界各国成人教育现状．北京：北京出版社，1986：481．
　　② 同上，481．

者、兼职人员及热心于这一事业的人配合 2500 名专职人员从事成人教育工作，还有 3800 名志愿者辅助 500 名专职图书馆馆员的工作①。

2. 部分社会主义国家的成人教育

(1) 苏联的成人教育

早在革命胜利之前，列宁就曾提出"把工农政权和苏维埃制度作为提高人民文化水平的前提与基础"的思想。在建立了苏维埃政权和社会主义制度之后，为实现这一目标，针对沙俄时期遗留的教育等级性、宗教性问题，政府采取的首要措施是使教育民主化和世俗化，建立了教育人民委员会和国家教育委员会，研究拟定国民教育建设的原则，要求"在最短的时间里达到普遍识字"，"建立对任何公民都是统一的绝对世俗的各级学校"，并提出要广泛建立成人文化教育设施，开展成人教育②。1919 年 3月，俄共（布）第八次代表大会通过的新党纲对苏联国民教育的目的、任务及学校教学内容的基本方向和教育途径作了原则性规定，要求对 17 岁以上的成年人广泛开展与普通教育和综合技术教育相联系的职业教育，帮助工农进行自学。

① 扫盲教育

1917 年十月社会主义革命前，俄国有 3/4 的居民是文盲。苏维埃政权建立后，即着手普及初等义务教育，同时加强成人中的扫盲工作。1930 年，苏联政府作出关于普及初等义务教育的决定后，苏联人民在全国范围内开展了普及初等义务教育，在工业城市和工人区普及七年制义务教育的紧张工作。到 1934 年，已基本实现了这两项目标。第二个五年计划要求"不仅要消灭苏联国民中的文盲和有劳动能力的成年人中的半文盲，实施普及初

---

① 关世雄，张念宏. 世界各国成人教育现状. 北京：北京出版社，1986：111.
② 吴式颖，等. 外国教育史简编. 北京：教育科学出版社，1988：405.

等义务教育，而且要实施普及七年制综合技术教育，首先是在农村中实行这种教育"①。普及初等教育既堵塞了新文盲产生的渠道，也巩固了 20、30 年代扫盲工作的成果。到 1939 年，9～49 岁居民中识字人数已达到 89.1%，全社会进入到巩固初等、普及中等义务教育阶段。

② 成人中等教育

苏联的成人中等教育主要有四种形式：

一是"工人系"。1919 年 2 月，莫斯科商业学院开办了第一所"工人系"。同年 9 月，教育人民委员会颁布《关于组织大学附设工人系的决定》，推广这一经验。"工人系"是一种特殊类型的普通教育学校，附设在高等学校中，属大学前预备教育性质，招收 16 岁以上的工农青年，由企业、工会和党政机关推荐入学，修业 3～4 年，国家实行提供助学金、免交中学毕业证书等优待工农及其子女的政策。1932～1933 学年度，全苏共有"工人系"1025 个，学生达 34 万人。"工人系"作为落实高等学校向工农开门政策的重要举措，显著改变了大学生和知识分子中工人成分的比例。

二是青年工人、农民学校。为使因卫国战争没有读完中学或七年制学校就参加了工作的青年继续学习，1943 年 7 月，人民委员会作出《在企业劳动的少年的学习问题的决议》，责成地方管理机构于 1943 年 10 月以前在城市和工人镇组织青年工人学校。1944 年 7 月，人民委员会又作出了《关于成立农村青年夜校的决议》，规定农村青年夜校的办学目的是使农村青年在不脱产的情况下受到小学或七年制学校的普通教育。到 1957～1958 学年度，在这两类学校就读的青年达 200 万人。

三是夜中学。夜中学的任务是通过业余教育的途径，为那些

---

① 吴式颖，等. 外国教育史简编. 北京：教育科学出版社，1988：427.

没有接受完完全全普通中等教育的在职或受职业训练的人员提供完全普通中等教育，同时还为未达到八年制学校教育水平的劳动者开设三至八年级的课程，以补充这一阶段的教育。夜中学采取夜间直接教学和函授教学两种形式，教学计划、教学内容与完全中学大体相同，修业年限比完全中学延长 1 年。在 1983～1984 学年度，全国有 11.3 万所普通教育学校开设了夜校，参加学习的人员达 4100 万人，在青年职工完成中等技术教育方面发挥了极为重要的作用。

四是中等职业教育。在苏联，每年还有 200 万职业技术学校毕业生分配到各企业工作。职业技术学校分政府办学和工业部门自办两种，大部分夜间学习，采取分段教学法，第一段学习初等技能，第二段学习中等技能，第三段学习高等技能。如工人转到另外企业，该企业应向其提供相应阶段继续学习的机会。三个阶段完成，发给毕业证书。1984 年 1 月，苏共中央公布了《苏联普通学校和职业学校改革的基本方针》，强调中等普通教育与职业教育互相渗透，互相结合，互相接近，朝着综合、统一的方向发展，单一的成人中等教育模式与内容将逐步向青年继续教育方向转化。

③ 成人高等教育

苏联的成人高等教育主要有三个类别：

一是高等函授教育。函授教育是苏联成人高等教育的主要形式。早在 20 世纪 20 年代，苏联的一些高等学校就开始举办函授班或函授部。1938 年，苏联人民委员会作出了《关于高等函授教育的决议》，函授教育正式成为苏联高等教育的组成部分。1950 年，参加高等函授、夜大学教育人数达 43 万，占全苏大学生总数的 34.4％。到 80 年代中期，全苏有各类专门函授学院 10 余所，高等学校举办的函授部（系）近 700 个，在学人数达 160 余万，占高等教育学生总人数的 1/3。1983 年，有 231.6 万人在函授部或夜校接受高等教育。函授课程设置和教学计划与全日制高校大致相同。函授生利用教材和学习进度表自学，国家规定有脱产学习和考试、实验假期，工资照发。函授学院和部（系）在适当地点建立教学辅导站，定期给学生讲课，组织学生参加实验活动等。函授生毕业时可获得统一的毕业证书，享受与全日制大学毕业生同等的学历资格和就业权利。一些社会学家曾向一些国营农场的经理和集体农庄的主席进行"您更愿意接受的是全日制大学毕业生还是函授院校的毕业生"的调查，竟有98％的经理和主席更愿意接受函授生。这足以表明苏联函授教育的成功。

二是厂办大学。1959年，苏联部长会议通过一项组织厂办工学院的决议，目的在于提高工厂的技术力量。专业设置视本厂需要，教学计划包括全日制工学院相应专业的基础技术课程和专业课程，学制比全日制大学稍长，学习方式采取工作学习轮换制，有脱产的、业余的，有白天的、夜间的。学生每学期写出技术报告，每学年末专业委员会对学生作出专业鉴定，毕业时根据知识与才能分配工作。

三是普通高等教育中的成人学员。1958年国家颁布的《关于加强学校同生活的联系和进一步发展苏联国民教育制度的法律》中规定："高等学校的招生应根据党、工会、共青团和其他社会组织以及工业企业领导人和集体农庄管理处所得出的鉴定，用竞试方式录取最优秀的、生产中出色的、有修养和有才能的人。高等学校在录取新生时必须给有实际工龄的人以优先权。"①伴随60～80年代的几次教育改革，这项招生制度也经历了变革和完善。此外，在高等学校中普遍设立了预科，帮助工农青年继续学习深造，也是社会成人学习的重要途径之一。为提高全民文化水平，国家还注意充分发挥公共图书馆、博物馆等公共文化设

① 吴式颖，等.外国教育史简编.北京：教育科学出版社，1988：445.

施的教育功能，广播、电视等信息传播手段也发挥了很大的作用。此外，又兴办了许多公共教育设施，如人民大学、全苏技术协会等。图书出版事业也成为巩固和发展成人自学的坚实基础。

苏联人民在历史上并不太长的时间里建立起自己独特的国民教育体制，克服了同西方先进国家在文化教育方面的巨大差距，取得了扫盲和中等义务教育乃至高等教育、学前教育的巨大成就，确有许多好的经验值得研究借鉴。

（2）中国的成人教育

中国 20 世纪的成人教育，分为中华人民共和国成立前、后两个阶段。

① 20 世纪上半叶的中国成人教育

20 世纪上半叶，是中国社会分裂动荡的年代。革命与反革命的斗争，反动与进步势力的消长，为社会成人教育提供了不同的生存与发展环境，具体表现为共产党与国民党不同辖区的成人教育。

a. 共产党辖区的成人教育

作为"五四"时期文化革命组成部分的平民教育运动，受到了共产主义知识分子和革命的资产阶级知识分子的共同关注。以陈独秀、李大钊、邓中夏为代表的无产阶级知识分子，提出平民教育不仅要以广大人民为教育对象，而且必须符合劳动人民求得自身解放的根本利益。1917 年 11 月，毛泽东创办湖南第一师范学校，1920 年暑假，又在该校附小创办了平民夜校。1919 年 1月，邓中夏在北京发起组织"平民教育讲演团"，把平民文化教育与传播马列主义结合起来。

1921 年中国共产党诞生，作为中国历史上第一个真正代表人民利益的政党，在"为民"与"为政"两个目标的完美结合中，实现了中国成人教育的跨越式发展。1921 年 8 月，中共成立了中国劳动组合书记部，派遣许多党员深入工厂矿区开展工人教育。1922 年，刘少奇、李立三在安源煤矿创办工人夜校。1924 年毛泽东在韶山创办的 20 余所农民夜校，以及邓中夏创办的北京长辛店劳动实习学校，李启汉创办的沪西小沙渡劳动补习学校，党组织先后开办的湖南自修大学、平民女学和农民运动讲习所等，都为培养农运、工运骨干，促进革命形势的发展作出了重要贡献。1927 年大革命失败后，中国共产党提出了一切苏维埃工作服从革命战争需要的指导方针，实行了以干部教育和群众教育为主的教育制度，在根据地创办了红军学校、红军大学和马克思主义大学、苏维埃大学、中央农业学校和女子大学等干部学校，实施政治、军事、文化三个方面的教育，培养干部；同时还开展了全民识字运动，创办了小学，使适龄儿童接受学校教育。1934 年 1 月，为适应全面抗战需要，毛泽东提出了苏维埃文化教育的方针"在于以共产主义精神来教育广大劳苦民众，在于使文化教育为革命战争和阶级斗争服务，在于使教育和劳动联系起来，在于使广大中国民众都成为享受文明幸福的人"[①]。抗日根据地继续实施干部教育、群众教育和儿童教育，建立了抗日军政大学、延安大学、华北联合大学、陕北公学、鲁迅艺术学院、中国女子大学等。仅抗日军政大学及其分校，在抗战八年中，就先后培养、培训了 20 多万名革命干部。面向群众教育的民校、夜校、星期日学校、半日学校、冬学和识字班等，也都有了较大的发展。1945 年，为夺取全国胜利，中国共产党又制定了新的教育方针，培养解放战争和未来建设所需要的人才。各解放区不仅发展了已有的学校，又先后建立了东北大学、东北军政大学、华北联合大学、白求恩医科大学、延安大学、西北军政大学、陕北公学及工业、财经、艺术等各种类型的学校，为人民解放战争的胜利和社会主义建设事业的兴起打下了坚实的基础。

---

① 　中华苏维埃共和国中央执行委员会对第二次全国苏维埃代表大会的报告

b. 国民党辖区的成人教育

国民党辖区的成人教育，主要表现在受西方资产阶级影响的少数资产阶级、小资产阶级知识分子以平民教育思想为指导的教育改革实验。1923 年 6 月，小资产阶级知识分子的代表人物晏阳初、朱其慧等人发起组织的中华平民教育促进会，以定县等为实验区，举办平民学校、平民读书处、平民问字处等教育培训机构，以乡村建设为目标，实施生计教育、公民教育，以使广大贫民能读书识字，学习做人、做国民的精神，以达到救中国之目的。1924 年，孙中山（1866～1925）倡导创办的中国国民党黄埔军官学校，培养成人军事指挥人才，成为成人军事教育成功之范例。1925 年 8 月，黄炎培（1878～1965）率先提出划区进行乡村教育实验，在江苏昆山徐公桥建立乡村改进区，推行社会教育，提高农民的文化水平，培养具有自治能力的新农民。1926年，陶行知（1891～1946）提出"生活即教育"的思想，并以乡村教育为载体实施，先后创办了张庄学校和上海工人学团，提出乡村教育的目的和内容是"六大训练"，即军事训练、生产训练、科学训练、识字训练、民权训练和体育训练，重点普及识字教育。40 年代，乡村教育的倡导者梁漱溟（1893～1988）在邹平办乡村教育学会、乡村建设研究院等，宣传"社会教育与乡村教育的合流"，提出"救中国要从乡村建设着手"，且乡民教育"非在其原来的环境里，称以农业改良，教以乡村自治不可"[①]。

上述资产阶级改良主义教育家的"乡村教育"实践，出发点是很好的，只是不可能解决国民党辖区民众教育的根本问题。国民党政权的政治腐败和中国经济的落后，没有提供有利于民众教育发展的环境。

---

① 王定华，田玉敏．中外教育史．天津：天津社会科学院出版社，1991：252.

②20世纪下半叶的中国成人教育

1949年10月，中国共产党在占世界1/4人口的中国建立了社会主义制度，继承老传统，改革旧教育，开创新领域，新中国社会主义成人教育事业走过了波浪式发展的四个阶段。

第一阶段（1950～1957）：确立了中国成人教育的历史地位和工作重点。

1949年12月23日，中央在北京召开了第一次全国教育工作会议，提出"要作必要的准备，以便在全国范围内进行识字教育，扫除文盲的伟大工作"。1950年6月1日，中央人民政府政务院发布《关于开展职工业余教育的指示》，要求有关部门、企业管理机关及工会组织有计划、有组织、有步骤地开展职工业余教育工作。1950年9月20日至29日，教育部、中华全国总工会在京联合召开新中国第一次全国工农教育工作会议，确定了发展工农教育的大政方针。毛泽东、朱德、周恩来等中央领导还接见了与会全体代表，充分表现出国家对工农教育、成人教育的高度重视。1951年1月，全国职工业余教育委员会成立，其主要任务就是"讨论及决定有关全国职工业余教育的方针、计划、课程、经费、制度等重大事项"。1955年，《中华人民共和国发展国民经济的第一个五年计划》公布，明确提出应积极而有系统地举办业余高等学校、夜大学和函授学校，积极举办业余中等专业学校和夜校，积极广泛开展业余文化教育工作等。

这一阶段蓬勃兴起的成人教育运动主要围绕两个重点展开：

其一，扫盲教育。

从1949年冬天开始，全国城乡全面开展扫盲运动。1952年4～5月，全国总工会和教育部号召在全国范围内普遍推行由祁建华创造的"速成识字法"。1953年2月召开了第一次全国扫盲工作会议，总结交流经验，完善扫盲工作。当年，全国参加扫盲学习的工人、农民达 3190 万人，并使 1949 年以来全国扫除文盲人数达 701 万。1955 年召开的中共七届六中全会上，毛泽东主席再次关注扫盲工作，指出"要在合作化中间把文盲扫掉，不是把扫盲运动扫掉，不是扫扫盲，而是扫盲"①。1950 年 3 月 29 日，中共中央、国务院发出《关于扫除文盲的决定》，全国总工会、共青团中央和教育部分别发出文件，明确扫盲任务，制定奖励办法，推动扫盲工作，全国再次掀起扫盲高潮。仅 1955、1956 两年就扫除文盲 1100 万。声势浩大的扫盲运动，让广大工农群众的文化解放从梦想走向现实。

其二，干部教育。

1953 年 2 月 4 日，中共中央发布《关于加强干部文化教育的指示》，指出"大量培养与提拔工农干部和有计划地提高他们的政治、文化、业务水平，使他们成为各项建设事业中的骨干，乃是贯彻党在过渡时期总路线的一项重大的政治任务和组织任务"②，"各级党政机关和人民政府尽可能地动员与组织文化程度不到初中毕业的干部学习文化，将他们的学习成绩作为干部鉴定、考核标准之一"。1954 年 3 月，政务院文化教育委员会专门成立了干部文化教育局，并于 1954 年底和 1956 年 4 月两次召开全国干部文化教育会议。全国干部教育工作在四条主渠道上展开：一是干部业余文化学校，满足文盲和低文化在职干部文化学习需要。到 1955 年，全国业余文化学校达 3500 余所，在学人数突破 13 万。二是干部离职文化学校，脱产学习。到 1955 年，全国有此类学校 256 所，在校学员达 8.4 万人。三是工农速成中学，创办于 1950 年，是在较短时间内培养工农干部和产业工人

①　陈孝彬，等.成人教育基础.北京：中国人事出版社，1996：46.
②　哈尔滨市成人教育协会.成人教育学（内部资料）.1980：24.

升入高等学校的一种预备学校。到 1954 年末，全国共创办工农速成中学 87 所，在校生 5.3 万人。四是函授、夜大学教育。1951 年 11 月 5 日，国家主席刘少奇批示了中国人民大学关于举办高等函授教育的请示报告；1952 年底，东北师范大学被批准创办中国高师函授教育，培训东北地区在职中学教师；1954 年 11 月 6 日，中华人民共和国教育部发布《关于〈视察东北师范大学函授教育报告〉的通报》，向全国发出了发展函授教育的指示。到 1956 年底，全国已有 39 所高校举办函授教育，34 所高校举办夜大学教育。

第二阶段（1957～1966）：适合中国实际的成人教育体系基本形成。

有了第一阶段成人教育的认识与实践基础，适应各条战线对文化、科技人才的迫切需要，成人教育在中国大地上全面展开，有中国特色的成人教育体系基本形成，主要表现为指导思想更加明确，教育结构进一步优化，成效也更为显著。

1958 年 9 月 19 日，中共中央、国务院发布《关于教育工作的指示》，提出了"普通教育与职业（技术）教育并举，成人教育与儿童教育并举，全日制学校与半工半读、业余学校并举，学校教育与自学（包括函授学校、广播学校）并举"的发展思路，确定了全日制学校、半工半读学校、业余学校三类学校教育格局和"两条腿走路"的办学方针。与此同时，1959 年 3 月中央批转的《关于当前工矿企业职工教育中几个问题的报告》还提出了"结合生产，统一安排，因材施教，灵活多样"的成人教育工作指导原则以及"逐步建立起较完整的教育体系"的工作目标，中国成人教育事业全面推进。

其一，职工教育实行新体制。

第一阶段全国职工初、中、高等教育已取得的重要成果，可从如下一组统计数字看出：

比例项目年份	职工入学人数占职工总数	扫盲学习人数占参加学习人数	业余小学人数占参加学习人数	业余初中人数占参加学习人数	业余高中人数占参加学习人数
1952 年	18.9%	69.6%	22%	8.1%	0.6%
1960 年	44.7%	17.2%	48.85%	25.2%	7%

1958 年 5 月 27 日，天津市第一所厂办半工半读学校——国棉一厂半工半读学校开学。51 名四级以上、条件较好的老工人入学。学校采用"六二制"（即每天 6 小时工作，2 小时学习）。5 月 30 日，刘少奇在中央政治局扩大会议上从"两种劳动制度，两种教育制度"的高度，支持了这种新的职工教育形式。7 月，天津市建立了 32 所半工半读学校；9 月，又有 10 所"四四制"（每天 4 小时工作，4 小时学习）半工半读中等技术学校开学。在此之前的 8 月 1 日，江西共产主义大学总校和附设在全省 30 个垦殖农场的 30 所分校开学。学校坚持"半工（农）半读，勤工俭学，学习与劳动相结合，政治与业务相结合"的办学方针，受到毛泽东主席的热情鼓励。1965 年 3 月和 12 月，国家教育部、高教部又分别召开了全国农村半农半读、城市半工半读和全国半工（农）半读高等教育会议。半工（农）半读学校遍布全国，写下了中国成人教育史上独特的一页。

其二，农村教育增加新内容。

第一阶段的农村成人教育主要是扫盲和初等文化教育。1958 年 12 月 10 日，中共八届六中全会通过《关于人民公社若干问题的决议》，要求"组织各种业余学校，进行政治、文化和技术教育"。全国各地农村出现了大量的政治、文化、技术"三合一"的初、中等业余学校。为指导农村文化、技术教育的发展，国家又先后提出了"巩固起来，坚持下去，提高质量，继续发展"的方针，"平时多学，忙时少学，大忙机动学，力争不停"的原则和"生产、教学、科研三结合"的基本思想。据 22 个省区统计，1965 年参加各类文化技术（会计、电工、兽医、卫生保健等）业余学习的农民已达 2200 多万人。

其三，高等教育又有新发展。

新中国成人高等教育以普通高校的函授和夜大学起步。到 1957 年，全国举办高等函授教育的高校 58 所，举办夜大学的 36 所，函授与夜大学在校生分别达 3.5 万和 1.2 万人。1959 年 9 月，中华人民共和国教育部给清华大学的《关于夜大学仍应办下去并力求办好的批复》中指出："根据'两条腿走路'的方针，业余高等教育必须积极发展，这是工农群众知识化，加速培养工人阶级知识分子的重要途径之一……除依靠厂矿积极发展和办好业余高等学校外，有条件的全日制高等学校也应积极举办夜大学和函授学校。"其后，又有关于差旅费、学习时间、工资待遇、毕业证书等一系列支持成人学习的文件出台，有力促进了成人高等教育的蓬勃发展。到 1965 年，全国已有函授学校（部）171 所，函授生 19 万人，夜大学 83 所，学生近 2 万，总人数相当于当时全日制高校在校生的 1/4。1965 年 11 月，教育部在南京召开全国第一次高等函授教育会议，提出"高等函授业余教育是整个中国教育事业的重要组成部分，具有强大的生命力和远大的发展前景"。

其四，办学形式又有新创造。

1960 年 3 月 8 日，中国第一所电视大学——北京电视大学开学，首批招收中文、数学、物理、化学四个专业 6000 余名学员。其后，上海、沈阳、长春、哈尔滨、广州、重庆等地也相继成立电视大学或业余广播大学，现代远程教育在中国萌芽。在充分发挥普通高校成人教育职能的同时，国家还积极发展职工业余高等学校，到 1963 年已达 1165 所。1964 年 4 月，教育部、全国总工会颁发《关于职工业余高等学校工作的暂行规定（草案)》，对职工高等学校的方针任务、培养目标、办学条件、审批程序、教学计划、规章制度等都作了明确规定，并对已有的业余高校进行了整顿提高。1965 年，全国有职工业余高校 964 所，在校生达 42 万余人。

其五，扫盲教育又有新突破。

1957 年 3 月 8 日，教育部发出《关于扫除文盲工作的通知》，对扫盲工作作出新的具体布置。1958 年 2 月，教育部、团中央、全国妇联、全国扫盲协会联合召开了 18 省市扫盲先进单位代表会，国务院副总理、全国扫除文盲协会会长陈毅提出：扫盲工作是使 6 亿中国人民"睁开眼睛"的工作，要从"扫识字盲"、"扫文化盲"到"扫科学盲"，号召来一个文化上的"原子爆炸"。全国出现了"千人教，万人学"，"三代同堂，互教互学"的学习热潮。到 1959 年，全国青壮年文盲率已从建国初期的 80％下降到 43％，扫盲工作取得了显著成绩。

第三阶段（1966～1976）：曲折与反思。

1966 年 6 月，"文革"在全国范围内兴起，全日制教育秩序受到破坏。全面否定过去 17 年教育的错误思考，却使成人教育受到了意外的关注，在中国大地上产生了两类特殊的成人教育形式。

其一，七二一工人大学。

1968 年 7 月 21 日，毛泽东对《上海机床厂工程技术人员队伍的情况和问题》一文写了批语。7 月 22 日，《人民日报》发表了《从上海机床厂看培养工程技术人员的道路》的调查报告并加了编者按语，其中传达了毛泽东批语中的一段话，"大学还是要办的，我这里主要说的是理工科大学还要办。但学制要缩短，教育要革命，要无产阶级政治挂帅，走上海机床厂从工人中培养技术人员的道路。要从有实践经验的工人、农民中选拔学生，到学校学几年后，又回到生产实践中去"。根据毛主席的指示，1968

年 9 月，上海机床厂办起了第一所七二一工人大学，招收本厂
52 名工人入学，学制 2 年（后延长 10 个月），设毛泽东思想、
劳动、军体、专业等课程，自编教材，自选教师，结合本厂的典
型产品或科研课题按生产顺序分阶段进行教学，学员毕业后仍回
到生产实践中去。此后，全国各地相继举办起这类学校。到
1976 年底，全国有七二一工人大学 33374 所，在校生人数 148
万。后来经逐步调整，大部分停办，一些条件较好的改为职工大
学或职工业余大学，有些改为职工中专。

其二，五七大学。

1960 年 5 月 7 日，毛泽东对军委总后勤部《关于进一步搞
好部队农副业生产的报告》复信（"五七指示"），其中提出"军
队应该是一个大学校"，"学生也是这样，以学为主，兼学别样，
即不但要学文，也要学工、学农、学军，也要批判资产阶级"。
此后，各地农村相继举办五七大学，培养社队干部和农民技术
员。1980 年 4 月，教育部在北京召开五七大学座谈会，讨论整
顿问题。会议认为，五七大学在提高农村社、队技术人员、管理
干部和农村青年的科学技术水平方面取得了一定的成绩，但是由
于其性质、任务、培养目标和管理体制等问题没有明确规定，故
无法健康发展。会议作出决定，将那些有条件的改为农民技术学
校，不具备条件的自行停办。

遵循"七二一指示"和"五七指示"的基本精神，从 1970
年开始，国家尝试从上山下乡知识青年中招收工农兵大学生，提
出了工农兵学员"上大学，管大学，用毛泽东思想改造大学"的
口号，探索新的高级人才培养途径。1974 年 12 月 28 日，国务
院科教组、农林部和辽宁省委联合召开了"学习辽宁朝阳农学院
教育革命经验"现场会，会上肯定了辽宁朝阳农学院坚持在农村
办学，分散办学，越办越大，越办越向下，学员社来社去，毕业
当农民、挣工分的经验。

　　上述一系列创办"社会主义新型大学"的尝试，到 1976 年底结束。就倡导者的主观愿望来说，强调教育紧密结合生产实际有其积极因素，但存在两个突出的问题：一是把政治标准与实践经验绝对化，淡化科学文化知识教育，必然导致教育对象发展失衡；二是把复杂的教育体系简单化，必然导致教育整体功能的削弱。事实上，无论是七二一工人大学还是五七大学，或是以工农兵为学员的什么大学，都不失为成人教育的一种形式，但如果把"一种"强化到"唯一"，就势必导致对自身的否定。实践证明，企图以成人教育的原则与方法统领整个社会教育，与企图以普通全日制学校的目标与模式主宰整个社会教育，同样是违背人类教育发展规律的。

　　第四阶段（1977～　）：走向世界。

　　1978 年底，中国共产党十一届三中全会闭幕，会议作出了把党的工作重点转移到社会主义现代化建设上来的战略决策。适应改革开放和社会主义现代化建设的需要，成人教育在与世界潮流的汇合之中得到了迅速的发展。

　　其一，强化国家意志，发挥政策导向。

　　1980 年 9 月 5 日，国务院以国发（1980）228 号文件批转教育部《关于大力发展高等学校函授教育和夜大学的意见》。意见中"必须把高等学校举办函授教育和夜大学纳入国家高等教育事业规划"的决定，"到 1985 年全国高等学校举办的函授、夜大学本、专科在校学生数要达到同期全日制普通高等学校在校学生数三分之一以上"的目标，"国家承认学历，在职人员中的函授和夜大学毕业生在工作使用、评定职称和进行套改等方面与全日制高等学校同类专业毕业生同等对待"的政策，以及"可以授予学士学位的高等学校，对所举办的函授教育和夜大学毕业生，同样可以按照规定择优授予学位"和"有些重点院校可以试行通过函授的方式培养研究生"等举措，为成人教育的深广发展创造了十分有利的环境。1981 年 2 月 20 日，中共中央、国务院发出《关于加强职工教育的决定》，深刻阐述了职工教育的重大意义，同时对职工教育的规划、内容、形式、教学计划、教师队伍、办学条件、组织领导、保证措施等都提出了明确具体的要求，使全国职工教育活动进入了规范办学、健康发展的轨道。1987 年 2 月 25 日，国务院以国发（1987）59 号文件批转《国家教育委员会关于改革和发展成人教育的决定》，明确提出"成人教育是当代社会经济发展和科学技术进步的必要条件，是我国教育事业的重要组成部分，与基础教育、职业技术教育、普通高等教育同等重要"，"坚持一要改革，二要发展的方针"，"把开展岗位培训作为成人教育的重点"，"国家有关部门要建立和逐步完善继续教育制度"等。1993 年 2 月 13 日，中共中央、国务院颁布了《中国教育改革和发展纲要》，提出"必须把教育摆在优先发展的战略地位，努力提高全民族的思想道德和科学文化水平"，同时强调指出"成人教育是传统学校教育向终身教育发展的一种新型教育制度，……要本着学用结合、按需施教和注重实效的原则，把大力发展岗位培训和继续教育作为重点。国家建立和完善岗位培训制度、证书制度、资格考试和考核制度、继续教育制度，努力体现成人教育的特色"。这些产生于不同年代的政策法规，表明国家支持成人教育的力度不断加大。

其二，拓展培训领域，完善成人教育体系。

国家新的成人教育体系主要由六个方面的网状系统组成：

一是以中央电大为龙头的广电教育网。1978 年 11 月 26 日至 12 月 3 日，教育部和中央广播事业局在北京联合召开了全国首届广播电视大学工作会议，制定了《中国广播电视大学试行方案》。1979 年 2 月，中央广播电视大学正式开学。其后，28 个省、自治区、直辖市陆续成立了广播电视大学，并在市、地、县设分校。中央电大负责教学和组织工作，各省级电大负责招生、开设专业课和组织学员学习。广播电视大学招收具有高中毕业文化水平的学生，可脱产、半脱产学习，学生学完规定课程，取得规定学分，发给毕业证书，国家承认学历。1989 年起，国家批准广播电视大学从参加全国普通高校统一入学考试的应届高中毕业生中招收高等专科学历教育的新生。截至 1993 年，中央广播电视大学在全国范围内共提供理工、师范、文、工商财经管理和农林 5 科 21 个专业门类的 300 多门课程。1994 年，在全国电大庆祝建校 15 周年之际，原国家教委批发了《关于广播电视大学贯彻"中国教育改革和发展纲要"的意见》，确定了建设有中国特色的远程教育的开放大学的发展目标。到 1998 年，中国广播电视教育已形成以中央广播电视大学为核心，44 所省级广播电视大学为骨干，814 所地市级广播电视大学分校、1742 所县级广播电视大学工作站以及 17076 个教学点组成的全世界最庞大的广播电视教育系统。自 1982 年有了首批毕业生，至 1998 年，共培养高等专科毕业生 249 万，占同期全国各类高等学校毕业生总数的 12.9%，占同期全国成人高等学校毕业生总数的 27.4%；培养了近 100 万中等专业毕业生；有 60 万中小学师资通过卫星电视教育获得相应学历证书而达标；累计 3000 多万人接受了广播电视大学各类非学历教育培训；数以千万计的农民接受了广播电视大学燎原学校的农村实用技术教育的培训。1999 年 1 月 13 日，国务院批转的教育部《面向 21 世纪教育振兴行动计划》提出了实施"现代远程教育工程"计划以及"改造现有广播电视教育传输网络"的目标。1999 年，教育部转发了《关于广播电视大学贯彻落实"面向 21 世纪教育振兴行动计划"的意见》，"人才培养模式改革和开放教育试点"也于 1999 年秋季开始启动，由第二代多媒体教学的巨型大学向第三代双向交互现代远程教育的转变，成为中国广播电视大学利用先进，完善自我，与时俱进的奋斗目标。到 2002 年底，全国有广播电视大学 45 所，在校生达 38.5 万，当年毕业生 14 万。农业广播学校、交通电视学校、广播电视中等专业技术学校等各种广播电视中等专业学校也有很大发展（有学校 123 所，在校生约 24.4 万）。广播电视教学网已成为中国成人教育体系中的重要组成部分。

二是以普通高校为主体的函授教育网。1979 年，全国有 72 所普通高等学校举办函授教育，在校生 20.6 万。1982 年，全国举办函授教育的高校有 117 所，开设了几乎所有种类的 102 种专业，在籍学生达 18.9 万。1983 年，（1983）教成字 014 号文件确定同济大学、华东师范大学、东北师范大学、哈尔滨工业大学四所高校的函授、夜大学本科毕业生开展学士学位授予工作试点。1984 年 3 月，教育部、财政部发布（1984）教成字 006 号文件，成人招生考试由各校自行组织收归省统考。从 1986 年起，各类成人高校招生又实行了全国统一考试，国家对成人教育的宏观管理进一步加强。1986 年 6 月，国家教委在北京召开了全国高等函授教育工作会议，研究拟定在新的历史时期发展高等教育的任务、工作方针和政策措施。大会通过了《适应国民经济和社会发展需要，大力发展高等函授教育》的报告，五校二局代表大会交流了经验。经大会讨论通过，《普通高等学校函授教育暂行工作条例》发表。1986 年 12 月，全国成人教育工作会议闭幕。会议印发了题为"改革成人教育，发展成人教育"的报告，强调"成人教育是我国教育事业极为重要的组成部分"，提出了我国教育事业"四分"（基础教育、职业技术教育、普通高等教育和成人教育）的观点，成人教育的五个方面职能和"一要发展，二要改革"的成人教育工作总方针。会后，国务院以国发（1987）59 号文件批转了《国家教育委员会发展成人教育的决定》。到 1987 年底，全国有独立的函授学院 4 所，在校生 3 万余人，举办函授教育的高等学校 367 所，在校生近 46 万，连同 5 万名夜大学在校生，实现了教育部 1980 年提出的"全国高等学校举办的函授、夜大学本、专科在校学生数要达到同期全日制普通高等学校在校学生数三分之一以上"的目标。到 2002 年，全国普通高等学校举办的函授、业余教育在校学生人数已达到 333.3 万人，函授中专学校 57 所，在籍学生 6.59 万人，以普通高校为主体的函授教育网成为高等成人教育的重要阵地。

三是以独立成人高校为骨干的干部教师培训网。面对现代化建设的新形势，党提出了实现干部队伍革命化、年轻化、知识化、专业化的新标准。1980 年，在一些普通高校和成人高校开办了干部专修科或党政干部基本理论专业，有些地方举办了机关干部业余大学或业余学校。从 1983 年开始，全国各地又陆续创办了管理干部学院。到 1989 年，全国各地已建立各类管理干部学院 171 所，在校学员 6 万余人。与此同时，干部中等教育也有较大发展。到 2002 年，管理干部学院减至 97 所，在校生人数达 15.6 万，干部中等专业学校 192 所，在校学员 4.9 万。与此同时，各级党校通过开办培训班、理论班、研修班等，灵活办学，按需培养，对党政干部队伍的岗位培训与继续教育作了大量工作。干部队伍的一个重要方面是教师和教育干部。为推进人民教育事业的全面发展，早在 60 年代，国家就设立了以培训教师和教育行政干部为主要任务的教育学院，1982 年，全国已有省级教育学院 35 所、地市级教育学院 247 所。10 月，国务院批转教育部《关于加强教育学院建设若干问题的暂行规定》，对各级教育学院进行了审核备案，使教育学院的办学实力与整体水平进一步提高。到 1990 年，全国已有教育学院 265 所，在籍学员 25 万余人，累计培养教师 58 万余人。到 1995 年时，全国还先后成立了北京成人教育学院等 10 所成人教育学院，开设专业十余个，重点培养从事成人教育的教师和管理干部。到 2002 年，全国有地（市）级以上教育学院 103 所，在校学员 32.6 万，县级教师进修学校 1703 所，在校学员 18.2 万。

　　四是以行业、企业为依托的职工教育网。职工是工业化社会建设者的主体，也历来是社会成人教育的重点。1980 年以后，中国职工教育主要分中等、高等两个层次，在学历和非学历两条途径上实施。初、中等教育层次的培训，主要分文化技术教育和岗位培训两条主渠道，其中文化技术教育先是以"双补"为主要目标。1981 年 2 月，中共中央、国务院发出的《关于加强职工教育的决定》提出，"要把职工教育的重点放在对领导干部的训练和对'文化大革命'以来入厂的青壮年职工进行政治思想教育和文化、技术补课方面"，"对虽有初中毕业文凭而无初中毕业实际水平的青壮年职工进行文化、技术补课，使他们真正达到初中毕业程度"。1982 年，在学人数达 165 万，1984 年增加到 446 万，到 1985 年 9 月，应补课的 3000 万青壮年职工的文化补课合格率达 75.9%，技术补课合格率达 74.4%，"双补"的特定历史任务基本完成。1987 年，国家颁布了《成人中等专业学校暂行条例》。到 2002 年，全国有职工中等专业学校 1177 所，在校学生 44.26 万人，职工技术培训学校 10435 所，在校学生 288.87 万人。此外，还有成人高等学校和普通中等专业学校招收的成人中专学生，在校生规模达 45.32 万人[①]。

　　职工岗位培训从 1985 年全面兴起。1985 年 5 月，中共中央《关于教育体制改革的决定》中指出，"一切从业人员，首先是专业性、技术性较强行业的从业人员，必须取得考试合格证书，才能走上工作岗位"。1985 年下半年，全国开始了大中型企业厂长（经理）、党委书记、总工程师、总经济师、总会计师的岗位培训；1987 年，全国大部分企业开展了班、组长培训；1986～1990 年间，全国参加各类岗位培训者近亿人次。据 1990 年部分

---

① 2002 年各类教育发展基本统计. // 中国教育年鉴. 北京：人民教育出版社，2003：83.

企业统计，"在 7634.3 万工人中，参加文化教育和岗位培训的有 2232.6 万人，占 29.2％。其中参加资格性岗位培训的有 449 万人，参加技术等级培训的有 660 万人，参加适应性岗位培训的有 868.7 万人"[①]。到 1995 年，全国职工参加学习培训的有 3800 多万人，全员培训率达 35.12％。其中参加岗位培训的有 3200 万，参加继续教育的有 180 余万，参加学历教育的有 480 余万[②]。岗位培训已成为成人教育的主要形式。

职工高等教育的规范、健康发展，起步于 1979 年国家《关于举办职工、农民高等学校审批程序的暂行规定》颁布以后。根据国家狠抓调整、整顿，大力提高质量，稳步发展数量的要求，各地区、部门对已有职工高校普遍进行了复查调整，到 1982 年底，办理备案手续的职工高校有 820 所。1987 年，国家又进一步提出职工高等学校要突破单一的培养规格，对学员实行"三种证书制度"。到 1987 年底，职工高等学校已发展到 915 所，有在校生 33.8 万人，多规格、多形式、多功能、多类型的职工高等教育办学网络体系基本形成。到 2002 年，全国有职工高等学校 357 所，在校生 36.7 万人，办学质量和效益都得到提高。

五是以农业技术教育为重点的农村教育网。进入 80 年代，农村中等及其以上技术教育主要有三条途径：一是中央农业广播电视学校。1981 年 7 月，中央 12 个部委和团体联合举办了中央农业广播电视学校，通过广播电视，面向农村干部、农场职工和知识青年，播出中等专业水平的农业技术课程。到 90 年代初，已有省级学校 36 所，地区分校 329 所，县级分校 2306 所，乡镇教学班 13800 个，开设种植、养殖、加工、经济管理等农业门类的专业 10 个。10 年来，有注册学员 190 万。这一多学科、多功

① 陈孝彬，等. 成人教育基础. 北京：中国人事出版社，1996：62.
② 同上，63.

能的农村远距离教育体系，开创了中国农民技术教育的新途径。二是农村三级办学网络。从 1979 年开始，国家着力发展村农民技术学习班（组）、乡农民初级文化技术学校、县农民中专技术学校三级教育网，到 1983 年基本成形，参加各类学习的农民已达 2500 万。1987 年，国家颁布《乡（镇）农民文化技术学校暂行规定》，进一步规范了办学指导思想、主要任务、教学工作、管理体制等。到 1990 年，全国已有村农民文化技术学校 126604 所、乡（镇）农民文化技术学校 36960 所、县农业技术培训中心 1265 所、县农民中等专业学校 340 所，另有业余小学 21908 所、业余中学 3768 所，初步形成了农民初、中级文化技术教育体系。1991 年 6 月，国家又发布《关于大力发展乡（镇）村民文化技术学校的意见》。到 2002 年，全国有农民中等专业学校 221 所，在校学生 9.2 万，农民技术培训学校约 38 万所，开展农民技术培训、农村劳动力转移培训 7680 余万人次。三是农民高等教育。1982 年，经教育部备案批准，全国有 4 所农民高等学校。1986 年增至 5 所，在校生 1334 人。从 1983 年至 1988 年，共毕业学员 2380 人。1985 年 3 月，中国科学技术协会主办的中国农村致富技术函授大学成立，这所面向全国农村和乡镇企业，传授实用技术，培养农民技术员的函授学校，到 90 年代初，有两届 4 万余人结业。在大力推进农村农民技术教育的同时，农村扫盲工作仍是抓住不放的攻坚任务。1978 年 6 月，国务院再次发出《关于扫除文盲的指示》，针对一些地区少、青、壮年中文盲、半文盲达 30%～40%，边远、少数民族地区高达 50%的严重状况，提出"坚持把扫除青壮年文盲和普及九年义务教育共同作为教育工作的'重中之重'，坚持分区规划，分类指导"和"一堵，二扫，三提高"的原则，并采取了一系列措施。1988 年 2 月，国务院颁布的《扫除文盲工作条例》规定："凡 15 周岁～40 周岁的文盲、半文盲公民，除不具有接受扫盲教育能力的以外，不分性别、民族、种族，均有接受扫除文盲教育的权利和义务。"1990 年全国第四次人口普查统计，全国 15 岁以上的文盲仍有1.8 亿，占人口总数的 15.88%。2002 年，全国 10 万所农民初等学校中有 7 万所为扫盲班，当年毕业与在籍人数均为 170 余万，可见中国农村扫盲工作仍是中国成人教育面对的一项艰巨任务。

六是以自学考试为基本形式的学历文凭考试网。1980 年 10月，北京市人民政府率先实施高等教育自学考试办法并迅即得到国家的支持。1981 年 1 月，国务院批转教育部《关于高等教育自学考试试行办法的报告》，在北京、天津、上海三个直辖市试点，随后辽宁省加入试点。1983 年 5 月，国务院批转了教育部等四个单位《关于成立全国高等教育自学考试指导委员会的请示》，肯定了三市一省的试点经验，要求各省、自治区人民政府认真进行准备，逐步建立本地区的高等教育自学考试指导委员会并积极开展工作。到 1985 年下半年，全国 29 个省、自治区、直辖市都建立了高等教育自学考试制度。1988 年 3 月，国务院颁布了《高等教育自学考试管理暂行条例》，指出"高等教育自学考试，是对自学者进行以学历考试为主的高等教育国家考试，是个人自学、社会助学和国家考试相结合的高等教育形式"，并对高等教育自学考试的一系列重要事宜作出了明确规定，自学考试进入规范化建设时期。到 1990 年，全国共开考文、理、工、农、医、财经、政法、教育等科类 102 个专科专业，设有 625 个专业点，全国 200 多所普通高校担任主考任务，累计参加自学考试人员达 1500 万，其中 52.5 万人取得大专毕业证书，3785 人取得大学本科证书，近千人获学士学位。世纪之交，自学考试进入改革发展的新阶段：实施专业调整，增强自学考试的活力；强化教考分离，保证自学考试的质量；拓宽发展空间，提升自学考试的功能。自学考试制度逐渐走向成熟。截至 2002 年底，高等教育自学考试共开考课程 2000 多门，自学考试的成果成倍增长，成为受到社会各界普遍欢迎、公民广为利用的新兴成人教育形式。

除上述学历文凭考试，非学历教育证书考试也有很大发展。其中全国计算机等级考试设 4 个等级、13 个科目，在全国 31 个省、自治区、直辖市都有考点，2002 年考生人数超过 210 万；全国英语等级考试遍布全国 27 个省（区），2002 年参考人数 34.26 万。此外，全国高等教育自学考试指导委员会与中国烹饪协会联合举办的与中国烹饪协会合作考试，教育部考试中心与英国剑桥大学考试委员会联合举办的剑桥秘书证书考试，教育部考试中心与美国外国学校毕业护士委员会合作举办的美国护士认证考试，教育部考试中心与英国伦敦工商会考试局合作举办的英国职业资格认证考试，以及教育部考试中心与德国学术考试开发协会举办的德国大学语言能力测试等，都是颇受欢迎的成人教育形式①。

其三，突出行业特点，开展继续教育。

上述遍布全国的六类成人教育网络担负着中国常规成人教育的主体任务。与此同时，适应行业特点的专业化继续教育也伴随世界继续教育的大潮在我国兴起。在一些著名科学家和知名人士倡议下，中国继续工程教育协会于 1984 年在北京成立。1986 年全国六届人大四次会议的《政府工作报告》中，明确提出"要逐步建立和完善对科技人员继续教育的制度"；1987 年，国家教委、国家科委、国家经委、劳动人事部、财政部、中国科协联合发布了《关于开展大学后继续教育的暂行规定》的通知，明确提出"大学后继续教育是成人教育的重要组成部分，各地区、各部门必须加强领导，统筹规划，依靠各方面力量，多种渠道、多种层次、多种形式开展继续教育"。与此同时，国家还在 16 个省、

---

① 中国教育年鉴.北京：人民教育出版社，2003：305～307.

市和 7 个部、总公司成立了继续教育协会，以加强对全国继续教育的领导。20 世纪的后 20 年，中国继续教育在四个方向上得到发展：

一是以科技人员为重点的继续工程教育。以清华大学等理工科大学、综合高等学校的继续教育机构及各级继续教育协会为主体，通过举办高级研修班等多种形式，进行卓有成效的培训活动。到 1995 年，全国参加继续工程教育的人数已达 180 余万。

二是面向中小学教师开展的继续教育。由国家教育部师范司牵头，制订了《中小学教师继续教育规定》、《中小学教师继续教育工程方案》等继续教育政策法规，成立了全国性继续教育机构，启动了骨干教师培训计划，开通了全国中小学教师继续教育网……在全国各级师资培训主管部门的领导下，依托高师院校和各级教育学院系统，全面提高中小学教师的政治业务素质与教育教学能力，取得了显著的成效。

三是面向中小学校长开展的继续教育。由国家教育部人事司牵头，相继出台了《中小学校长培训规定》、《全国教育干部培训"十五"规划》、《关于进一步加强和改进中小学校长培训工作的意见》等文件，成立了教育部中小学校长培训中心、全国中小学校长培训工作研究会等官方和民间的培训与研究机构，以西部50 个贫困县为受援地区，教育部与联合国儿童基金会合作实施了"校长培训与学校发展规划"（SDP）项目，以五年为周期，以校长培训为切入点，通过基线调查，制定规划，开发培训材料，组织提高性、推广性培训活动等实践过程，改善学校管理，提高综合办学水平和教育质量，取得了显著成效。2003 年，教育部人事司启动了"中小学校长远程培训课程开发项目"计划，以教育信息化推动教育现代化，探索中小学校长培训从模式、内容到机制的全面创新。一个完备的中小学校长继续教育体系已经形成。

　　四是社会文化生活教育。随着老龄化社会的到来，作为社会精神文明建设内容之一的社会文化生活教育，开始受到党和国家的重视。1987 年 6 月，《国家教育委员会关于改革和发展成人教育的决定》中就明确指出，"为建设文明、健康、科学的生活方式，满足人们日益增长的精神文化生活需求，对成人开展丰富多彩的社会文化和生活的教育，是成人教育的主要任务之一"。1987 年底，全国举办老年大学 217 所，老年大学分校 103 所，其他各种老年学校 172 所，有 10 万名老年人参加了学习。到 1996 年，全国已有各种老年学校 7614 所，在校学员近 62 万人。

　　以上简要介绍了近一个世纪以来资本主义世界和社会主义国家成人教育的情况。40 年的隔离，30 年的冷战，两种不同的社会制度走出了各具特色的成人教育发展道路。资本主义世界以经济发展为基础，运用市场经济杠杆，成人教育发展平稳但不平衡；社会主义国家以人民文化解放为目标，发挥政治优势，追求教育平等，在经济、文化都落后的情况下，实现了成人中、初等教育的超常发展，当然，由于国家经济实力不强，对成人教育的投入明显不足，成人教育发展的不平衡状况也不同程度存在。80 年代中期以后，在社会信息化、经济国际化、教育终身化的大背景下，两种不同社会制度、教育制度下的成人教育，交流的机会明显增多，呈现出在借鉴与竞争中共同发展的大趋势。

第三章 成人教育系统要素

第一节 成人教育系统概述

一、"系统"的基本含义

1934年，美籍奥地利理论生物学家、哲学家路德维格·贝塔朗菲针对生物学界存在的机械论研究方法，提出了"机体系统论"。1937年，他在美国芝加哥大学的一次哲学问题讨论会上首次提出"一般系统论"的概念。1945年，他在论文《关于一般系统论》中指出："系统"可以定义为互相作用着的多种元素的复合体，或者"是处于一定的相互关系中的与环境发生关系的各组成部分的总体"。1968年，他出版《普通系统的基础、发展与应用》一书，进一步把生物机体系统论引申到心理、社会和文化等领域，并在1971年发表的《一般系统论的历史和现状》一文中提出，"一般系统论"可以作为一个新的科学规范，广泛应用于各项研究领域①。之后，比利时著名的物理学家普里高津的耗散结构理论，联邦德国著名物理学家哈肯的协同理论等，又为系统论绘出了数理的框架。美国经济学家博尔丁、逻辑学家拉波波特等，也从不同角度为系统论的完善与发展作出了贡献，进而使

---

① 杨国璋，等. 当代新学科手册. 上海：上海人民出版社，1985：2、3.

人类古代就得以萌发、运用的系统思想发展成为完善的理论体系。按照系统论的基本观点，现实社会可以分为自然系统、社会系统、思维系统、人工系统和复合系统五大系统，而教育属于人工系统中的一个子系统。从系统论的视角考察成人教育，有助于对成人教育的本质属性的认识与把握。

二、成人教育系统的特点

按系统的一般定义，成人教育系统就是面向成人学员的、师生共同参与的、旨在实现教学目标的活动体系，而且这个体系有以下五个特点：一是有若干构成要素；二是每个要素在系统中都具有特定的、不可替代的作用；三是各个要素之间密切相关，失去了与其他要素的联系，也就失去了自身存在的意义；四是诸多要素的综合作用，产生了成人教育系统的特定功能，各要素优化组合的程度，决定功能的发挥水平；五是成人教育的功能是社会所需要的，同时，社会通过多种调控方式，决定着成人教育的发生与发展指向。

成人教育系统的特点如此，那么它与具体类型的成人教育是什么关系呢？是函授教育、自学考试，还是远程教育？是教师教育、干部教育，还是工农教育？是扫盲教育、岗位培训，还是继续教育？事实上，成人教育系统的特殊性，就在于这个系统要素的复杂性导致的系统结构的多样性。如成人教育对象作为成人教育系统的核心要素，虽然基本特点是成人，但有干部、教师、工人之分，于是就有了干部教育、教师教育、工农教育之别。再如，教学媒体作为成人教育系统的基本要素，有文字教材、直面教学、远程多媒体技术等多种信息传递方式，于是就有了函授教育、成人脱产班、电视大学、网络学院等多种类型的成人教育。当然还有其他多种分类方式。由此得出结论：成人教育系统与各种形式、类别的成人教育的关系，不是系统与构成要素的关系，成人教育系统是其基本要素因不同组合而产生的多样化具体成人教育活动的集合体。由此看来，我们研究成人教育，既要研究各级、各类、各式成人教育的共性，更要研究各级、各类、各式成人教育的个性，并在共性与个性的对立统一中把握成人教育的基本规律。

三、成人教育系统的基本要素

成人教育系统的要素，即构成成人教育活动的基本因素如下：

1. 学员，即成人教育的对象，是成人教育系统的核心要素。其他各要素都围绕对学员的教育发挥作用。它是成人教育系统运行的出发点和落脚点。

2. 教师，即成人教育教学活动的组织指导者，是成人教育系统的基本要素。教师在成人教育活动中起着传递信息、开发智力、帮助学习等作用。

3. 教育信息，即我们通常所说的教育教学内容。它是产生教育影响，实现教育目的，培养全面发展人才的基本保证。

4. 教育媒体，即教育信息传递的各种行为方式与技术手段。作为教育信息与教育对象连接的中介，它是教育活动能否顺利实施的关键与依据。

5. 教学方法，即师生为完成一定教学任务而在教学过程中采用的信息传递方式、途径或手段。它与教育对象、教育信息、教育媒体多重相关。

6. 教育管理，是成人教育系统运行的组织行为与保证，涉及人、财、物等诸多内容，包括决策、计划、组织、协调等各个方面。

7. 教育研究，即探索成人教育本质规律与实施策略的活动，包括理论研究与实践探索两个方面，是优化教学过程，提升教育水平的必要活动。

除上述七大基本要素，教学条件也应列入系统构成要素之中，只是由于条件要素对于各级各类教育都是共同的，而其特殊部分结合教育媒体的讨论已有所介绍，故这里就不单列了。这些要素在成人教育系统中是相互依存，缺一不可且协调发展的，正是这些要素的科学组合，才导出了成人教育丰富多彩的活剧。

第二节　成人教育学员

一、成人教育学员的基本特点

成人教育的对象是成人，成人的特点是成人教育特点的本源所在。从教育对象的角度，成人学员有以下三个突出特点：

（一）成熟性

成人的成熟性，主要表现在生理和心理两个方面：

1. 生理方面的成熟，主要表现在神经、感官及体力的发展水平。有研究成果认为，作为神经生理机制基本特征的反应时间，伴随儿童的成长迅速减少，到 20 岁时，达到最佳状态。之后由于神经细胞丧失、缺乏运动、其他因素干扰等原因，个体敏锐程度缓慢下降到 60 岁，之后下降速度加快。作为感官生理组成主要部分的视觉，自早儿童期开始迅速发展，到 18 岁时进入最佳状态。之后肌体开始老化，导致眼球内的瞳孔与晶状体产生结构性的变化，视力减退现象发生，减退速度加快至 55 岁，以后再呈缓慢下降趋势。作为感官生理组成部分的听觉，最佳时期在 10～15 岁之间。其后年龄的增长导致听觉系统的老化，使接受和了解声波的能力逐渐减弱，到 55 岁以后，人们对高频声音的辨别力会急剧衰退。嗅觉的变化规律有些特殊，在儿童期就开始退化，到 15 岁时，有 18％的嗅觉神经纤维消失了。之后此情形虽仍持续发生，但速度相当缓慢。触觉与痛觉一直较平稳，直至 50 岁之后才会有较明显的变化①。体力的发展变化情况：运动能力操作最佳时期在 30 岁，之后虽有变化，但并不明显；重体力劳动，直到 70 岁之前，这种劳动能力的损失仅是一个缓慢进行的过程；而轻体力劳动能力的输出可能根本就没有任何降低。身体组成部分的灵活性，其损失在 70 岁以前可忽略不计。至于工作技能，在 60 岁以前，很少受到与年龄有关的生理变化的影响②。

　　由上所述，人进入 18 岁，各种生理器官进入成熟，之后随着年龄的增长，各种生理器官呈不尽相同的变化规律。这些变化无论对学习是有利还是不利，都是客观存在的事实。教育对象的成熟性标志，是有效开展各项成人教育活动的基本依据。

　　2. 心理方面的成熟，主要表现在记忆、思维、动机、智力、人格等诸多方面的功能发挥及稳定程度，其中：

　　（1）在记忆方面，有研究认为：记忆分为感觉记忆、工作记忆、长时记忆三个阶段。其中，感觉记忆作为第一个信息贮存库，是对来自环境中刺激信息的直接保留，具有原形保留、容量无限、瞬间消失（2 秒以内）三个特点；工作记忆是第二个信息贮存库，其中保留着个体正在有意识地思考着、使用着或工作着的信息，具有保持时间短（10～20 秒）、容量有限、信息处于激活状态三个特点；长时记忆是第三个，也是唯一一个长期信息贮存库，担负来自工作记忆中，经过复述、精制及组织后的信息的

① 董守文，等. 成人学习学. 东营：石油大学出版社，1994：140～153.
② ［加拿大］罗比·基德. 成人怎样学习. 蔺延梓译. 上海：上海第二教育学院，1984：65、66.

长期贮存任务①。成人记忆方面的成熟，表现在感觉记忆无大变化，工作记忆略显优势和长期记忆丰富多彩。

（2）在思维方面，有研究者把思维分为初级发现性思维、初级接受性思维、次级接受性思维和次级发现性思维四个阶段。其中，初级发现性思维以初步发现、感知思维材料为特征，是人类个体发展初期即婴幼儿期的典型思维方式；初级接受性思维以个体初步接受、认可思维材料为特征，自主性、能动性水平较低，是个体发展到童年时期即学龄初期的典型思维方式；次级接受性思维，个体对思维材料不再直接、简单、盲目地接受，而是有一定的鉴别、批判地接受，是个体发展到少年和青年初期的典型思维方式；而次级发现性思维是个体建立在丰富的经验及发展了的自主性、能动性之上的探究、发现与创造性思维，是个体发展达到成熟期即成人期的典型思维方式。由此可见，从一般情况看，成人思维包括由次级接受性思维向次级发现性思维发展并达到的完整过程，体现出成人思维组织形式的高层次性特点，即成人思维组织形式处于系统间水平向整合水平发展。

（3）在动机方面，研究成果较多，看法也不尽一致，原因就在于动机作为人的心理活动的一个侧面，其产生与变化过于微妙和复杂。在职前教育中，儿童与青少年的学习动机可大体分为三类：一是从众，顺应普及教育潮流的自然行为；二是兴趣，在学习实践中广泛产生了学习的欲望并不断得到正强化；三是发展，以实现逐渐清晰的奋斗目标为动力。此三类主要动机，第一类表现出一定的被动性、盲目性，缺少内在驱动力；第二类虽已转化为内在驱动力，但不十分稳定，童年的兴趣成为终生职业发展方向的也并不多；第三类比第二类前进了一步，但仍具有一定的模糊性，目标只是未来追求的方向，与学习活动的关系也许是间接

①　路海东．学校教育心理学．长春：东北师范大学出版社，2000：15～24．

的，随着客观环境的变化是容易发生改变的。

　　成人学习动机的成熟，主要表现在多样性与稳定性。关于多样性的研究，有豪尔的"三分类型"论（目标取向、活动取向、学习取向），希斐尔德的"五种类型"论（学习取向、活动欲望取向、个人目标取向、社会目标取向、活动需求取向），迪肯逊和克拉克的"八个因素"说（学习取向，社交取向，职业取向，专业取向，社会取向，交互作用取向，解除挫折或厌烦取向，其他取向），以及伯吉斯的"七种类型"论，格拉伯斯基等的"七个因素"说，霍特林和格林保的"五个因素"说，盖德尔的"六个因素"说，布谢尔的"六个类型"论等，直至麦迪逊提出的"十五个因素"说。台湾学者黄富顺归纳出以下六类，即认知兴趣，职业进展，社会服务，社交关系，逃避或刺激，外界期望。可见，成人学员的学习动机，要比职前青少年学习动机宽泛得多。关于成人学习动机的稳定性，是指成人学习动机一旦形成，就很少轻易改变。成人学习动机的稳定性主要来自两方面原因：一是年龄、教育程度、职业需求、收入水平、婚姻状况等一系列较稳定的个人生存指标，决定着个体特定的发展指向，产生了较为稳定的学习动机；二是成人对自己的评价，无论正确与否，都成为经验的主体，成为左右自身的重要动力，不仅影响个体对某种行为的选择，也强化着个体对该项活动的参与和坚持。成人学习动机的成熟性对于成人学习来说有利也有弊。利的方面主要表现在成人学员的多重身份性及其表现的责任感，驱动成人学员以职业进取与认知兴趣为基本动机类型，动机的正确性及其稳定性可使成人教育的功能得到充分的发挥。弊的方面是由于多种因素的影响，存在于某些学员头脑中的不正确、非积极动机不易迅速改变。总的看来还是利多弊少。

　　（4）在智力方面，主要指认知反应的特性。智力作为"个体作出合理判断的能力"，其本质特征就是善于判断，善于理解，善于推理。也有研究者认为智力是使个体能有目的行动，合理思维以及有效应付环境的整体能力。多数心理学家认为智力包含适应环境的能力，运用符号、概念进行抽象思维的能力以及学习的能力。由以上智力的概念及表现形式可知，相对于儿童及青少年来说，成人的智力发展到了一个新的水准，故成人智力的成熟性是不言而喻的。

（5）在人格方面。在心理学中，人格通常指一个人所具有的独特的、稳定的心理特征的综合，也是一个人的更本质、更稳定的特征。由于进入成年期的个体在生理、心理上都发展到了个体生长过程的高原地带，具有鲜明的独特性及综合化趋势，所以，成人的人格修养已经达到了成熟、稳定的阶段。

以上讨论表明，成人教育面对的是生理、心理都进入成熟阶段的个体。在此把"成熟"作为成人学员的首要特点提出，不在于重复一直公认的事实，而在于强化对成人生理、心理状态的重视，并以此为据实施教学的全过程。

（二）差异性

成人教育对象的差异性远大于一致性，表现在多个方面：

1. 年龄差异

尽管个体发展过程不尽相同，但一般说来，进入 18 岁以后就算进入了成年期。而从另一个方面说，即便是 81 岁高龄的老人，也没有步出成年人的行列。简单的数码换位述说着三代成人 60 年的沧桑巨变。如此巨大年龄跨度的成人教育对象群体，是其他各类教育对象望尘莫及的。

2. 职业差异

"三百六十行，行行出状元"乃中华古之明训。而对现代社会，恐怕用"三千六百行"也无法囊括社会岗位工作的丰富多彩。纱厂的女工、公司的经理、田间的农民、学校的教师、太空宇航员、城镇个体户……这千千万万的行业、职业，是现代社会所必需的。这千千万万个职业方向，亿万成人个体的进步与发展，需要成人教育去认真面对。

3. 目标差异

职业成员的发展需求，构成了发散型成人教育目标体系。知识的几何级数增长，专业的深化与交叉发展，公民的动态岗位需求，共同营造了成人教育目标空间。在这个空间中，既有横向专业、职业的多样化需求，同时也有纵向不同层次的多样化需求，有些人希望通过学习提高自己的岗位工作技能，有些人还在补基础文化课，在大学后继续教育蓬勃兴起的今天，新文盲依然不断地产生着……除幼儿教育以外的各级成人学习需求，自己就撑起了终身教育体系。

4. 条件差异

共同富裕是人们追求的理想目标，而社会发展的不平衡是绝对的。人们的物质生活、文化氛围、环境条件的千差万别虽有其现实的合理性，却造成了成人学员参加学习的心态、机遇、条件等诸多方面的差异，成为成人教育必须认真思考，审慎对待并尽力通过教育政策、方式、方法的调整给予适当解决的问题。

5. 个性差异

成人教育对象的个性差异复杂于其他各类教育对象。个人的知识基础、文化素养、智能结构、思维类型、反应速度、兴趣爱好……这些不仅来自个人先天遗传因素，来自青少年时期不同的经历，也来自职后多重角色的磨砺与熏陶。大相径庭的价值观念、思维模式、目标指向及其行为习惯，突显出成人教育的个性化特点。

（三）多角色

成人学员的多角色性表现为一身同时承担多种社会责任。其多样化程度虽会因人、因时而异，但最基本的有三类：一是社会成员角色。社会是以其共同的物质生产活动为基础而相互联系的人们的总体。社会角色既包括物质财富生产者，也包括精神财富创造者。社会角色的突出特征是在职性，即为社会创造物质和精神财富是其主要责任。这种角色、责任与学习构成的工学矛盾，一直是成人教育学员面临的突出问题，也是成人教育教学与管理所面对的一对基本矛盾。二是家庭成员角色。生理上的成熟是成人的重要标志。孝敬父母，延续种族，是成人肩负的社会历史责任。而在历史长河中，完成这一任务的主要领地在家庭。一般说来，一个完整家庭包括父母、夫妻、子女多重关系。成人学员在家庭角色中，一般都肩负着赡养父母、养育子女、夫妻义务三类责任。履行这些责任需要时间，需要金钱，更需要情感，是分散成人学员精力的重要方面。三是学生角色。学生是指在学校或其他教育、研究机构学习的人。学生的基本任务是学习。对全日制在校学生来说，学生是一种身份，学习是一种职业。当社会发展到成人也需要学习的时代，成人在职学习成为一种学习方式之后，成人在其社会存在中就同时扮演着家庭成员、社会成员、学生三重角色。科学确定三重角色中学生角色的内涵及其地位，对于成人出色完成学习任务是十分必要的。

上述成人教育对象的诸多差别，是任何其他教育形式所不具备的。普通教育学生具有明显的同龄性，教育规格具有严格的层次性，教育目标具有相对的稳定性。学员虽也有个性化的需求，但还处于对未来的准备而不是现实需要的层面。成人教育对象的成熟、差异与多角色特点，决定了成人教育的基本属性与实施方略。

二、成人学员学习优势与弱点的简单比较

成人学员的诸多特点，使成人学习有优势，也有障碍。

（一）成人学习的优势

1. 学习的目的明确

人的学习行为，归根结底是作为内在条件的个体需求与作为外在条件的社会需求的统一。而外在需求对于个体来说，有直接与间接，具体与抽象等差别。对于职前学习者来说，社会需求具有未来、隐形、抽象等特点。由于成人学员的社会角色、家庭角色的践行水准与现实社会需求密切相关，故成人作出的每一个学习决定，一般都是经过深思熟虑的，是明确的，并能对学习活动产生较强的内在驱动力。这种驱动力的重要作用在于：当个体的学习意向与社会发展需求相一致时，内在驱动力就转化为社会发展进步的直接动力；当个体的学习意向对于社会发展进步并无直接的积极作用时（如混文凭等），也会在为实现明确但不正确的学习目的而被动接受教育的同时，实现知识结构与思想意识的转变，生成积极的社会成果，这也是教育的特殊功能之所在。

2. 经验资源丰富

一般说来，学习活动的效果如何，主要取决于记忆、理解、转化三个环节。成人学员丰富的经验资源，对于学习过程中的这三个环节，都具有明显的正强化作用。

（1）记忆，在前面讨论成人学员的成熟性特点时已涉及。在记忆过程中，感觉记忆的原形保留、容量无限、瞬间消失三个特点，成人与青少年并无大的差异。信息由感觉记忆进入工作记忆的"通行证"是"注意"（只有引起注意的信息才能不被瞬间遗忘而成为选择性知觉的对象）。注意作为对刺激的有意识关注，产生于两种情况：一是主观意识强化，二是注意的内容与已有知识的联系。进入工作记忆的信息，以主体正在思考着、使用着或工作着为保留形式。由于工作记忆的短时保留与容量有限性，加工存贮成为信息保留的关键，复述与组织是信息加工的主要过程。复述分为维持性复述和精制性复述。其中维持性复述过程中，成人的知识经验对"组块"技巧和"自动化"心理操作都有帮助。而精制性复述是指将要记忆的信息与已贮存在长时记忆中的信息建立联系的过程。成人长时记忆中的信息资源丰富，与新信息相关而被激活的机会增多，既有利于新信息的加工存贮，也有利于已有信息的巩固与记忆。成人头脑中存有丰富的分类知识与经验，有利于迅速建立起新旧知识的内在联系。工作记忆信息向长时记忆库的有效存贮，为后面的提取与使用创造了条件。故丰富的经验资源有利于学习过程的记忆环节。

（2）理解，是通过揭示事物的联系而认识新事物的智慧活动过程。有对事物间外部联系的理解，把新事物归入某一类已知事物之中去，回答"是什么"的问题；也有对事物间内在联系的理解，确定事物的因果关系，回答"为什么"的问题。而且有些时候，不仅要求对语言概念本义的理解，还有对"言外之意"和"弦外之音"的思考。显而易见，无论是上面哪种类型、什么层次的理解，都是以往的知识与经验对认知当前新问题的自觉灵活运用。故成人学员丰富的知识、经验、经历背景，对于准确领会新知识、新概念，提供了十分有利的条件。

（3）转化，是学习者把外部知识信息内化为自身活动的能力。从认知过程来说，就是把前阶段上抽象、凝固的认知结构改变为灵活的、动力性的认知结构，从而使经逻辑思维精确化了的若干概念之间建立起整体的联系，并能够适应现实事态的需要，实现部分到整体的灵活组合，达到灵活运用的目的。实现这一升华的最有效的途径是"应用"，亦即在现实具体情境中使用概念，解决问题，而解决具体问题的过程，又反过来充实、改变着概念的内涵，在这样反复的实践运用中实现知识向能力的转化。由此可见，个体丰富的经验资源对于实现"知——能"转化并最终实现教育目标，是十分重要的有利条件。

3. 长于自主学习

在成人教育界，成人自主学习的实践形态及理论概括也各有特征和差异。有学者概括为"没有教师的直接、连续指导的，由学生自身规划并进行的有目的的系统学习"[①]，是较为确切的。自主学习的核心在于学员对学习活动的自我设计。自主学习的科学性在于充分践行"学生为本"的教育理念以及"外因通过内因而起作用"的哲学原理，揭示了教学活动的本质规律，代表着信息时代教育发展的基本走向。自主学习的优点虽是不言而喻的，但自主学习的实施与效果需要一定的客观条件：自主学习的意识，自主学习的能力，自主学习的习惯……而这些，又是成人学员的优势所在。

（1）自主学习的意识。儿童乃至青少年的学习行为，一般有三种动力因素：一是潮流，都在学；二是兴趣，愿意学；三是志向，需要学。随着年龄的增长，动力因素也从前向后移动，学习目标也从模糊渐次清晰。成人学习的目的性主要来自需求，即不断解决现实生活中遇到的问题。想学习的动力由此产生，学什么的问题也很明确，强烈的学习意识奠定了自主学习的坚实基础。

（2）自主学习的能力。自主学习的突出特点是在教师的非直接、连续指导之下独立完成学习任务，会学习是自主学习的关键，这就需要学员了解学习内容的基本特点，了解自己的认知结构，分析从不知到知的主要障碍，会选择完成学习任务的主要途径及学习策略。成人学员一般已有相当的学习经历，形成了具有自己特点且行之有效的学习方法，具备了从实际出发制定学习计划、调控学习过程的经验和能力，为自主学习活动的设计与成功创造了有利条件。

（3）自主学习的习惯。习惯是由于重复或练习而巩固下来的

---

① 丁兴富．远程教育学．北京：北京师范大学出版社，2001：215.

并变成需要的行动方式。自主学习是学员高度自治状态下的学习活动，其持久的巩固与高水平的发展，来自良好的学习习惯。而良好的习惯的养成是动机、兴趣、感受、意识的综合结果，源于对社会的责任和对人生的理解。故成人学员群体中，有些已经成为职业学习者，已受终身学习之益；有些已经积累了经验，正在实践中走向成熟。作为个体学习经历的最高阶段，成人是一切学生群体中最接近"学会生存"的群体，故也是最善于实现"自主学习"的学习者集团。

（二）成人学习的障碍

成人学员的学习活动也有一系列障碍，主要表现在以下三个方面：

1. 精力分散

造成成人学习精力分散的，有三个方面主要原因：一是角色主从。由于人的需求的层次性特点，扮演多重角色的成人学员，其职业角色决定着家庭的经济来源，涉及衣、食、住、行等最基本的生存问题。在多重角色发生冲突时，职业角色是不容放弃的。而且，相当部分学员参加学习的直接目的，就是为巩固和发展职业工作。放弃工作保学习，一般情况下，当事者是不会那样做的。家庭角色是一种社会责任，在家庭是社会构成细胞的时代，家庭是个体精神与物质生活的基本领地。对父母的义务，对妻（夫）的关爱，对子女的养育，是最基本的社会伦理责任与思想情感，是个体精神生活的重要价值体现，也是社会评价个体人格优劣的最基本指标。当学习活动与履行家庭角色责任发生冲突时，被放弃的常常是学生角色。当然，放弃学生角色还有一个合乎情理的理由，那就是，有些其他角色事件的发生是突发的、特定的，甚至是无法补救的，而学习的机会却不是唯一的。故角色冲突时放弃学生角色几乎是顺理成章的。二是思维阻断。由前述记忆的规律，被牢固记住的知识或信息是反复强化或提取运用的结果。个体现实生活中接受的各种信息、要处理的各种事物，对于个体的强度与紧迫性肯定是不一样的，尤其是一些十分重要而复杂的事情，在没有得到解决以前，会随时萦绕、飘忽于脑海之中，进而对正在接受中的信息的存贮或提取，从前摄、后摄两个方向上形成干扰与影响。这种现象即通常所说的听课"走神"或"溜号"，对此每个人都有体会。这种思维偶发性阻断，毫无疑问会影响学习者对新信息的记忆或对研究问题的深入思考。有时，身负多重重担的成人学习者会因过度疲劳而不由自主地打起瞌睡，对知识信息的接受处于零状态，也会影响学习的效果。三是交往负担。交往是人的社会性的基本体现，成人履行各种角色义务，多要在交往中实现。"鸡犬之声相闻，老死不相往来"的小农经济时代，尚且有"鱼帮水，水帮鱼"，"在家靠父母，出门靠朋友"的俗语，而在高度发达的信息社会，更不是靠移动通信设备和在计算机屏幕前就可以解决一切问题的。广泛联系与其带来的应酬和交往虽然并不是坏事，但交往多了，必然要与学习争夺本来就不多的业余时间。

2. 时间零碎

一天 24 小时，大自然公平地赐给了每一个人。这些时间可分为"必须使用"和"可以灵活支配"两部分。而对于一个工作着的成人学员来说，由于生活条件及习惯不同，个体对时间的使用差别很大，但一般平均算来，成人每天能灵活支配的时间也就两三个小时。如果再加上接送孩子，赶写材料，朋友小聚，找人办事，打扫卫生……也就所剩无几了。若再出现什么意外事情，就会出现时间欠账。学习是高强度的智力活动，有接受、思考、练习、转化等诸多环节，是认知过程与时间累积的综合结果。如果学习者的时间不能得到保证，不仅课后无时间巩固，甚至连有限的教师指导时，也是"身在曹营心在汉"，即便是聪明绝顶的人，也是无法扭转败局的。

3. 其他障碍

成人学习的个性障碍是五花八门的，无须赘述。以下两种现象，对学习也有不利影响：一是较少环境效应。作为一种环境氛围，群体对学习者个体有正、负两个方面的效应。一个好的学习群体，学习目的正确，学风正派，奋发向上的竞争意识强，研究探讨问题的风气浓，每个成员都会有较大的收获。职前全日制学校教育，就十分重视氛围对学生的陶冶与激励作用。成人学习则少有这样的条件可以利用，成人学员一般是松散集体，相互联系少，沟通少，尤其是远距离教育学员，在分散的自我导向学习中，几乎无以借助群体的感染与激励力量，不能不说是一个损失。二是已有思维定式。成人学习目的明确，学习内容指向性强，对于集中解决主要问题提供了条件。但从广泛接受知识信息，全面提高综合素质的角度，这又是一个弱点。由于成人在学习中对不直接相关的问题常常兴趣不浓，指向不强，常导致对知识信息的接受处于抑制状态；而且，由于成人的自信心强，如果对已有知识系统与智能结构不能一分为二地看待，先入为主地对待新的知识、信息，也会出现盲目排斥现象，导致学习效率降低。

学习障碍，是摆在每个成人学员面前的独特又实际的问题，成人学员掉队，许多是从这里开始的。故成人学员的自制力、自我设计能力和广泛的学习兴趣，对于坚持学习行为，优化学习过程至关重要。

三、发挥成人元认知优势，努力实施策略性学习

（一）学习策略的概念及其构成

1. 关于元认知

元认知是产生于 20 世纪 70 年代的概念，由弗拉维尔于 1976 年在其《认知发展》一书中首次提出，之后广泛运用于心理学、教育学、语言学等学科之中。在教育学科中的运用，以策

略学习为切入点。关于元认知的定义，弗拉维尔表述为"元认知指个人关于他自己的认知过程和结果以及与之有关的任何事情，如与学习有关的信息或资料的知识"，梅切恩鲍姆表述为"个人所知道的关于他自己认知的知识"，迪尤尔定义为"学习者所拥有的关于他自己的学习系统的知识，以及关于如何按照输入学习系统中的信息采取行动的决定"。我国成人教育学者董守文等认为，"元认知是指对个人认知活动的认知。认知同元认知的区别主要表现在其对象上，认知活动的对象是客观知识，元认知活动的对象则是个体自身的认知活动系统。元认知的实质就是人对认知活动的自我意识和自我调节"①。由认知活动的主客观一致性，这里所说的"调节"，应隐含了对认知客体的认识，而且最终的目的是通过客体更好地认识主体。

2. 关于学习策略

学习策略是一个迄今只有 30 余年历史的新概念，也许是因为它年轻，抑或是因为它复杂，至今尚无公认的定义。杜菲、梅耶、里格尼等都对学习策略给出过定义。丹塞雷的更详细些，他认为，"学习策略是能够增进知识的获得和贮存以及信息利用的一系列过程或步骤"。他还把学习策略分为相互联系的两类：主策略即学习方法，包括"理解——保持"策略和"检索——应用"策略；辅策略则是作用于个体，用来帮助学习者维持一种合适的内部心理定向以保证主策略有效实施的策略，包括目标定向和时间筹划，注意力分配，自我监控和诊断，以及对实施中的主策略的控制和修正等②。我国学者在研究中也提出了一些自己的看法，如路海东在《学校教育心理学》一书中提出，从广义的角度理解，学习策略"是指在学习活动中个体用以提高学习效率的任何活动"。董守文等在《成人学习学》一书中提出，"学习策略

---

① 董守文，等. 成人学习学. 东营：石油大学出版社，1994：262、263.
② 路海东. 学校教育心理学. 长春：东北师范大学出版社，2000：88.

是为实现一定的学习目标，依据元认知及对学习情景中各因素及其关系的综合把握，对学习过程特别是学习方法与技能进行监督与调控的内部活动"。还有其他见解，这里不一一列举。

上述定义及其描述方法，尽管角度有别，详略不一，但基本含义还是相同的，即学习策略具有以下五个基本特点：一是目的性，学习策略的目标指向非常明确，即提高学习效率，获得最佳的学习效果；二是系统性，学习策略不是一种方法、一个单项具体的活动，而是诸多相关因素的整体运作，即学习策略寓于成功的系统化学习过程；三是层次性，构成系统策略学习活动的相关因素表现为三个层次，即方法层次、调控层次、元认知层次；四是特指性，学习策略一般不是属于某一个学习群体，而是属于学习者个体，具有鲜明的个性化特点；五是动态性，即学习策略不是即将施工的一张图纸，而需要在实践过程中不断充实、调整、完善，学习策略的完整内涵是伴随学习活动同步结束的。这五个基本特点，体现了学习策略的本质特征，把握了这些，就把握了学习策略的本质规律。

3. 学习策略的构成

（1）关于学习策略的分类。路海东在《学校教育心理学》一书中遵循迈克卡等人的观点，提出学习策略包括认知策略、元认知策略及资源管理策略。

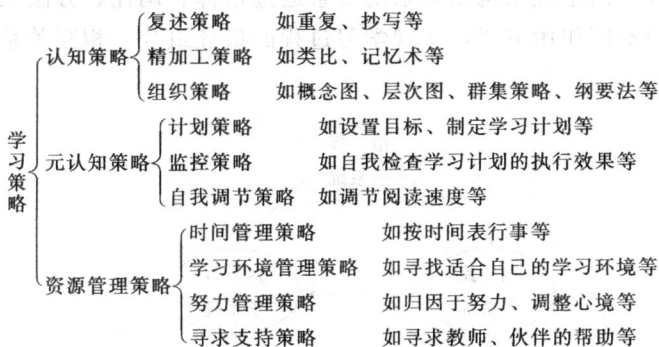

学习策略	认知策略	复述策略	如重复、抄写等
		精加工策略	如类比、记忆术等
		组织策略	如概念图、层次图、群集策略、纲要法等
	元认知策略	计划策略	如设置目标、制定学习计划等
		监控策略	如自我检查学习计划的执行效果等
		自我调节策略	如调节阅读速度等
	资源管理策略	时间管理策略	如按时间表行事等
		学习环境管理策略	如寻找适合自己的学习环境等
		努力管理策略	如归因于努力、调整心境等
		寻求支持策略	如寻求教师、伙伴的帮助等

（2）关于学习策略的结构。董守文等在《成人学习学》一书中指出，学习策略是一个多层次的动态有机体系，主要由执行系统、监控系统和元认知三种成分组成，且这三大组成要素之间存在着相互影响、相互制约、相互联系的密切关系。其中，执行系统是指学习策略体系中直接与学习内容发生联系，对学习材料进行加工的部分，其主要成分是学习方法，是构成学习策略的最基本要素。监控系统是学习策略体系中调控学习行为，选择和使用学习方法的内部意向体系，对整个学习过程进行监控。它包括学习前及学习中激活和维持注意力与情绪状态，分析学习情境，提出与学习有关的问题和制定学习计划，监控学习过程，总结评价学习效果等，在学习策略结构中处于"中介"地位。元认知是个体对自己的认知活动的自我意识和自我体验，是学习策略结构中的动力系统。它表现为主体能够根据活动的要求，选择适当的解决问题的方法，监控认知活动的过程，不断取得和分析反馈信息，及时地调整自己的认知过程，维持和修正解决问题的方法和手段，在学习策略结构中处于核心地位。

（二）策略学习过程的系统分析

策略性学习作为一个系统过程，其系统目标亦即功能是实现卓有成效的学习。系统要素是学习材料、学习方法及个体已有的认知体验。而系统结构则是系统要素通过指挥、调控、方法三个子系统的不同作用方式，实现学习过程的最佳组合。相互关系见下图：

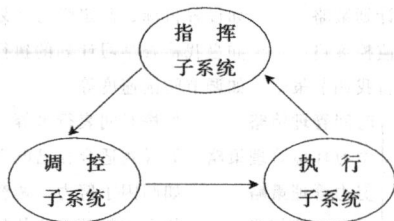

　　由上图，指挥子系统是策略性学习的"司令部"，由学习者的大脑承担，依托已有的"知识"与"体验"进行决策。其中"知识"中包括关于个人的知识、关于学习任务的知识以及关于学习方法的知识等，是对以往实践经验的理性化认识。"体验"中包括情绪指向与感觉反馈。其中情绪指向是指自觉意识中已存在的、相对稳定的、对反映到头脑中的外界事物的情感体验，如好、恶、忧、乐、爱、烦等。而感觉反馈则指在现实行为活动中产生的新感受，也可能是对已熟悉的事物的深层次感受。知识与情感的协调统一，对学习行为产生了"何去何从"的决定性影响。调控子系统是策略学习的实施方案，涉及五个方面的具体内容：一是明确学习任务，解决"学什么"的问题；二是激活情绪状态，解决"以何种态度学"的问题；三是选择学习方法，解决"怎么学"的问题；四是监控学习过程，解决"力争学得更好"的问题；五是评价学习结果，解决"吸取经验教训"的问题。通过以上五个方面的内容，发挥承上启下的作用。执行子系统是策略性学习方案的具体实施过程，即运用学习方法，践行学习活动，最终达到学习目的，实现学习目标的过程。

　　三个子系统在运行过程中，大脑指挥中枢依据对自己的现状与发展的认识确定学习任务并激活情绪状态，选择适合自己的学习方法，把学习意向变成学习计划并启动学习活动。运行中，如果运行情况与原来的设计完全吻合，则策略性学习顺利完成；如果实际学习中发现原来的设计与实际情况不符，则需要大脑依据变化的情况作出新的选择判断，局部或大部调整计划，用新的策略继续学习活动，以达到原来的或调整后的新目标。这里应特别说明的是，"指挥"对"调控"产生的影响是通过两个步骤完成的：第一个步骤是"调"的过程，即综合协调已有认知经验而形成的预测性学习方案；第二个步骤是"控"的过程，即依据实践信息反馈监控与调整学习行为，保证学习活动的顺利进行。两个步骤的协调统一构成了策略学习的全过程，实现了元认知的两个组成部分——知识与体验的完美结合。

（三）成人的元认知优势

由上述，学习者的元认知水平对实现有效的策略学习具有决定性的作用。而且，由前面论及的成人学员的特点可知，成人学员的元认知较之青少年具有明显的优势，主要表现在如下诸方面：

1. 关于认知知识的优势

成人知识认知优势具体体现在三个方面：一是对认知主体的认识。成人以其特定的成长经历及环境条件，形成了自己的认知结构与能力水平，能清楚地知道哪些事有能力实现，哪些事无论怎样努力也无法实现。这种"自知之明"正是策略学习的起点。二是对认知任务、材料的认识。成人个体更明确自己的目标尺度，一旦选择了"学"，则"学什么"的内容指向，学到何种程度的目标指向，也就同时确定了。由于这种认识是经过认真思考的，具有较强的操作性，故对学习策略的选择具有重要的导向作用。三是对认知策略的认识。成人一般已有了九年以上（文盲除外）的学习经历，也学习过不少关于学习的知识，尤其是在反复的学习实践中形成了自己的认知特点、学习方法与学习习惯，面对新的学习任务，或者是成功经验的反复运用，或者是几种方法的取精重组，或者是一种全新学习方法的初步尝试……总之，成人在已有学习策略库中，总能找（或重组）出适合新的认知对象的武器。这将减少方法选择的盲动性，使策略性学习由认知设计顺利到达实施阶段。

2. 关于认知体验的优势

成人的认知体验中，知与不知的明晰感觉，有利于选择科学有效的对应策略。对所从事活动将成功或失败的预感，对情感指向具有重要的导向作用：或强化喜悦而使身心处于最佳状态，进而加速发展进程或提高成果水平；或接受可能失败的事实，在权衡利弊之后毅然放弃或作出理智的调整。这种主动调整不仅有利于减少损失与浪费，也有利于培养个体的挫折承受能力与适时应变力，使学习活动从多维度得到收获。

（四）成人的策略学习

不断提高学习过程的策略含量，对成人个体的持续发展具有决定性意义。成人在尝试或实施策略性学习时要努力做到：

1. 践行策略学习的一般过程

策略学习的一般过程，就是人们的认知过程在学习领域的具体化。由学习策略的基本构成，可知策略学习是由以下主要环节构成的系统过程；首先是搞好目标定位，进入注意状态。要清楚自己的学习目的，深刻理解实现学习目的的特定意义以及为达到目的所需要的学习内容、掌握程度，以及用怎样的心态和决心才可能取得理想的结果等。目标是学习的原动力，激情是活动的推动力，二者合力构成了策略学习的能量系统。其次是分析学习情境，制定学习计划。此环节的核心在于从客观实际出发完成学习活动的自我设计。这里的"客观"包括两个方面：一是面对具体的学习任务而对自己的完成能力的基本估计，如对学习内容的熟悉程度，已有的知识与能力结构，相关的成功与失败经验，有哪些可用的学习方法等；二是对完成学习任务的客观条件的基本估计，如实施学习活动期间可能的角色冲突，可投入学习的最多时间，是否具有学习需要的基本设施，来自周边的支持与阻力等。在对上述客观条件与环境进行冷静分析和认真思考后，制定出有目标、有进度、有措施、有保证的具体学习计划，就是策略学习与盲目学习的本质区别所在。第三，执行学习计划，监控学习过程。这是学习计划的实施阶段，关键在执行与反馈。执行要强化计划的严肃性，要发挥成人在意志和自控能力方面的优势，切忌定计划时贪大求全，具体实施又随心所欲。反馈是指对学习过程的理性思考，如计划与实际有哪些差距，原对自我能力与周边环境的估计是否正确，采用的方法是否符合学习内容与自身实际，可用的时间是否有所变化等。要在计划方向性与操作可行性的协调统一中推进学习进程。第四，评价学习结果，总结学习过程。学习过程结束后要善于总结，比较学习结果与设定目标的实际误差。对于未达到预期目标的，要找出原因；高质量完成任务的，更要总结经验。通过对实际活动的科学总结，深化对自己的认识，并为下一轮的策略学习创造有利条件。

2. 发挥成人策略学习的优势

成人学员的特点是影响成人策略学习效果的重要因素，发挥成人学员的特点对策略学习的正强化作用至关重要。如针对成人记忆发展水平，努力实行多种教学媒体并用，提高记忆效果；针对成人多角色、时间分散、精力分散的特点，实行学习内容模块化，再将一个个相对独立的知识点累积成知识体系；针对成人在职学习的特点，强化学与用的联系，化消极因素为积极因素；针对成人个别化、分散性学习的特点，寻求借用支持力量，在交流讨论中深化认识，开阔视野等。总之，只有建立在成人基本学习规律基础上的且具有鲜明个性化特点的学习策略，才是策略学习的高境界。

3. 养成总结思考习惯，发展元认知

成人提高元认知水平较之青少年有许多有利条件，如目标指向明确，正、反两方面经验丰富，自我意识强……成人要发挥这些优势，还需不断优化自己的心理品质，因为一个自强不息的人才会对自己高标准、高目标，进而达到高水平、高境界；善于分析总结且有自知之明的人，才可能把生活中好的经验及时升华为稳定的行为品质和习惯模式，或从不成功的实践中总结出规律性的认识而不再重复曾发生过的失误，进而使自己的认识水平得到提高，实践过程更加符合客观规律。

策略学习对于有效实施成人学员的独立、分散、自主性学习具有特殊而重要的意义，它既是成人学习优势的集中体现，也是自我导向学习水平的重要标志，更是优化学习过程、提高学习效果、实现学习目标的基本保证。策略学习既是学习方法，也是学习内容，需要成人教师悉心的指导和有效的帮助。

第三节　成人教育信息

教育信息相当于通常所说的教学内容，是构成教学系统的基本要素。成人教育信息的功能，在于通过多种教育信息的影响作用，体现教育思想，支持教育目的，主导教育过程，决定教育效果。

一、成人教育信息的含义及其特点

（一）成人教育信息的含义

"信息"是现今使用极多却又说不大清楚的概念，有人说"信息是事物表现的一种普遍形式，信息就是消息"，有人补充说"信息应是具有新内容、新知识的消息"[①]。信息论的重要奠基人香农定义"信息"为"熵的减少，是消除人们对事物认识的不确定性"的一切信号，是被使用较多的一种描述方法。教育信息是把"信息"概念引入教育领域而产生的教育概念。由信息概念的多样性，教育信息自然也不会有公认的定义。有学者把教育信息概括为"涉及教育、教育过程中的各种信息"，有学者则将其具体化为"教育系统中传递的信息。教育过程是一个信息交互传递，而以教育者向被教育者的传递为主体的过程。教育信息的种

---

① 杨国璋，等．当代新学科手册．上海：上海人民出版社，1985：10.

类有：知识性信息，主要指科学知识，各种技能和能力培养；教育性信息，主要指道德品质、政治思想教育信息；控制性信息……；反馈性信息……；干扰性信息……"①。成人教育信息，简单地说就是在成人教育活动中传递的信息。上述五种类型的教育信息都存在，而且由于教育对象的成人性和教学过程的复杂性（分散、业余、远程……），成人教育信息表现出如下一些突出的特点。

（二）成人教育信息的特点

1. 实用性

无论是"当班人"还是处于择业、换岗状态的学习者，"急用先学"是他们的共同特点。在认识论的逻辑顺序中，成人学员不是像职前普通学校教育那样遵循"理论——实践——理论"的理性认识过程，而是服从"实践——理论——实践"的实践目的指向。故实用性是成人教育信息的最基本特征。

2. 长效性

一般信息，具有较强的时效性，离开特定的时间或范围，就失去了作为信息存在的意义。教育信息则不然，作为其主体部分的知识信息，是人类对客观世界发展规律的科学总结，作为教学内容传给学生时，或是作为基本知识积累与文化熏陶，为学生以后的专业化学习打基础，或是作为新知识，充实、改善学员已有的智能结构，提高综合素质与创新能力。"急用先学"也是用在一"事"而掌握一"技"，追求学生现实需求与长远发展的统一。

3. 前沿性

对成人教育信息的前沿性，可作如下具体描述：对于接受继续教育的学员，教学内容应是该行业、学科乃至领域内的新理论、新知识、新观点等。对于接受岗位培训的学员，教学内容应

---

① 张念宏. 教育百科辞典. 北京：中国农业科技出版社，1988：462、463.

是岗位工作中的新工艺、新技术、新方法等。就是对于最基础的扫盲和初等文化教育的成人学员群体，也有一个发展功能扫盲而巩固教育成果的特点，而功能扫盲的核心也还是传统文化与现代生产、生活实际的最完美结合。只有赋予古老的语言文字以充满生机的时代内涵，才能最大限度地发挥好语言文字的工具与载体作用，并反过来强化语言文字学习。

4. 模糊性

准确性是对一般信息服务的基本要求。但对教育信息来说，除学习成绩、测试分数、学生人数等易于度量的信息外，许多信息是难于度量甚至是难以准确把握的，如教师所选择的教学内容符合学员需要的程度，在什么条件下采取哪些教学方法对什么特性的学员更有效，反馈信息中学员的认识误差与哪些因素有关，以及每个学员对已学习过的知识究竟掌握到什么程度，等等。尤其是在成人远程教育中，教学双方处于分离状态，教育运行情况的反馈与把握就更加困难。故借助相关因素正确判断那些模糊信息的真实内涵，是成人教育从经验走向科学的必由之路。

5. 系统性

复杂的人类社会提供了丰富多彩的信息源泉，教育信息需要依据一定的教育目标，遵循两条基本原则进行重组：一是在终身学习的坐标上确定人生各阶段教育信息选择的重点；二是依据提高综合素质与创新能力的要求，进行相关知识与技能的组合。因此，教育设计与实践者在确定阶段教育目标时，需要将学员已有知识基础与未来发展走向综合考虑。

6. 广泛性

职前每一阶段，从教育对象、目的、内容、方法，都具有鲜明的阶段性、层次性特点。唯有成人教育，教育对象的年龄跨度是普通教育年龄的数倍，而教育内容几乎囊括了学前教育以外的人类教育的全部。这就决定了成人教育内容的广覆盖特点。成人教育在终身教育体系中的"收容队"作用，既是成人教育的骄傲，更是成人教育的责任。当然，成人教育内容的广覆盖性是由社会所有成人教育部门联合完成的，而不是某一个教育项目或某一些成人教育部门所能完成的。

7. 再生性

成人教育的信息资源通常有两类：一类是传承性教育信息，如人文与科学文化知识。另一类是再生性教育资源，即师生、生生在传承性教育信息传递的过程中，在一定情境下产生的新的相关信息。如学科专家依据一定的教育目标及自己的知识积累，在对学科知识内容进行创造性组合中产生的有鲜明特色的教学方案；在对教育信息的研讨性双向交流中，师生相互启发，对已有的信息知识产生的突破性认识；学员在消化理解知识的过程中因实践的介入而引发的新问题及产生的新感悟；学员学习亦即信息传递（同化）过程中，因相关信息重组而拓展、优化原有认知结构等等，都是信息再生的途径。其意义不仅在于信息增殖与知识创新，更重要的是对受教育者创新意识的刺激和创造思维的训练。

8. 选择性

班级授课制的重要贡献之一在于同一内容可面向众多人同时发挥作用，使教育效率大为提高。于是教育的"正规化"、"规范化"作为教育科学化的目标与内容，沿袭、强化了400年。而面对21世纪，教育的"规范化"首先在成人教育领域将完成其历史使命。社会需要的多样化及成人个体之间的巨大差异性，决定了成人学习是个性化学习，成人教育是个别化教育。这不仅表现为成人将根据自己的需要选择不同专业、不同层次、不同内容、不同形式的学习，甚至处于同一学习群体中的不同学习者，也会选择不同的内容，甚至对相同的内容采取各取所需的态度。选择是成人学习者对教育信息需求的最基本要求。

二、成人教育信息的分类

知识作为教育信息的重要组成部分，有许许多多的分类方法：

（一）部分先哲对知识的分类

亚里士多德曾经将人类的知识分为三大类，即纯粹理性、实践理性和技艺。其中，纯粹理性包括几何、代数、逻辑学及后来产生的物理、化学等学科；实践理性是人们在实践活动中用来作出选择的方法，用来确定命题之真假、对错，行为善良与否，如伦理学、政治学以及其他一些科学技术学科等；技艺则是指那些无法或几乎无法用言辞传达的、似乎只有通过实践才可能把握的知识，如木匠的手艺、医生对疾病的诊断能力等。应该说，他已绘出了人类知识分类的雏形。之后又有更多的学者从不同的角度出发对知识作出分类。如按认识方法，分为历史知识、理性知识、艺术知识；按二分法，对应区分为基础理论知识和技术应用知识，大众知识和私有知识；按知识的存在方式与可用性，分为社会知识、个人知识；马列主义经典作家把知识分为哲学、社会科学和自然科学；毛泽东则把知识分为生产斗争知识和阶级斗争知识。

（二）学者对教师教育知识的分类

伴随社会的发展和研究问题的需要，人们对知识分类的角度和深度又有新的变化，如有的学者对教师教育知识（内容）就作了如下分类：

1. 本体知识，是体现教师专业方向的知识，如文学、数学、历史、外语等，体现着教师的专业特点。

2. 条件知识，是从事教师职业必须具备的知识，如教育学、心理学、思想品德教育方面的知识，是突出教师职业特征的知识，也是从事教师职业的基础条件。

3. 实践知识，是体现实际教育教学能力的知识，如教育教学方法、教育技巧、教育技术等知识。

4. 文化知识，是广义的、本人专业方向以外的文化科学知识，如人文、艺术、环境等各方面知识，是体现教师人文素养和文化品位的知识。

以上对教师教育知识的分类，基本体现了一个职业工作者的知识与能力结构，作为职业方向与能力要求的基本类型，可以推广到其他职业教育中去。

（三）成人教育信息（知识）的分类

上述知识分类的多样性决定了成人教育信息分类的多样性。从便于理解和掌握的角度考虑，我国现阶段成人教育的基本内容应是以文化科学知识为基础，职业技术能力为重点，德、智、体等全面发展的教育教学内容体系，具体分为四个方面：

1. 意识形态

意识形态方面的教育内容，包括政治、法律、道德、哲学、艺术、宗教等诸多方面的意识、观念。社会主义教育把意识形态作为重要的教育内容，目的在于使受教育者自觉以先进的思想意识为人、做事，成为推动社会进步与发展的积极力量。今天，在我们社会主义初级阶段，成人在意识形态方面的教育，主要包括三个方面内容：第一，在政治思想方面，主要是坚持社会主义方向，强化为人民服务意识。信息时代，国际化背景，社会主义教育的政治性不是体现在简单的阶级对抗，而是从代表人民群众的根本利益的角度提高成人、青年的政治素养。具体体现在：树立牢固的民众观点，坚持正义、民主，反对压迫，反对剥削；坚持为社会服务、为人民服务的奉献精神，养成共产主义劳动态度；确立共产主义最终目标与社会主义初级阶段相协调的人生观、价值观等。第二，在法律道德方面，分三个层次：一是法制教育，通过宣传法律知识，使受教育者强化法制观念，养成守法习惯，自觉奉公守法，时刻遵章守纪，成为社会稳定的积极力量；二是社会公德教育，倡导"五爱"（爱祖国，爱人民，爱劳动，爱科学，爱护公共财物）、"四美"（心灵美，语言美，行为美，环境美），践行社会主义荣辱观，成为一个优秀公民；三是职业道德教育，职业道德是人们在职业活动中处理职业内部人与人之间，职业与服务对象之间以及职业与国家、社会之间关系的道德准则和行业规范，如爱岗敬业、精益求精、廉洁行政、改革创新等，把良好的道德素养鲜活具体地展示在岗位工作之中，出色地完成本职工作。第三，在哲学艺术方面，主要是进行哲学基本原理教育与审美素养提高。成人教育中，要注意引导学生自觉运用唯物辩证法的基本原理看待世界，认知事物，研究问题，正确认识神学、宗教等各种思想流派，在错综复杂的思想斗争中始终保持清醒的头脑。对成人学员的艺术教育着眼于美化心灵世界，陶冶道德情操，发展审美能力，使学员都能自觉感知自然美，弘扬社会美，创造艺术美，不断提高自己的艺术追求、文化品位与生活质量。

对成人意识形态方面的教育，不排除正规的课程、课堂教学，但主要的形式还是通过恰当的引导，寓教于专业课程学习、实践活动乃至自觉获取信息之中。成人的世界观已经形成，虽然不会一成不变，但总的说来已基本稳定，思想教育如不融入特定的背景环境与氛围之中，很难达到预期的效果。故意识形态教育无论是对哪类、哪种和哪个层次的成人教育，都不是硬性的"达标"教育，而是隐性的提升教育，默化的影响教育，效果取决于师生共同的认识水平、教育艺术与情感共鸣。

2. 文化科学

文化科学方面的教育，主要解决"会学习"问题。科学是"关于自然、社会和思维的知识体系"。而广泛意义上的文化，是"作为社会成员的人所具有的习惯、能力和行为的总和"。由此定义，科学本应归并于文化之中。而在此，我们依从两概念的习惯用法，取其非重叠部分，即科学主要指自然科学领域中已形成的系统、前沿的知识体系。鉴于政治、法律等已在"意识形态"中涉及，故这里的"文化"主要指一般社会科学知识及信仰、习俗、语言学知识及其他可用来获取知识的知识等。

成人学员文化科学教育具有鲜明的层次性特点。以扫盲为主要内容的成人初等教育，一般以与生活、职业相关的文字、语言知识及科普知识为基本内容，达到"文盲"、"科盲"与"职盲""三扫合一"，并为后续的发展打下基础。系统化的成人中等学历教育，一般是遵循一定的职业与专业方向的系统化学习过程。这里的文化科学知识是一体化的，学生的专业知识水平与文化素养是同步提高的。各种形式的成人高等教育，科学与文化教育通过两条途径实施：一是通过系统的专业理论学习达到职业科学文化素养的提高；二是开设综合性、工具性或其他类别课程，使学员在单向或系统提高专业理论知识的同时，丰富文化、科学与教育知识，不同程度地提高获取新知、处理信息、解决问题与自我完善的能力。

3. 职业技术

成人教育对象的显著特点是在职，成人学习的根本动力是职业需要，故职业技术教育内容是成人教育内容的主体。成人职业技术教育包括职业训练和技术教育两部分。其中，职业训练是指同职业工作需要紧密相关的应用科学知识与岗位工作技巧方面的培养和训练。职业训练的对象主要是有以下三部分需要的人：一是改善自身知识、能力与职业工作要求不适应的现状，二是为实现某种目的主动提高职业工作层次，三是为即将到来的职业更换作准备。这三种情况如果说在过去的年代还只是少数人的事情，那么面对后工业时代的市场经济体制，这三种情况会覆盖岗位工作中的每一个人。技术作为自然科学实践维度上的体现，继科学回答了"是什么"、"为什么"之后，进一步明确了"做什么"和"怎么做"的问题。技术把科学的理想变为现实，把少数人的理性思维变为多数人的体能实践，奠定了物质世界的存在与发展的基础。通过技术教育实现技术的普及与应用，既是国家与社会进步的需要，更是公民生存与发展的需要。技术教育的对象特指职业序列中的技术岗位工作者，如工矿企业、第三产业及事业单位技术岗位的工作人员等。成人职业技术教育内容可以服务于不同层次的需求。成人中等职业技术教育，要加强乡镇中小企业、社区及农村经济文化所需要的大量应用型人才的教育培训；高等职业技术教育，要适应我国"入世"及经济全球化潮流，培养适应现代工业与经济发展需要的应用技术及管理人才；大学后继续教育，则是从更高的层次上灵活机动地为各类高级人才的继续发展服务。总之，以岗位培训和继续教育为主要形式的职业技术教育，将成为未来中国成人教育的"脊梁"。

4. 身心知识

人作为高度自动化的有机体，其一切活动是肌体的物质基础与心脑的意识导向完美统一的结果。面对同样复杂的社会，人作为个体，如何做到知行的统一及其与时空的和谐呢？一个重要的方面，就是要善于了解自己，了解自己的身体与心理活动及其变化规律。故人的身心知识，应成为成人教育的内容之一。

成人身体方面知识，主要包括肌体构成、运动机理、健康知识与保健常识等，学习的目的在于养成良好的生活习惯，保持健康的体魄与旺盛的精力。对于这些知识，成人学员已有相当的基础，无须系统的教育，只需搞一些专题讲座或结合具体情况给予一些建议性指导即可。成人心理方面的知识，是现阶段成人学员较为薄弱的知识领域。作为一般性了解，涉及的内容及其要达到的目的主要有以下几个方面：一是一般心理学知识。了解人的行为与相应心理过程的关系，促进身心发展的良性循环；了解教学过程及相关的心理现象，遵循认知规律实施学习过程，提高学习效率；了解心理与社会的关系，把握社会群体行为与个体心理发展变化的关系，促进主观与客观的和谐统一；了解认识心理与生理的关系，掌握行与意的相关规律，保持身心健康。二是心理保健知识。了解心理健康的基本标准，加强自我休养与积极调整，保持一种良好的社会适应能力；了解群体中的人际关系，善于运用距离、沟通、态度、需求等交往艺术保持人际关系平衡，有效避免因人际关系不协调造成的精神压力和心理失调。三是心理治疗方面的知识，包括对心理疾病的类型及成因分析，消除心理障碍的方法，调整人际关系的技巧，以及改变自己与他人不适当行为与态度的有效方法等，进而恰当调整自己的心态或帮助他人减轻心理负担，达到在轻松愉悦的感受中学习和工作。有了这三个层次的心理知识，有利于学员积极应对来自各方面的沉重压力与复杂关系，以健康的体魄与完美的人格面对生活，服务社会，优化人生。

上述四种类型的成人教育信息（内容），可通过两条基本渠道优化学员的认知与能力结构：一是传承性信息传递过程，主要用于对人类已有科学文化成果的应用与传播；二是再生性信息开发过程，主要在师生、生生之间实行的问题导向、实践探索、交流启发、研讨提升等能发挥成人学习优势的信息传递过程中产生。再生性信息开发是通过对已有教育资源的整合重组而实现个性发展的渠道，也是人类认知发展与知识创新的重要渠道。

三、成人教育教学计划

按一定的教育目标，对浩如烟海的教育信息的选择使用方案就是教学计划。

（一）教学计划在成人教育系统中的地位和作用

没有目标就没有系统的集合。在成人教育系统中，教育目标就是体现教育目的的教学计划，是各级各类成人教育活动的具体实施方案。成人教育尽管打开了学校教育的围墙，但任何一项成人教育活动，总有自己要达到的目标、要完成的任务及其实现任务与目标的相应内容组合。成人教育教学计划在成人教育活动中一般有三个方面的作用：

1. 定位教育活动

职前普通教育只要是学历教育，那么属于哪个层次、达到什么目标都是相对稳定的。成人教育则大不相同，多规格、多层次、多类别是其突出特点。学历教育与岗位培训目标不同，系统进修与短期培训目标也不一样，其区别首先体现在教学计划中。办学者必须清楚每个教育项目的目标期望，并从实际出发，通过内容选择实现特色定位。如学历教育要参照国家同专业、同层次的普通教育教学计划，实行规格加特色的定位；职业资格培训，要以权威部门确定的职业能力要求为依据制定培训计划；单项的职业能力训练及考试服务等培训活动，则需要办学者根据用人部门或考试主持者的相关要求确定培训计划。总之，教学（培训）计划是教育目标与教学活动之间的"定位器"。

2. 选择教学内容

解决无限的教育资源与特定教育时限之矛盾的最好办法，就是充分利用教学计划的选择功能。教学计划不仅要解决"学什么"的问题，还要解决"学多少"甚至"怎样学"的问题，而且要特别关注教学内容之间的相关性。教学计划的制定，上要考虑国家和用人部门的要求，下要联系教育对象和办学条件的实际，努力做到科学可行。

3. 评价教育结果

教学（培训）计划产生于教学活动之前，实践于教学活动之中，还是评价教育结果的重要指标。对于较好执行教学计划规定的各项要求，进而较好实现培养目标的教育教学活动，要给以充分肯定；对执行计划中因偷工减料而影响教学质量，降低培养规格的，要采取相应的管理措施，切实发挥教学计划对培养过程的"规矩"作用。

（二）制定成人教育教学计划的基本原则

制定成人教育教学计划，一般应遵循以下三项基本原则：

1. 目的性原则

任何一项成人教育活动都有其确定的培养目标，由此产生了教学计划的目的性原则。贯彻这一原则有三个要点：一是强化对教学计划普遍性的认识。任何一项相对独立的成人教育活动——无论是学历的还是非学历的，系统的还是单项的，理论的还是实践的……都是一项完整的教育活动，要从继续教育、终身教育的角度看待任何一项成人教育活动的教育价值。二是要深化对教育目的的特殊性的理解。人才培养过程不是标准化产品的生产过程，教育的责任在于培养出社会需要的各类人才，学校的生命力在于其培养的人才有生存与发展的广泛空间，实现这一目标的关键在于有属于自己的办学特色。三是要注意对教育目的的时空性的把握。不仅不同时期的相同类别、层次的成人教育活动有不同的教育目的，就是同一时期处于不同区域的相同类别、层次的成人教育，也会表现出鲜明的区域性特点。所以，把握成人教育活动的时空特点，科学确定教学计划，是成人教育活动健康发展的决定因素。

2. 综合性原则

凡可称做"成人教育"的活动，教授的都是一组相关的内容，对学员产生的教学效果也具有知识与能力的综合性特点，故着眼教学内容设计的整合效果，是制定教学计划的基本原则。主要体现在处理好以下三个关系：一是重点与一般的关系。任何一项教育活动，都不可能解决教育对象的所有需要。故在设计教学计划时，要突出实现教学目标的重点内容，如专业教育的主干课程、学历教育的智能结构、岗位培训的技能要点等，要以主干课程保证主要目的。作为"一般"的配合，注意方向上的一致性与作用的辅助性，不能喧宾夺主。要围绕整体效果设计分项目标，并落实到具体教育内容之中。二是知识与能力的关系。对于成人教育来说，实用能力的提高往往是更直接的教育目的。但知识与能力是相互依存，动态发展的。贯彻教学计划的综合性原则，就是要从知识与能力两个目标维度上分解培养目标的基本要求，把握知识与能力的本质联系与转化规律，并通过良好的转化机制促进二者的相互转化，最终达到优化培养过程的目的。三是显性与隐性的关系。一定的培养目标即教育目的的实现，要经过复杂的教育过程。其中有些是在知识学习过程中达到的，有些则是在特定意境中完成的。尽管这被称为"隐性教育"的后者在教学计划中较难体现，但教学计划的制定者还是可以在课程结构类型设计与教学环节安排时，为隐性教育功能的发挥开辟空间的。

3. 统一性原则

教育应着眼于社会发展需求，还应着眼于学习者自我实现，二者原本是对立的统一。作为介于上层建筑与经济基础之间的特殊社会活动，教育受经济基础与上层建筑的双重制约，又反作用于经济基础与上层建筑。如果教育不能通过对人的培养成为当代社会发展的积极推动力量，就失掉了自己生存的空间；同样，如果社会成员的意识形态与社会发展方向不一致，个体也失去了自主发展完善的基础。所以离开个体发展的社会需求与离开社会需求的个体发展都是没有意义的。终身教育体系的确立，足以使个体在社会需求的整体框架中实现个人的发展；而全员的个人发展又转化为社会发展的强大推动力。因此，教学计划的制定者，要努力把社会需求与个人发展统一在教学内容的选择性、教学过程的灵活性和教学形式的多样性上，给学习者更多的自主选择空间和自我发展的余地，尽可能实现个人发展与社会需求的和谐统一。

（三）教育教学计划的制定与完善

成人教学计划从设计到评价，一般要经过分散——整合——分解——转化——检验四个阶段：第一阶段是把分散的社会需求整合成培养目标；第二阶段是把培养目标分解到具体教学内容中去，即制定教学计划；第三阶段是通过学员的智力活动把教育信息转化重组，形成综合素质与实践能力；第四阶段是实践检验培养方案的实际效果。故成人教育教学计划从制定到完善，一般经过以下四个步骤：

1. 设　计

教学计划是落实培养目标的课程设置与教学安排，是教育活动从抽象到具体、从理论到实践的桥梁。教学计划以培养目标确定的人才规格为依据，体现德、智、体全面发展，理论联系实际，知识学习、能力训练与综合素质提高相结合的原则。教学计划中一般包括三部分内容：第一部分是对培养目标的简明阐释，要求明确、具体，是教学计划中其他部分的指导原则；第二部分是课程计划表，包括课程名称、课程类型、开课顺序、教学环节、学时分配以及考核形式等内容，是教学活动的基本依据；第三部分是对每门课程教学目标的简要说明，同一门课程对于不同教育目标下的教育对象群体，其内容选取、教学侧重点及知识与能力要求可能有不小的差别，"简要说明"就是要把这些差别具体化，以便教、学双方在教学过程中切实把握住规格尺度。

2. 分　解

这里所说的"分解"，是指把一项教育活动的培养目标所设定的知识、技能、情感、应用等多方面的要求分散到各类课程中去。如专业理论知识学习，设置学科课程较有利；实践技能教学，设置活动课程较适当；综合素质提高，通过综合课程较有效；而专项问题研究，通过核心课程可能更灵活方便；对于系统的学历教育，知识学习占主体地位，学科中心课程模式较为适合；对于各类岗位培训，技能训练更重要一些，问题中心课程模式更加实用；对于继续教育，学习者有各种各样的需求，学习者中心课程模式教学效果可能更好……当然，不同课程类型的交叉与综合运用，可能更有利于综合人才的培养。至于每门课程中教学内容如何安排，那就是"简要说明"中要回答的问题了。

3. 实　施

此过程是教育内容由教育者向受教育者传递的过程，一般通过师生双边互动来实现。可以是直面的，也可以是在网上或通过其他现代教学媒体协助实现的。无论采用怎样的途径，教师的指导作用都需要通过有效的方式恰当发挥，这需要教师注意三件事：一是明确各门课程在教育整体目标体系中的地位与作用，掌握好"向"；二是了解教育对象的现状及其与达到预期教育目标的差距，确定好"度"；三是科学设计实施方案，选准实现目标的"路"。当然，对于不同的教学形式，上述三点的掌握会有很大的不同。尤其对于远程教育来说，教师对学员的现状不可能及时准确了解，这就需要课程的制作者善于调查研究，并通过提供较丰富的内容资源及多样化的呈现方式，让学生利用好选择空间，加强学习的针对性。

4. 反　馈

反馈调整，是完善教学计划的重要措施。一般通过两个阶段实施：一是教学过程中的反馈，对于因初始判断有误或因情况发生变化而导致原计划出现的不合理部分，要及时作出调整；二是依据毕业生的实践表现检测培养方案的成功与失败之处，发展优势，调整薄弱，形成方案设计——培养过程——实践检验的良性循环。

教学计划对教育过程的实施乃至教学活动的成败都至关重要，其制定者要注意处理好以下"三个统一"：

一是主观与客观的统一。原始状态的教育，社会需求、教育方案与培训活动是三位一体的。只有当教育从社会活动中分离，成为独立的社会活动之后，社会对教育的需求才通过人的主观意志呈现出来，教学计划就是这种主观认识的产物。因此，让主观认识尽可能符合客观实际，是科学制定教学计划的首要条件。

二是继承和发展的统一。在继续教育的系统链条中，单项教育活动间也具有鲜明的继承性、连续性特点。今天的培养方案是昨天教学活动基本经验的总结与继承，而用今天的方案培养塑造的人，又肩负着明天社会进步与发展的任务。解决现实与发展这对矛盾的根本出路在于通过教育培养出创造型人才。由人类认知活动的迁移原理，创造性思维的形成与发展，必须以科学知识为基础，创新意识为起点，创新成就感为动力。故教学计划的设计要有利于创新意识与创造思维的培养，用超前意识与发展眼光去培养、塑造人，做到继承不古板僵化，发展不远离现实，在承前启后中继往开来。

三是共性与个性的统一。教育作为一种普遍的社会现象，有人类的共性、国家的共性，也有类别的共性、专业的共性，还有层次的共性、形式的共性……因此，凡办得成功的教育，无不是把教育的共性成功地融会体现在自身的个性之中。因此，把党的教育方针与现代化人才特点恰当体现在自己的培养目标与教育活动之中，以鲜活的特点主动服务于社会人才市场的动态需求，是好的培养方案的另一个特点。

上述关于教学计划的基本思路与原则要求，适合于各种形式、层次、规格的成人教育活动。所不同的是，对于长时的、学历的教育活动，教学计划的制定要考虑得更周密，论证要更充分，计划的系统性、预测性要更强；而一般短期、非学历的岗位培训计划，教育目标更明确，课程体系也相对简单，其针对性、时效性要求更强。教学计划在执行过程中既要适时变化，又要相对稳定。变与不变的时机把握，取决于决策者的实践经验和认识水平。

第四节　成人教育的教师

教师是教学活动的组织者与指导者，是构成教学活动基本矛盾的一个方面。"教学"与"学习"的差别就在于前者必须有教师的参与，教师是任何教学活动的必要条件。

一、成人教育教师工作的基本特点

（一）教师工作的一般规律

1. 教师的作用及师生关系的演进

由于教育行为几乎伴随人类发展的整个过程，故对教师职能的理解及其概括也经历了漫长的发展变化过程。仅从具有时代特性的几种代表性认识，就可以看出教师及其教育职能发展变化的一般规律。

中国作为世界最早的"四大文明古国"之一，教育的发展具有一定的代表性。从孔子的教育生涯开始，人们不断丰富着对教师职业的认识。我国唐代著名的文学家、思想家、教育家韩愈在其《师说》中提出，"师者，所以传道受业解惑也"，成为对古代教师职能科学概括的经典。其中"道"即"先主之教"，是师的灵魂，"业"是运载"道"的工具，"师"是"道"的传播者和"业"的解惑者。师生之间以师为中心，以"道"、"业"为准绳，谁在"道"和"业"上有疑难，谁就应从师而学，谁懂得"道"和"业"，谁就可以为人师。这里虽然提出师生的身份可以变化，但就"师"与"生"的关系来说，教师是中心。这种看法符合那个时代教育的实际。18 世纪，法国启蒙运动的思想家、教育家卢梭（1712～1778）以"归于自然"为依据，在批判旧教育制度的基础上，提出自然主义教育观，认为教育既需要适应受教育者身心成熟的阶段，还需要适应受教育者的个性差异和两性差异，提出了"以儿童为中心"的教育思想，是对古代教师中心说的一次否定。但这一教育思想的提出，遭到了以德国哲学家、心理学家、教育家赫尔巴特（1776～1841）为首的一些人的抨击。赫尔巴特认为，学生心智的成长完全依靠教师对教学形式、阶段和方法的刻意要求和定式指导，"要把教师放在教育宇宙的中心"。19世纪末至20世纪上半叶，被誉为"世界教育家"的美国人杜威（1859～1952）在分析研究了教育活动中师生关系的各种不同观点之后，提出了三条见解，一是儿童是教学活动的中心，二是在教学过程中师生地位平等，三是教师在教学过程中起主导作用，奠定了现代教育中师生关系的基础。20世纪下半叶，科学技术的发展、信息总量的激增及知识陈旧率加快，推进了教育活动的深刻变革，教育目的、教育功能、教学内容与教育形式都发生了前所未有的变化。师生关系再度成为讨论的热点问题之一，不断有新的认识产生，如"主体——主导"说，"双主体"说等。但要成为权威的认识并得到普遍的认可，似乎还需要经历一定的实践与讨论过程。

上述师生关系的历史演进，透视出教育目标的变化过程：以教师为中心，适合以知识学习为目的的教育时代；以学生为中心，适合以能力提高为重点的教育时代……而在未来的知识经济与信息社会条件下，终身教育体系中的教师与学生的关系，是在社会需要的大背景下，围绕受教育者的个性发展，在师生互动中实现的指导与帮助关系，这是人类教育史上师生关系的新发展。

2.教师工作的基本依据

教师工作作为一项严肃的教书育人工作，有其基本的工作依据，体现着国家对教育整体和学生对教师个体的双重要求，具体包括以下三个方面：

（1）国家的政策法规。这是国家对其所属教育工作的基本要求，一般包括三个层次：最高层次是国家的宪法、发展规划等对国家发展具有全局、长期指导作用的文献中关于教育工作方面的基本要求，在教育思想、政策层面上指导教师对教育整体工作的认识与思考；中间层次是专项教育法规制度，代表着国家对教育工作的具体要求，是教师教育教学活动的基本依据；最低层次是地方政府乃至学校根据国家的文件规定制定的具体教学与管理办法，是一段时间内需努力完成的具体任务。国家的政策法规体现着社会发展对教育的需求，是教师工作的主要依据。

（2）学生的认可程度。学生是教师工作对象的核心，是教师工作意义的全部。不被学生认可的劳动是无效的劳动，不受学生欢迎的老师不可能实现教育目标。学生的认可主要表现在两个方面：一个是制定的教学目标及相应内容选定是否符合特定学员群体的需要，对学员有需求引力；另一个是群体需要与学员的个性化发展能否做到协调统一，即在追求统一教学目标的同时，给予学员个体相当自由的发展空间，并在学员需要时给予恰到好处的指导。虽然某些学风不正的学员的要求与教师工作应坚持的方向有时可能是相悖的，但这种情况伴随学习化社会的完善将最终消失。

（3）教师自身的素养。上述第一个依据要求教师应具有政策水平，第二个依据要求教师应具备教育教学能力，达到这两个目标，需要教师具有良好的综合素养，这是教师个体能否胜任岗位工作的基本依据。所以，按教师专业工作需要不断提高自身的专业素养与教育教学能力，是教师履行岗位职责的根本依据。

3. 教师工作的主要特点

教师是劳动者群体中的重要成员，但教师的劳动不仅与一般的体力劳动有巨大差异，就是与其他类型的脑力劳动也有许多不同之处，表现为以下几个突出特点：

（1）教师工作的复杂性。教师工作的复杂性主要表现在三个方面：一是工作对象的复杂性。教师面对的是人，人的活动是世间最难把握的活动。教师的工作要深入到学生充满个性特点的内心世界，其复杂程度是可想而知的。二是劳动过程的复杂性。教学过程是师生互动的智力活动过程，互动态势的形成与效果取决于教育对象的即时的情趣、注意，也取决于教育对象的智力基础、思维类型，还取决于教育对象的最易于接受的互动方式。这影响教学效果的诸多因素，就连受教育者自身也未必都说得清楚，要教师把握自然更困难。三是劳动成果的复杂性。社会中几乎所有劳动成果，如车床产出的部件，农民种出的玉米，设计师设计的图纸，歌唱家演唱的歌曲……与劳动一般都具有直观的因果关系。教师的劳动则不同，其劳动成果在于其导致的学生智能与心理变化，最终还要通过学生的外在表现来展示。而学生个体和一定社会环境等因素，极易使潜在的教育成果产生损耗，影响对教师工作成果的公正判断。同时，教育成果具有综合化特点，任何一个方面的缺失，都会消减其他方面的成功。教师劳动成果的复杂性，关系到对教师劳动有效性的正确判断，进而影响到教育行为的科学实施。

（2）教师工作的专业性。"专业"是"专门职业"的简称，一般以高度的专门智能及相关特性区别于普通职业。一直以来，人们不把教师看做专业人员，大约是以为识字就可以当教师，但光识字却不能当医生。1966年，联合国教科文组织在《关于教师地位的建议》中提出"教师的工作应被视为专业性职业"之后，教师的专业地位逐渐被各国所认同。我国从1986年开始把教师职业列在"专业技术人员"大类中，在1993年10月颁布的《教师法》中再次明确指出"教师是履行教育教学职责的专业人员"，在提高教师社会地位的同时，也对教师个体的专业意识、综合素质及教育教学能力提出了更高的要求。

　　（3）教师工作的示范性。一般劳动着眼于成果，教师的劳动更注重过程，即教师在实施教育教学过程中的表率作用。教师劳动的示范性主要表现在两个方面：一个是智能活动中的示范性，主要表现为博学多才、精思善表、触类旁通等，强化学者风范与治学态度；另一个是行为习惯中的示范性，主要表现在政治情怀、行为品格、思想作风、人生态度等方面，集德、才、学、识于一身，以身立教，为人师表，在身教与言传的和谐统一中成为学生做人的楷模。

　　（4）教师工作的创造性。由前述教师工作的复杂性可知，教师的教学活动不是预定计划的简单程序化实施，而是一定教育目标驱动下的针对教育对象、教育内容、教育环境等动态变化因素的因需重组。各教育要素的利弊分析及相关教学效果的消长判断，要求教师根据变化的情况对原定教学方案进行适当的调整。这就要求教师善于捕捉和把握教育活动中产生的稍纵即逝的各种有利时机，采取有效措施，强化知识学习或进行旨在提高学生整体素质的启发诱导教育。这一切，靠教师触景生情的创造性思维、以往经验的创造性运用，尤其体现着对教育对象因势利导的创造性培养。成功的教育过程，本质上是教育创新的过程。

　　（二）成人教育教师工作的特殊性

　　以上讨论了教师工作的基本特点，这些特点同样适合成人教育教师工作。但由于成人教育教师面对的教育对象与普通教育有较大的差别，所以成人教育教师工作具有一些有别于职前教育的特殊性，至少表现在如下三个方面：

　　1. 在"业余"的氛围中开展工作

　　除少数成人教育学员利用全日制脱产形式参加学习外，绝大多数学员都是业余学习，在职提高。这种"业余"性，一般从三个角度作用于成人的学习过程：一是在时间上，用在工作上多，学习上少；二是在排序上，工作重，学习轻；三是在二者发生矛盾时，工作为主，学习为从。这三条对成人学员来说是正常的选择，但对成人教育工作者来说，也许是不公平的，因为对于成人教育活动的组织者，教育就是主要任务，要达到的教学目标也是硬任务。如何使"软"任务"硬"起来，切实处理好教学双方对学习过程的主从"错位"关系，调动学员的积极性，实现一定条件下、单位时间内的"多与少"、"重与轻"、"主与从"向有利于学习方面转化，是成人教育教师所面对的现实而艰巨的任务。

对于成人教育教师来说，也存在"兼"的问题。除少数独立设置的成人高校有部分专职教师外，其他从事成人教育工作的教师多为兼职。教师这种"专业不专职"状况，虽然是合理的，在某种意义上说甚至是必要的，但如果处理不好，肯定会直接影响成人教育教学工作。教师如何在两个"业余"背景下实现成人教育教学的正规、饱满、严肃过程，是成人教育教师要认真思考并妥善处理的问题。

2. 以平等的身份施加影响

"一日为师，终生为父"是中国几千年传统教育中"师道尊严"的顶尖说法。教育活动中教师的绝对权威性及由此决定的师生关系，曾奠定了全日制职前教育的教学模式。成人教育则大不相同。大家都是工作着的成人，只是分工不同而已。这本是成人学员实事求是的认识，但如果与传统观念发生碰撞，处理不好也会造成师生关系的不和谐，以至直接影响教学效果。实际上，要使教师的教学收到好的效果，教师的"权威"地位是不可缺少的。教师的"学"与"德"如果不被学生崇尚（至少是认可），又怎么能对学生产生富有感召力、终身性的影响呢？关键是如何使"权威"的光环、"偶像"的身份回归到"榜样的影响"中去。而这对于人才济济的成人教育对象群体来说，又谈何容易？以平等的身份施加影响，需要成人教育教师创造出一个全新的教育环境。

3. 在探索的过程中共同提高

在终身教育系统中，伴随着教育对象个体的不断成长，教师与学生的综合智能差异逐步缩小。且不说有的学生综合智能可能优于教师，就是在教师专业领域，教师与学生也可能是各有所长。但这并不表示教师的作用逐步减弱甚至消失，而是发挥作用的指向、方式及强度要因势而定，因人而异。成人教育教学过程中，教育信息不再是教师向学生的单向流动，关系也不是简单的"我教你"，而是双向交流，研究学习，实践创新，教学相长。学生在师生、生生交流和探究中得到启发，实现从不知到知，并通过体验过程掌握方法，学会学习；而教师也在共同的交流和研讨中向学生、向实践汲取营养，丰富自己的知识与智能体系。

二、成人教育教师应具备的基本素质

教师的素质，就是适合时代要求的好教师应具有的基本品质。这无论对普通教育教师还是成人教育教师都是一样的。故这里讨论的成人教育教师应具备的素质，也是普通教育教师应具备的素质，只是由于教育对象的差异，对不同方面的要求程度有所区别而已。综合教育对象的发展需求，现阶段我国教师的基本素质应涵盖以下基本内容：

（一）道德、思想、政治

这是对教师意识形态方面的要求，是教师精神境界的标志，解决"如何做人"的问题。

1. 道　德

道德是一定社会或阶级依靠社会舆论、传统习惯、教育力量乃至人们内心信念来调节人与人，个人与社会集团之间关系，具有相对规范性特征的行为准则。社会对其成员的道德要求具有十分丰富的内涵，对于成人教育教师来说，重点在社会公德和职业道德两个方面。

社会公德又称"公共道德"，是社会成员所应承担的社会责任。社会要为其成员提供需要且喜欢的生存环境，有序性与和谐性是至关重要的。这就要求其每一个成员都能遵规守纪，文明礼貌，诚实守信，美化环境，助人为乐等。对一般社会公民来说，这是较高的道德标准，是努力的方向；而对于为人师表的教师来说，这只是道德要求的起点。

职业道德，是道德的基本原则在职业工作领域的具体化与特性化。对教师来说，也就是通常所说的"师德"，即教师在教育教学活动中应当遵循的道德准则与行为规范。职业道德水准决定教师的任教资格，故国家颁布的《中小学教师职业道德规范》中提出了"依法执教，爱岗敬业，热爱学生，严谨治学，团结协作，尊重家长，廉洁从教，为人师表"八项基本要求。对于成人教育教师来说，体现在敬业、遵规、力行三个方面。

(1) 敬业，即敬仰、珍惜教师工作，忠诚于人民的教育事业。敬业的动力在于从终身教育、学习化社会的高度看待成人教育教师对社会、对社会成员发展的建设性作用，并乐于为此献出毕生的体力、精力与心力。成人教育教师的敬业要突出奉献与求精。成人教育工作相对于普通学校教育困难更多，自觉性要求更高，故肯于奉献、乐于奉献和善于奉献，是成人教育教师师德修养的根基。求精是善于奉献的一个较高层次表现，而无论是精深的学识还是高超的教学艺术，都需要教师的刻苦钻研、精益求精。

(2) 遵规，是说成人教育教师要自觉遵守教师工作规则。这是由成人教学工作的高度灵活性决定的。成人教育教师的遵规素养，主要体现在两个方面：一个是"明规"，即明确国家和政府对教师工作的全部要求，不把成人教育的灵活性简单化为随意性。另一个是善于自律，自觉照章办事。成人教育活动许多时候是独立作战，又具有强烈的个别性特点，偷工减料的"欺上"行为极易做到，但"瞒下"就较为困难，在学生中失去信任的教师等于自毁前程，故自律甚为重要。

（3）力行，是要把敬业的认识、情感和遵规的习惯体现在行动上，刻苦、勤奋是教师良好职业素养的基本建设。力行的另一个方面就是表率作用。师表虽是对教师职业的共同要求，但对成人教育教师来说，则更为重要。因为在职前青少年教育中，教师的表率即"身教"，学生以模仿的形式接受，对教师的好与差有时还分不清楚。成人教育教师则不然，成人学员的辨别能力强，对教师的行为一般都能作出客观公正的评价。如果教师的行为得不到学生的认可，教师自己的损失甚至要大于学生的损失。

2. 思　想

思想是人们在社会实践中形成的对客观世界的认识，对人的行为具有重要的指导作用。对于成人教育教师来说，思想要求的侧重点在意识与观念两个方面。

（1）意识。在心理学中，意识是人的心理发展中所特有的、对客观现实高级水平的反映。成人教育教师应在自己的思想体系中牢固树立起以下三个意识：其一，服务意识。教师的工作是为学员服务，教师要自觉把每个学员的需要与发展作为自己的工作指南。成人教育教师对学员的服务性，不仅由学员的主体地位决定，也由其在职、从业的身份决定，故成人教育教师的服务意识要在两个维度上有充分体现：一是要全面看待现实社会对教育对象群体的要求，使自己的教学活动具有鲜明的社会性、时代性特点；二是准确把握学员个体的特殊需求，使自己的教学具有强烈的针对性、实用性特点。这样才能使自己的工作最大限度地受到欢迎，最大可能地发挥效益。其二，质量意识。质量是教育的生命，成人教育教师要把保证质量作为从事教育教学工作的第一准则。成人教育中易放松质量要求，主要有三个方面的客观原因：

一是成人教育的多规格易导致成人教育无规格的错觉；二是成人学员的个别需求易产生无客观标准的弊端；三是由于成人学员学习困难多，易产生同情心而放松要求。强化质量意识，就是要教师在思想上正确认识这些问题，采取正确的处理办法。至于质量标准，是动态变化的，需要教育设计者原则确定，更需要教师从实际出发灵活掌握。其三，创新意识。创新是发展的内核。教育创新是现代教育的基本特征，具有十分深刻的内涵和相当广泛的外延。对于成人教育来说，体现在教育观念、教育形式、教育内容、教学方法等成人教育教学活动的各个侧面。创新是前所未有的事物的问世，故对成人教育教师来说，不是预先规划出多少创新成果，而是时刻保持着创新意识。成人教育是与社会生产实际联系得最紧密的教育，处于终身教育的最高层次上，故具有广阔的创新空间。

　　（2）观念。观念又叫"看法"，观念化了的思想又称做"理念"，是超越经验的稳定而持久的认识。对于成人教育教师来说，应树立起一系列现代教育观念，其中尤为重要的是以下三个：其一，"帮助"教育观念，即本书第一章中提出的成人教育理念，是成人教学过程中教师对学生指导方式的描述。在"帮助"教育理念下，成人教育教师对学生的指导过程应遵循两条基本原则：一是尊重，尊重学员的人格，尊重学员的感受，尊重学员的选择，建立起师生之间良好的朋友关系，以平等的身份、平和的心态，共同研究、探讨问题，完成教学任务。另一个是以人为本，即以学员的需要与发展为本。成人的学习需求与当代社会的需求的本质一致性，为"以人为本"的成人教育理念奠定了实践基础。因此，成人教育教师在教学活动中必须高度重视学员的各种需求，善于评价需求的来龙去脉、相关条件、实现途径及实施策略，通过高屋建瓴的指导，使学员获得多方面的收获，完成个人需求社会化的完整过程。其二，开放教育观念。开放性是成人教育的重要属性，发端于19世纪40年代函授教育的信函指导，之后，时代又赋予了开放性以新的内涵，如主动性、宽口径适应经济和社会发展需要，坚持"三个面向"的基本方针，突出成人学员的主体性地位，建立产学研一体化的教学模式等。开放教育观念，是提高成人教育教师科学化、现代化水平的重要思想基础。

其三，终身教育观念。成人教育与终身教育之间的关系，是阶段与全程的关系。从人的终身学习和全面发展的整体需要出发，规划成人教育的阶段性目标，是成人教育组织者、教育者乃至受教育者的共同着眼点。成人教育教师树立终身教育观念，力在着眼于解决教育过程中五个方面的问题：一是在教育目标的确定上，依据教育对象的整体发展目标确定阶段任务，处理好局部与整体的关系；二是在教学内容的选择上，要充分考虑已有基础，构建与完善可持续发展的知识体系；三是在知识教学的同时，关注综合素质的提高，培养学生会学习、会做事的能力；四是把学员一次学习的结束看做新一轮学习准备的开始，搞好实践情况调查，掌握成人继续学习的基本规律；五是教师本人在教学过程中，注重向学员、向实践学习，通过教学相长，自我完善，不断提高教育水平与教学能力。

3. 政 治

政治作为经济的集中表现，具有强烈的阶级属性。无产阶级的政治，就是在建立和巩固无产阶级政权中加强两个文明建设，实现高度的社会主义民主，为彻底消灭阶级，实现共产主义创造条件。社会主义事业要求其每一个建设者按上述要求形成自己的意识形态。对于成人教育教师来说，就是要在觉悟与信念两个层面上加强政治思想建设，保证自己并引导学员更好地为社会主义现代化事业服务。

政治觉悟作为一定的政治认识，主要表现为政治意识、政治立场、政治态度、政治纪律以及政治敏感性等。社会主义时期——尤其是社会主义初级阶段，是各种思想意识并存，且在不同形式的斗争中消长变化的时期，社会主义要取得自己事业的胜利，必须造就一批批取之不尽的、自觉为社会主义事业奋斗的人才，这是社会主义国家办教育的目的，也是每一位教师的政治责任。成人教育教师面对的是现实社会主义事业的建设者，他们的政治觉悟直接决定着行为走向、工作热情乃至工作效率，故结合教学实际鼓励、强化学员正确的政治思想认识和说服、转化非健康的政治思想认识，是教师教育职责的重要方面。

政治信念作为稳定的政治意识，是教师提高政治素养的关键。无产阶级的政治信念立足于对社会主义的热爱，巩固于共产主义理想，而溯源于对人民的认识，即历史唯物主义宇宙观。因此，学习马克思主义理论，强化为人民服务意识，树立正义、平等的民主作风，形成良好的政治素养并对学员产生有效的影响，是成人教育教师进行政治思想教育的重要形式之一。

道德、思想、政治作为成人教育教师素质的首要部分，主要是解决"如何做人"的问题。这三个概念虽代表着不同方面的政治要求，但有着鲜明的层次性、整体性特点。道德作为对社会公民的基本要求，在实践层面上指引人的行为；思想作为道德活动的理性认识，是形成习惯性、持久性道德行为的驱动因素；而政治作为产生思想、行为的本源动力，则是在世界观、人生观层面上决定个体的行为指向。三者是行与思，流与源，标与本的关系。当然，成人教育教师思想政治素质建设在教育教学实践中对成人学员的影响，既可以从政治切入，引领思想、道德，也可以从朴素的行为表现开始，最后升华到人生观方面。总之，除开设系统课程外，政治思想教育多是视事而起，适时而发，因势而动，因人而异。

（二）知识、能力、体魄

这是对教师智能结构方面的要求，解决"能做事"的问题。

1. 知　识

知识是人们在社会实践中积累起来的经验，是人们适应与改造环境的基础与前提。教师作为人类科学文化知识的传承者，必须具有由专业知识与文化素养构成的良好知识结构。对于成人教育教师来说，主要表现在三个方面：

（1）一般科学文化知识，包括自然科学知识与人文素养两大方面。对于自然科学知识，要求成人教育教师有科普层面的了解。人文素养，主要指自然科学以外的其他各种知识和文学修养，是教师广泛兴趣与勤奋实践的历史积淀结果。马克思主义哲学是迄今为止人类认识世界最科学的思想武器，成人教育教师都应努力学习和从本质上掌握唯物辩证法，并自觉贯穿于认识事物、解决问题的过程中。这不仅有利于对已有知识的解释，更有利于对新知识的创造。作为文化背景，科学文化知识对成人教育教师专业知识的积累与活化具有不可替代的作用。

（2）专业知识。专业知识作为一种表现学术、技能特长的知识体系，是个体重点掌握的某个方向上的科学知识。对于教师来说，包括学科门类和教育门类两个方面。其中学科门类的知识，包括该学科产生的背景、历史沿革、理论体系、知识结构、重点难点、最新成果、历史走向、思维方法以及与相关学科的本质联系和作用方式等。教师"专"之深与"业"之精，是其树立教师形象，履行教师职责所必须的。教育门类的知识，要求教师以系统的教育科学理论、独到的教育教学方法，面对充满个性差异的成人学员群体，摆脱经验型、匠人式的传统教师形象与教学模式，能把作为教学内容的学科门类知识卓有成效地转化到学员的智能结构之中。

（3）身心知识。上述对教师思想、知识两个方面素质的要求，都属于意识范畴的精神产品，以人体为载体，故良好的身心状态是教师履行职责的根本保证。教师要知道如何增强体质，就需要了解生理学、遗传学、医药学、营养学、保健学等方面的知识。由于身心方面知识的专业性较强，应进行必要的系统学习，并注意在实践中加深领悟。

知识素质是教师素质的核心部分，是智能结构中的"物质基础"。教师要以继续学习的对策实现知识内容的吐故纳新，不间断地优化自己的智能结构，才能不负教师的责任。

2. 能　力

能力，通常指完成一定活动的本领，包括实践方式及相应的心理特征。能力的提高以个体生理素质为基础，以客观需要为动力，以社会实践为舞台，具有强烈的差异性与发展性特点。能力的内涵虽较为抽象，但外延极为广泛。适应成人教育的职业需要，成人教育教师要重点提高以下四种能力：

（1）信息处理能力。是信息化社会中个体参与社会活动的基本能力，体现在信息采集、加工和传播的全过程。信息采集能力，主要表现在对信息的敏感性与选择性。敏感性是指对无时不在、无处不有的信息能感受到；选择性则是指个体能在复杂的信息中捕捉到采集对象并及时存贮到头脑之中，是个体信息活动的源头。信息加工能力，是对已采集的信息按一定的价值取向进行归类的能力，包括分类、精选与重组三个阶段。信息传播能力则是把经分类、精选后而按一定要求重组起来的信息，采取适当的方式发布出去。采集与加工信息过程中，要以自己主观判断为依据，这需要教师对自己的工作目标及学员的个体情况有深入的了解和本质的把握，使传播的教育教学信息受到每个人的欢迎并达到预期的目的。

（2）教育教学能力。是教师职业的特殊需要，主要包括教学设计、教育实践和教育研究能力。教学设计能力是在对教育对象、教育目标、教学内容、教育时机、教育方法等诸多教育要素的综合分析研究基础上科学制定教学方案，是教师分析能力、创新能力、预测能力的综合作用结果。教育实践能力，是善于把教学方案的基本内容与目标要求高水准地在教学过程中体现出来，其中包括钻研与处理教材，活用教学经验，综合运用教育技术，以及驾驭教育过程、优化教育氛围的能力等。教师要对教学过程的各个环节及其相互关系有深刻的理解，并善于利用教学过程中随机出现的教育素材，补充教学方案，优化教学过程，强化教育目标。教育研究能力，即从理论角度与规律层面上认识成人教育教学活动的能力。它是实践经验与理论思考的综合结果。这就要求教师一要有较丰富的教育及其相关学科的理论知识，并能借助他人的理论研究成果去多维度地考察认识一般教育教学活动；二要掌握教学活动评估方法，成人教育教师要学习、了解前人已有的教学评估方法，借助教育活动的外在表现完成对他人尤其是自己教学实践效果的正确判断，明确应丢掉什么，保留什么，改进什么，使每一次教育实践在自身的教育生涯中都有承前启后之功；三要引发、强化创造性实践并适时理性升华，创新意识是一种心理指向，更是个体综合潜能的释放，是教师教育教学能力进入较高层次的结果与标志，应成为每一位成人教育教师致力追求与完善的目标。

（3）人际交往能力。教学活动原本就是一种交流，但这种交流能达到的效果，受参与交流者积极性的影响。成人教育教师只有善于同各种脾气、秉性的学生交朋友，调动每个学生对教学信息的兴趣，才会使教育教学活动达到理想效果。交往的方式是因事而定、因人而异、因情而变的，要善于把心理学的一般知识原理与每个教育对象的性格、特点相结合，在平等、民主的氛围中坦诚相待。

（4）自我发展能力。成人教育教师的职责是帮助学生发展，所以首先要会发展自己。课内外的许多"不知"是正常的，关键在于学员相信你从"不知"到"知"的能力和韧性。如何能做到这一点？一是成人教育教师要善于向书本学习，构建举一反三、融会贯通的理论知识体系，掌握科学的思维方法，能站在一个更高的台阶上指导大多数学员；二是善于向实践、向学员学习，善于把学员的经验融入自己的知识体系，这是取之不尽的知识源泉；三是要有责任感，对学员提出的问题给予满意的答复或妥善的处理，树立"学高"的形象。

成人教育教学作为世上最复杂的教育活动，要求教师具有多方面的能力。上面提及的，只是必须具备的。这些能力的强与弱，决定着教育效果的优与劣。而且这些能力之间具有内在相关性，成人教育教师应从自己的身心特点出发，在实践中实现上述能力的科学组合，优化智能结构，塑造属于自己又颇受欢迎的教学风格。

3. 体　魄

体，即身体，通常指体格或体质。体格表现的是人体的生长发育水平、营养状况和锻炼程度；体质则指人体在遗传性和获得性的基础上表现出来的，功能和形态上相对稳定的固有特性。对于成人来说，"体"的要求主要表现为体质方面。体质是教师进行教育活动的物质基础。由于成人教育的开放性、灵活性等特点，教师常常需要在一段时间内超负荷运转，如无强健的体质，很难保证工作任务的顺利完成。成人教育教师要保持良好的体质，要注意从自己的身体状况与生活实际出发，遵循生理科学的基本原则，养成良好的卫生习惯、保健习惯和锻炼习惯，尽力避免意外伤害和较长时间的体力透支，提高身心活动的科学含量。

魄，"古指人身中依附形体而显现的精神"①，而"精神"指人的意志、思维活动和一般心理状态。成人教育教师要努力掌握唯物辩证法，奠定思想意识的科学基础，同时，要学习、培养、

---

① 辞海（缩印本）．上海：上海辞书出版社，1989：1994.

锻炼逻辑思维、辩证思维等科学的思维方法，要努力在各种情况下做到正确认识现实，准确把握情感，冷静思考对策，以正常、平稳的心理过程，促使问题的圆满解决。

教学效果是精神与物质交互作用的结果，成人教育教师要高质量地完成自己的教学工作，除了要有丰富的知识、健康的体质，更要有一系列高尚的精神，其中最重要的是负责精神、服务精神、钻研精神、奋斗精神、合作精神、创新精神等等。这些非智力因素带给成人教育教学活动的是感染力、凝聚力、震撼力，对师生教育潜能的创造性、超常性发挥，具有不可估量的作用。

第五节　成人教育媒体

一、教育媒体的概念及其历史发展

媒体，是"运载携带信息来往于信息源和接受者之间的任何东西"①。教育媒体，则是以教会别人为目的的传递信息的中介物。纵观历史，教育媒体大体经历了以下三个发展阶段的三种形式。

（一）语言传输

语言是以语音为物质外壳，以词汇为建筑材料，以语法为结构规律而构成的体系。作为人与人之间表达与交际的工具，语言使人类完成了几百万年从猿到人的历史演进而驶入了发展的快车道。语言的最重要作用是提供了人类交际与思维的工具，变个体对自然的适应为群体对社会的改造。

借助听力对音符的接收，再依据约定俗成的音符含义，接受

---

① 朱作仁．教育辞典．南昌：江西教育出版社，1988：662.

对方传递的信息，是语言传输信息的基本过程。人类最早的教育，就产生在语言传输信息之中。这种教育（影响）方式，是经过包含两个阶段的一个完整过程来实现的：第一阶段是信息接收者经过思考或实践，对语言的含义由模糊变得清晰、确定；第二阶段是已确定的认识成为经验，又在相同或类似的实践中传递给他人。教育的功能就在这一过程中产生了。以语言传输为核心的教育过程，常常与行为展示连在一起，即后人所说的"言传身教"。只因行为对信息的传递作用在类人猿乃至动物界就实现了，故不能作为人类教育信息传递的起点。"行"伴随"言"传递教育信息，"言"借助"行"提高教育效果，是完善成人教育的最基本形式。

语言传递教育信息不可替代的优点有两条：一是当面交流，言行一致，声情并茂，有利于接受方对教育信息及时、准确、深入的理解；二是传递双方能及时利用信息反馈，调整教育信息传递的误差，提高语言传递的实效性。而其不足之处在于信息传递双方时空的局限性。故其独撑教育全局显得势单力孤。

（二）文字传输

文字作为记录语言和传达思想的书写符号，是伴随语言，适应社会，拓展信息传递时空而产生的。其发展中虽历经表形、表意、表音几个阶段，但仍呈经久不衰之势。文字传输信息的能力在于前人赋予字符以含义，后人通过识其符而解其意，使社会传递方式由听觉语音传输扩展到视觉文字传输。于是，文字作为教育信息传递的内容与工具的两重性，大大丰富了人类的教育活动，也因此成为推动教育与社会生产实践分离的重要原因之一。

文字传输形式用于教育信息传输，体现于两种基本形式：其一是辅助形式，即配合、协助语言更好地完成教育信息传输任务，如我国的私塾、书院乃至西方最早产生的以班级授课为主要形式的学校等。在这些教育活动中，教师在语言教学的同时伴随文字的使用，其中文字教育的辅助作用通过两种形式发挥：一个是文字的象形、会意作用帮助学员对语言含义的理解；另一个是延长师生信息交流时间，使学员得以重复、深化理解教师语言信息的内涵。其二是独立形式，即教育者把教育信息文字化于书本之中，学生在掌握了一定的文字语言知识之后，就可以不经过教师的语言指导而独自从文字材料中获取教育信息。函授教育是其典型形式。

文字传输信息有三个优点：一是信息展示的长效性。学习者可根据自己的需要重复阅读，反复学习，不像语音那样，说的同时就消失了。二是信息传递的异地性。它使信息传递的空间从声音能达到的地方扩展到通信所能达到的地方。三是信息传输的保真性。语言传输的信息若需重复，很容易造成信息失真，文字传输则绝无失真之患。当然，文字传输信息相对语言传输信息也有其弱点。如接受者要具有一定的文字、语法知识基础和理解能力，否则不能从文字材料中准确提取其所携带的信息；信息呈现形式较为呆板，不能声情并茂；信息在信源与信宿之间单向流动，没有双向交流中激发的新信息和富于感染力的教育环境等，不利于学员知识的全面提高和综合能力的培养。

（三）电子技术设备传输

语言与文字作为信息传输的基本渠道，创造了人类文明的五千年历史。19 世纪末叶，科技革命带动了信息传输技术的深刻革命，电子技术设备作为信息传输的主力工具，冲击了越千年的教育的传统模式。光电技术使信息传输功能产生了质的飞跃。19世纪末到 20 世纪初，幻灯、电唱机、电话介入了教育领域；20年代起，无线电播音教育、无声电影的视觉教育开始实施；30年代，有声电影用于教育；50 年代，电视教育崛起；到 70 年代，广播电视、卫星电视教育已成网络，播放大学、开放大学、远程大学等如雨后春笋般兴起……在又一个世纪之交，当微电子技术、计算机技术和电子通讯技术为核心的信息技术革命拉开了信息时代的序幕后，网络教学、在线教学、虚拟教学、电子远程教学等全新的教育信息传递方式，又开始在终身教育、学习化社会的历史进程中崭露头角了。

电子技术产生的教学媒体，表现出三大突出优势：一是可使远程教育的信息传递时间趋近于零，实现了远程同步教学；二是教育信息可以图文并举，声像并茂，为分散独立学习的学员创造了模拟教育空间；三是教育途径激增，学员可以多维度选择适合自己的学习方式，为分散机动的个别化学习提供了便利条件。当然，电子教育传媒也有其不利的一面，如经济上投入较大，没有师生直面教学的真情实感和文本传媒的灵活方便等。好在这一切都有望在未来的信息传输手段的改进中得到解决。

纵观教育信息传输的历史发展，我们看到：一定时期的教育信息传递方式，是由当时社会的经济、科技、文化发展水平所决定的，集中体现了教育的社会性与时代性；同时，教育信息传媒的发展，并不是后者对前者的否定性取代，而是对前者不足之处的补充和完善。

二、现阶段成人教育的主要媒体

（一）面授教学

面授教学是以"直观＋语言"为教育信息传递途径的教学模式，是迄今为止人类教学武器库中最古老、最常用的武器。其特点是教师主导，教学目的性强，教学内容系统；直面交互，声情并茂，信息反馈及时；群体学习，经济方便等。课堂教学适合于传承性知识教学，目前在成人教育系统中多用于成人脱产班教学、函授面授教学以及各种培训中的理论知识教学、专题讲座等。它是不仅有光荣的历史，也有美好未来的成人教育教学形式。

（二）现场实践

现场实践是与课堂教学类似的以实际操作为主的信息传递形式，以模仿中感悟为信息接受和转换的主要过程。现场教学适合技能类知识（能力）教学。目前成人教育教学中较常用的有理论课中实践类内容教学，主要在学校实验室进行；各学科实践操作能力培训，一般在工厂、实习车间等生产现场进行；还有部分自然学科、艺术类学科的综合实习与野外考察，人文学科的社会调查和社会实践等，都以大自然和社会生产、生活实际为课堂。成人学员的实际工作岗位也是重要的教学场所。

（三）文本材料

文本材料是以文字和纸张为媒介的教育媒体，也是迄今为止应用最广泛的教育媒体。在人类信息传递史上，它首次实现突破时空局限的异地信息传输，开辟了远程教育的新天地。其突出特点是跨越时空，经济方便，服务个别学习，可以反复使用。文本材料有教材、讲义、辅导材料、参考书等多种，适合以教师为主体的传承式理论知识教学。目前在成人教育系统中，它是用于函授教育、自学考试的主要媒体，也是课堂教学和现代远程教育的主要辅导媒体。

（四）视听媒体

视听媒体是成人教育媒体中的新兴大家族，是电化介质与光电技术结合生成的多样化教学媒体，已从初始的幻灯、电话、电影、录音带、录像带，发展到广播、电视、光盘等。其突出特点是解决了远程同步、图文并茂、个别学习等问题。多媒体教学适合于教师主导的理论、实践（演示方面）等各类知识教学，应用范围也在逐步扩大。

（五）远程直播系统

远程直播系统，意在通过同步、异步两种通讯功能使传统课堂教学远程化。其中同步通讯主要通过卫星直播方式，把课堂教学场景传输给学生，使学生得以在异地看教学环境，听教师讲课，按老师的要求完成学习任务。异步通讯，主要运用虚拟课堂，在计算机网络基础上，运用多媒体技术构造教与学的环境，学生利用自己可用的时间进到教学课堂中去，参与辅导、讨论、交流，完成课堂教学任务，故较适宜学员的个别化学习。

（六）网络课程

网络课程是以计算机网络为通道的新兴教育教学媒体，集成了以往多种信息传媒的优点，是迄今为止最现代的综合性教学媒体。其特点是超越时空，声像并茂，同（异）步交互，自主学习，资源丰富，使用方便，把传统教学主体的过程主导地位，分解为教学过程中的问题主从关系，使教学活动更贴近教育规律、认识规律和学员的实际水平。目前网络课程的使用主要在两个方面，一是作为远程教育的主要媒体，二是作为普通教育的辅助媒体。

三、有效利用媒体提高教育效能

以上各教育媒体虽各有其发挥作用的优长领域，但某种媒体一统天下的时代已经过去。综合充分利用各种教育媒体的优势去有效传递教育信息，是成人教育教学改革的重要任务。基于教育信息传输的固有属性，提高教育媒体的传输功能，应努力在互动传承和整合转换上下工夫。

（一）互动传承

教育信息传输，要依据对方的情况来确定自身在信息交流中的行为对策。如教师的教学首先要考虑到学员的需求与实际，并根据反馈信息及时调整教学活动；学员要对教师以多种方式发布的信息作出有利于接受的积极反应，以达到信息传输的最佳效果。因此，以交流研讨为特征的互动学习，是成人教育教学信息交流的主要形式之一；而在教学主要环节上实现互动式信息传承，则是选择使用教育媒体的重要原则。

（二）整合转换

要把以科学知识形式存在的前人经验转化为后人认识与改造社会的能力，教学双方就要对教育信息进行一系列的转换，并遵循如下程序：

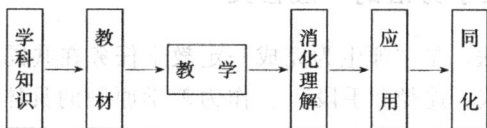

```
┌──────┐   ┌──────┐   ┌──────┐   ┌──────┐   ┌──────┐   ┌──────┐
│ 学科 │ → │ 教   │ → │ 教  学│ → │ 消化 │ → │ 应  │ → │ 同   │
│ 知识 │   │ 材   │   │      │   │ 理解 │   │ 用  │   │ 化   │
└──────┘   └──────┘   └──────┘   └──────┘   └──────┘   └──────┘
```

上图所示的六个转换环节可分为三个阶段："学科知识"→"教材"→"教"，是教方根据培养目标和教育对象对学科知识内容进行筛选与重组的过程，是转换的第一个阶段，以教师为主体，文本材料和网络资源是主要媒体。"学"→"消化理解"→"应用"→"同化"，是学生内化外在知识的过程，是学生对教育信息的初步认识、深入理解以及向能力转化的过程，是教学信息转换的第三个阶段，以学生为主体，文本材料和网络资源，师生、生生研讨及实践是主要媒体。而联结这两个阶段的"教"→"学"是教育信息传承的中间也是关键阶段，是教师把知识信息传递给学生的过程，是由师生双方共同完成的，也是教学主体从教师向学生转移的过程。要实现教学主体的成功转移有三个条件：一是信息保真，二是看法接近，三是情感共鸣。"信息保真"，应尽量减少中转环节；"看法接近"，最好及时反馈，解决疑难，缩小认识差距；"情感共鸣"，要求教育信息伴随情感传递。这当然是课堂面授教学最好。即便是远程教育、网络课程，也要有交互功能和多媒体展示。由此看来，成人教育信息传递过程，是多种教育媒体从实际出发的优化整合。多维信息传输方式构成的教育信息传递空间，是教育多样化、高质量的基础条件。现代通信与教育信息技术的长足发展，为这种整合开辟了广阔的空间。

第六节　成人教育的教学方法

一、教学方法的一般含义

教学方法，是"师生为完成一定教学任务在共同活动中所采用的教学方式、途径和手段"[①]。作为教学原则的具体化，教学方法在帮助学生达到教学目标的行为中，起着"桥"或"船"的作用。

在古代教育中，由于信息量的有限及信息传递方式的局限，教学方法与讲、听、读、谈话、背诵等信息传递方式几乎就是等同的，若追寻"法"的含义，只能从教育思想、教学原则中去体会。如孔子提出的"启发诱导"、"因材施教"、"学思结合"、"学行并重"等教学原则，同时也隐含着教学方法。到近代，随着科学实验的发展，班级授课制的产生，教学方法有了飞跃式发展。其间许多教育理论家与实践家都有新的创造，而其中集大成者，要首推 20 世纪 80 年代苏联教育家巴班斯基的分类表述：

第一大类——组织和实践学习认识活动的方法：（1）知觉方法，按照传递和接受知识信息的方式，有口述法（讲述法、谈话法、讲演法），直观法（图示法、演示法），实际操作法（实验、练习）以及教学生产劳动等；（2）逻辑方法，按照传递和接受知识信息的逻辑，有归纳法、演绎法、分析法和综合法等；（3）认识方法，按照学生掌握知识时思维独立性的程度，有复现法、探索法、局部探索法、研究法等；（4）控制学习的方法，按照控制学习的程度，有教师指导（包括使用教学仪器）下的学习方法、学生独立工作的方法（使用书本、书面作业、实验室作业）及完

---

① 顾明远．教育大辞典．上海：上海教育出版社，1990：199.

成劳动任务等。

第二大类——刺激和形成学习动机的方法：（1）刺激学习兴趣的方法，有认识性游戏，学习讨论，设置道德情感的情境、引人入胜的情境以及认识新颖性情境等；（2）刺激学习责任感的方法，有认识学习的重要性、提出要求、布置完成要求的练习及教学中的表扬和批评等。

第三大类——教学中检查和自我检查的方法：（1）口述检查法，有个别提问、面向全班的提问、口头测验、口试等；（2）书面检查法，有书面检查性作业、书面考试、程序性书面作业等；（3）实验操作检查法，有实验室检查作业、机器检查作业等。

巴班斯基对教学方法的系统表述的重要意义，不仅在于对传统学校教育教学方法的完备概括，更在于给出了教学方法的一种分类方式。这些成果为我们探讨成人教育教学方法，提供了有益的启示。

二、成人教育教学方法的基本特征

（一）教学方法的决定因素

20 世纪 80 年代末，苏联教育家把教学方法的基本特征概括为"两种运动"和"四种方式"。其中，"两种运动"即"学生认识活动的一定运动形式"和"与教学内容不可分割的联系的一种特殊运动"，"四种方式"即"学生与教师之间交往和交流信息的一定方式"、"组织、控制学生学习认识活动的一定方式"、"刺激和形成学生学习认识活动动机的一定方式"和"检查或自我检查学习效率的方式"[①]。这些基本特征表明，任何教育形式的教学方法，都不同程度地与以下教育要素相关：一是与教育目的相关。教育目的体现培养规格，即造就什么样的人才，教学方法必须全心全意地为实现这一目标服务。通过教学方法的恰当运用实

---

① 朱作仁．教育辞典．南昌：江西教育出版社，1988：656.

现教育对象对教育材料的最佳理解和掌握，是选用教学方法的基本依据。故教育目的是决定教学方法的首要因素。二是与教育对象相关。学生是教学活动中矛盾运动的主要方面，学生的认识水平、情感态度、行为习惯乃至动机目的，与教师采用的教学方法是"的"与"矢"的关系。教师采用的教学方法有效才好用，同时只有紧密结合学生实际的教学方法才会有效。三是与教学内容相关。教学内容决定于教育目的与学科性质。学科性质不同，内容特点不同，所要求的教学方法与评价方法都会有很大的差异。故教学方法的选择必须充分考虑专业课程特点、学科思维特点，以利于学生的知识理解、智力发展与能力转化。四是与教学形式相关。不同教学形式，使用不尽相同的教育信息传递方式。一定的信息传递方式，需要有与其相适应的信息交流、反馈形式与调控机制为保证。故教学方法是在一定教学形式的基本规律之内才能更有效地发挥自己的作用。五是与教师的教学能力相关。教师是教学方法的设计者、实践者，上述一切相关性，都最终决定于教师对问题的理解及体现理解程度的实施办法。因此，教师的教育理论、专业理论水平及教师的实践能力与教学经验，是选择乃至创造有效教学方法、优化教学过程的决定性因素。

（二）成人教育教学方法的基本特征

由上述一般教学方法的相关因素可知，成人教育的教学方法，既与一般普通教育教学方法有共同之处，同时又有自己的特性。如教育对象的成人性、在职性，学习内容的多样性、灵活性，以及教学形式的开放性等，这些都是产生成人教育教学方法基本特征的实践基础。

关于成人教育教学方法的基本特征，有学者作过如下概括："培养成人学员的创造性是成人教育教学方法所追求的方向"，"强调参与式教学，创造合作形式的学习情境"，"互动方式的多边性教学方法逐渐成为成人教育教学的主流"，"案例式教学，是成人教育教学方法的重要选择"，"行动式教学，是成人教育教学方法的又一大特点"，"教学技术性的成分日趋加重"，等等①。这些概括，既有对以往成人教育教学实践的总结，也有对未来成人教育发展的预测，较好反映了一定时期内成人教育教学方法的基本特征，对研究、选择与创新成人教育教学方法具有一定的参考价值。

三、成人教育教学方法的概括性描述

前述巴班斯基对于教学方法的系统概括，给予了我们两个感觉：一是所列各类别、层次的教学方法，在成人教育教学实践中都有过不同程度的运用；二是这些方法与现实成人教育教学实践，不是日益趋近，而是愈来愈远。这一方面是由于成人教育从学历补偿教育为主向着继续教育为主的方向转化，而继续教育的内容、形式、要求等较之学历教育有许多新的特点；另一方面是由于现代教育的迅速发展使传统教学方法本身已面临着新的挑战。因此，构建以下五个成人教育教学方法子系统，是成人教育教学方法创新的必然选择。

(一)"自学——指导"子系统

这是成人教育教学方法系统的核心构成部分，对成人教育教学方法系统具有观念层面的统领作用。其基本含义是：成人教育教学过程中教与学的矛盾双方，学是主体，学生主要通过自学完成教学任务，而教师的作用在于通过实时或异时恰当有效的指导，使学生的自学产生良好的效果，达到预期的目的。如函授教育中的分散自学与集中面授等。伴随教育现代化步伐的加快，教师的指导形式已进入多样化状态，除继续发挥好面授、文字指导功能，远程多媒体指导将有突破性进展，寻求多媒体教育技术条件下教师对成人学员的各种有效指导方式与途径，是完善"自

---

① 叶忠海，等. 成人教育学通论. 上海：上海科学技术出版社，1997；105、106.

学——指导”子系统的要点与难点所在。

(二)"交流——探讨"子系统

主要用于理论课程教学的信息传递。其基本含义是：成人教育教学信息，应采用多边参与、交互流动、研究探讨作为信息交流的主要形式，通过关联性、探索性、扩展性、再生性信息交流，深化知识学习，优化智能结构，强化综合素质的培养。如讨论法、发现法、研究法、探索法等等。事实上，"交流——探讨"对成人教育教学具有特殊的优势，成人学员的多重角色及其相应的智能结构，为实现交流、探索的良好效果创造了十分有利的条件。在多边交流中，学员将接受教师的指导，感受他人的启发，升华已有的认识，在互动中取己所用，给人所需，在集中群体智慧的氛围中实现协作学习，共同学习，教学相长。

(三)"案例——实践"子系统

这是成人教育教学方法系统的一个实施侧面，主要用于综合性、技术性较强内容的教学活动。其基本含义是：成人教育教学中，要注意从教学内容的实际出发，恰当采用案例教学和实践教学，以加强学员对知识的理解与实际综合运用能力的培养。过去曾有一种观念，认为成人已有实践经验，成人教育教学的目的主要是理论提高。这种观念的片面性在于把实践活动只看做简单的技能训练，而不是一种有效的思维发展过程。实际上，案例教学的典型性，有利于学员已有知识结构中局部知识的综合运用及整体思考，而实践教学的真实情境及参与作用，有利于学员轻松跨过理论障碍，并在实践中产生新感觉，发现新问题，引发新思考。当然，"案例——实践"教学方法具有较强的特殊性与指向性，教师在选用时要经认真的思考与精心的设计。

(四)"外需——内化"子系统

这是成人教育教学系统中的一组特殊方法，主要用于被动学习群体的教学活动。其基本含义是：把国家与社会对特定公民群体的教育需要，转化为相关教育对象的学习内驱力，从而实现教育社会功能与个体发展功能的和谐统一。被动学习群体在现实社会中是客观存在的，如文盲群体，由于年龄、条件、情感等多方面原因，并不是每个人都强烈而迫切地要冲出这个"围城"的。而为了社会进步与国家的发展，文盲问题又必须解决。这就需要社会教育制度，建立起从外需到内化的配套教育机制与教学方法。如推进功能扫盲，建立起学习与本人切身利益的密切关系；设计行之有效的教学方案，使受教育者迅即尝到成功的喜悦并激发出进一步学习的兴趣；健全生动活泼的评价体系，增加参学者的自信心……从而使被动学习群体成员在积极参与中产生共鸣并形成习惯，达到主动学、自觉学的境地。

（五）"自主——虚拟"子系统

这是适合现代远程教育的一组教学方法，主要用于接受现代远程教育学员的学习活动。其基本含义是：学生在统一教学要求下，运用新的教学模式与技术手段，在虚拟空间上与教师、同学探讨交流，自主修习课程。鉴于远程教育过程要借助丰富的学习资源与周到的支助服务来实现，故新的教学方法体系要努力在自律的前提下实现自主，在选择的基础上达到重组，在真实的感悟中完成虚拟。这现在还是一个全新的领域，需要我们在实践探索中不断积累、总结经验。

（六）"自测——互评"子系统

这是对成人教育教学效果的评价方法。其基本含义是：学员学习效果的评价，由自测与互评（学习班组成员，当然也包括教师）结合完成。我国传统成人教育，学生历来是被评价的对象，处于被动状态。自测，让学习效果的评价立足于学习者自己的感受，使学习者追求的目标、过程与效果统一起来。这不仅使评价的结果更加真实，也突出了成人教育的个别化特点。而自测基础上的互评，融进了群体意识，同伴的认可与激励。互评中认可他人的长处，就是发现自己的短处，对参评者都有积极意义，尤其是对参评者自身的学习提高，具有重要的指导意义。因此，"自测——互评"作为成人教育教学方法系统中的基本评价方法,具有重要的导向作用。当然,现实中一些具体问题,还要从实际出发妥善处理。

以上六个子系统及其教学活动的实施要点,构成了成人教育教学方法的系统框架。而实际上,不仅每个子系统中的具体方法是因时、因事而异,动态多变的,就是整个成人教育教学方法系统也伴随着教育的发展而处于急剧的变化之中。"教无定法"是对教学方法灵活性的精辟概括,但"学有定规"也反映着人类认识事物的基本规律。而"学有定规"与"教无定法"的辩证统一,就是成人教育教学方法系统的目标。

第七节 成人教育管理

什么叫管理?马克思曾描述为"一切规模较大的直接社会劳动或共同劳动,都或多或少地需要指挥,以协调个人的活动,并执行生产总体的运动——不同于这一总体的独立器官的运动——所产生的各种一般职能。一个单独的提琴手是自己指挥自己,一个乐队就需要一个乐队指挥"[①]。这段描述明确了如下要点:管理的产生是社会发展的需要,管理的职能是协调个人的活动,管理的目的是执行总体运动。把这三条要点具体化,就是我们要在本节讨论的成人教育管理。

一、成人教育管理的指导思想

指导思想,决定该项活动的发展方向。成人教育管理的指导思想,源于社会主义成人教育的基本依据,表现为涉及内、外两个方面的四大决定因素。

---

① 马克思恩格斯全集:第2卷.北京:人民出版社,1972:367.

（一）国家的教育方针

　　教育方针是国家开办各级各类教育的指导思想与相对稳定的目标。如《中华人民共和国教育法》中将我国新时期的教育方针表述为：各级各类教育都要认真贯彻教育必须为社会主义现代化建设服务，必须与生产劳动相结合，培养德、智、体等各方面全面发展的社会主义事业建设者和接班人的方针。为培养德、智、体等全面发展的社会主义建设者服务，这就为成人教育及其管理工作指明了方向。

（二）社会人才需求

　　国家举办教育的宗旨，是为社会发展培养各类专门人才。由社会发展的阶段性特点，各类人才培养也呈现波浪式发展。依据国家的经济政治发展战略预测各类人才需求状况，再从本地区、本部门乃至本学校的实际出发制定教育发展规划，是保证教育持续、稳定发展的前提条件。

（三）教育发展战略

　　社会需要是教育发展的宏观背景，国家教育部门根据国家的发展战略与阶段任务确定的教育发展战略，是教育实施部门为自己准确定位的基本依据。1993 年，中共中央、国务院颁布的《中国教育改革和发展纲要》及其"实施意见"中又指出，"成人教育是传统学校教育向终身教育发展的一种新型教育制度，对不断提高全民族素质，促进经济和社会发展具有重要作用。国家建立和完善岗位培训制度，证书制度，资格考试和考核制度，继续教育制度，大力发展以扫盲、岗位培训及继续教育为主的成人教育"。新时期国家的成人教育发展战略，为各办学部门的成人教育教学与管理工作指明了方向。

（四）成人教育特点

　　成人教育特点，包括成人教育及其对象的特点，直接决定成人教育管理的原则、内容与行为模式。成人学员及成人教育的特点前面已经提及，此处不赘述。这些特点在成人教育管理工作规程及其具体工作中的体现程度，是成人教育管理科学化的重要标志。

二、成人教育管理的组织保证

指导思想提供了管理行为的方向定位，管理队伍则是实施管理过程的组织保证。成人教育的管理队伍建设，包括健全组织机构和提高干部素质两个方面。

（一）健全组织机构

组织，从管理的角度看，就是把处于分散状态的人群和分离状态的任务、机构按照一定的原则集合起来，使其发挥出整体效能，为达到共同目的的一种实体[①]。成人教育管理组织，是为完成成人教育任务，协调内外部关系，提高管理水平和教学质量的正式组织。作为一个统一的整体，这个组织应有一个领导核心、清晰的职位层次、流畅的信息沟通渠道和良好的合作关系。

我国现阶段成人教育主要有三条实施渠道：

第一条渠道是独立设置的成人学校和普通学校开展的成人教育，主要开展成人学历教育和继续教育。独立成人学校的组织机构，一般实行由决策、执行、实施三个层次构成的管理体制。其中，决策层是学校的党政指挥系统，是全部活动的指挥中枢；执行层为各院系、行政处的领导班子，任务是把学校的决定、要求转化为本部门的工作方案；实施层是具体管理工作人员，任务是实践经执行层具体化了的各项工作要求。普通高校举办的成人教育，一般采取主管校长领导下的院（处）、部（科）组织结构。主管校长代表学校执行决策职能，是成人教育活动管理中心。下面一般采取"三条主线"［行政管理、教学管理、地方函授站（协作单位）管理］的组织结构。

---

① 陈孝彬，等.成人教育基础.北京：中国人事出版社，1996：238.

第二条渠道是企、事业单位及社会力量办学部门举办的成人教育，主要任务是开展岗位培训或其他多种形式的非学历教育。此类教育的决策层是该部门的领导集体，下设专门的教育行政部门为执行层，再下面设置具体工作岗位，为实施层。也有执行层上代领导决策，下代实施层完成岗位工作的情况，具体视办学规模及教育在该单位的位置而定。

第三条渠道是为国家各类学历文凭考试举办的助学班。由学校举办的，一般纳入了该校成人教育管理系统之中，以科或岗设置机构和相应管理人员。非学校举办的助学班，管理工作由"老板"直接做，或由"老板"指定专人做。其他如农民教育、党校教育等专门行业、系统举办的成人教育，一般都纳入本行业、系统的组织领导系列之中，管理体系与人员配置也各有特色。

伴随信息化社会产生的、以网络学院为核心的现代远程教育，较大程度上突破了传统学校的限制，与社会发生了更广泛的联系。而且，各种形式的合作办学发展迅速，管理模式也五花八门，但总的发展趋势是社会化、多样化的韵味更浓。

（二）提高干部素质

组织机构从职责分工、工作程序等方面为管理人员设置了活动舞台，而实际演出效果如何，还要看演员们的能力水平与发挥程度，故提高成人教育管理干部的基本素质，是强化组织保证的基本建设。

1. 对成人教育领导干部的素质要求

"领导干部"是一个较宽泛的概念，具有多层次特点。参照1996 年国家教委主持制定的《普通高等学校成人教育处（学院）处（院）长岗位规范（试行）》的有关规定，成人教育办学机构的中层领导干部应具备如下基本素质：

（1）政治思想与职业道德：具有马列主义、毛泽东思想理论基础，熟悉中国特色社会主义理论，能自觉践行"三个代表"宗旨；

以高度的事业心、责任感和强烈的创新意识从事成人教育工作；遵纪守法，廉洁自律，求真务实，作风民主，自强不息，精益求精。

（2）知识结构：掌握业务知识，主要包括终身教育思想，成人教育理论，现代管理科学、信息科学与教育技术等方面知识；熟悉法规知识，主要包括国家各类教育——尤其是成人教育的政策法规，党的干部政策、民族政策、知识分子政策，与工作相关的区域、系统管理章程、办法等；了解相关知识，主要包括哲学、社会学、经济学、人才学、语言学、美学、逻辑学及有关自然科学和现代科技发展等。相关知识具有广泛性、发展性特点，不要求系统掌握，能发挥些借鉴、启发作用就够了。

（3）能力结构：能力结构因年龄、经历等原因可能有较大的差异。作为一般要求，应具备一定的预测判断能力、决策规划能力、组织管理能力、社会活动能力、实践研究能力和改革创新能力等等。

（4）经历：受过高等学历教育，有较好的工作业绩，得到组织的信任与同行的认可。

2. 对一般管理人员的素质要求

一般管理人员主要指各职能部门科级干部和主要管理岗位人员。《普通高校成人教育管理实务》一书中对其基本素质提出了如下要求：

（1）政治思想与职业道德方面要求：热爱社会主义祖国，拥护党的基本路线，忠于党的教育事业；遵纪守法，廉洁奉公，严格执行国家和地方政府有关成人教育的方针、政策和法规；忠于职守，严格按照管理规章制度办事；具有主动完成本职工作任务的责任感；热情为教学、科研服务，为师生的教学、工作和生活排忧解难。

（2）文化与知识方面要求：具有大专毕业及其以上文化程度，掌握国家有关成人高等教育的政策法规，掌握成人高等教育管理的基本原则和方法，熟悉本校成人教育发展的历史、现状与发展规划，掌握与本职工作有关的现代教育媒介和办公自动化设备的基本知识。

（3）履职能力方面要求：能遵照国家关于成人高等教育的政策、法规以及本校成人教育管理规章，运用成人高等教育管理的基本原则和方法，熟练地处理本职范围内的各项工作事务，并能熟练地使用本职岗位配置的现代化办公设备；具有一定的组织和公关能力，能顾全大局，尊重领导，并有效地同相关部门或人员开展交流与合作；具有拟定和撰写本职范围内符合质量要求的工作计划、总结、报告等的文字表达能力；善于总结管理实践经验，积极提出改革和创新的建议；具有结合本职工作开展成人高等教育管理理论研究的能力。

对管理人员的素质要求，是根据形势与工作需要发展变化的，成人教育部门自身应统筹规划与适时实施所属管理者的岗位培训与继续教育，管理者本人更需要以与时俱进的精神，学习新知识，研究新问题，实现科学管理。

三、成人教育的过程管理

（一）确定管理目标

确定目标是一切管理活动的首要任务。作为管理工作的出发点和落脚点，成人教育管理目标通常分为不同层次的三项具体内容：第一层是教育培养目标，即该教育组织在国家教育大系统中"培养哪部分人"，"达到什么程度"。要求教育决策者研究社会需求，遵循教育分工，联系本校实际来确定。第二层是教育发展规划，是决策者在了解同行，认识自己，总结现实，预测未来的综合分析、判断基础上确定的发展思路，具有承前启后作用。如本部门事业发展规划、教师队伍建设规划、教材建设规划等。第三层是具体工作方案，涉及各方面具体管理工作，如招生计划、教学计划以及改革试点计划等。不同层次的管理目标由不同岗位的管理人员实现。

（二）明确工作原则

成人教育管理的原则是成人教育管理者在工作过程中必须遵循的基本要求，也是做好管理工作的基本保证。以下六项原则是管理者应在管理工作中自觉遵循的。

1. 方向性原则

坚持社会主义办学方向，如坚持党对成人教育工作的领导，坚持成人教育为巩固发展社会主义制度服务，为工农兵服务，培养社会主义事业"当班人"等。一个极端个人主义者在社会主义条件下不会得到长足的发展；而社会主义教育培养出更多的自由主义、利己主义者，无异于培养自己的掘墓人。成年人的世界观虽已基本形成，但也不是一成不变的，个体仍会在一定的背景下进行有利于自我发展的调整。成人教育更要培养德、智、体全面发展，能与社会和谐统一的人才。

2. 系统性原则

成人教育管理工作是一个复杂的系统，目标的一致性、工作的有序性以及效能的综合性贯穿管理工作的全过程。目标的一致性是说各项管理工作都要服从培养合格人才这一目标。工作的有序性是说各方面、岗位的管理工作不能各自为政，各行其是，而是目标一致，承接有序。《成人教育基础》一书中把有序管理过程概括为"计划、实施、检查、处理"四个环节和"提出问题、寻找原因、抓住关键、确定计划、执行计划、检查计划找出差距、总结经验巩固成果、遗留问题转入下一轮"等八个基本步骤，就是对成人教育管理工作的有序性的一种描述方式。效能的综合性是说要实现教育质量的最佳效果，不是由哪一项或哪几项工作，哪一个或哪几个环节决定的，而是各个环节、各项工作的综合作用结果。故评价某一项管理工作的效绩，不是看其独立做了什么，而是看其所做的在实现整体效能中发挥的是怎样的作用。"顾全大局"体现了管理工作整体性的要求。

3. 服务性原则

管理工作从"管他人"到"为他人"，是一个历史性的转变。成人教育管理中的服务性，集中体现在两个方面：一是心系"主体"，着眼多数。从学员的发展需要出发实施各项管理工作，是以学生为主体的基本含义。着眼多数，是指在"主体"群体内部少数人与多数人的需求出现矛盾时，应首先满足多数人的需求，同时顾及少数人的合理要求。二是双向交流，动态择优。这是说为学员服务，管理者就要深入到学员之中，全面了解学员中的各种信息，同时把管理者的意图、思考渗透给学员，在信息互动中补充完善预定计划，向共识要合力，靠共举达高效。

4. 导向性原则

这是实施管理活动的策略原则，即管理者通过引导，把管理对象感受的外部制约力转变为内部自省力，实现学习动力源的转换。传统的管理办法是用"管"的强制力量解决矛盾。而现代管理则强调"导"，即启发诱导，调动内在积极性。这一点对成人学员至关重要。因为成人学员有自己的行为习惯，更有自制能力，简单的"管"可能造成当事者的逆反心理，出现适得其反的效果，而"导"可使当事者的自尊心得到保护，自信心得到发挥，使其在自制自强中得到完善。

5. 民主性原则

这项原则主要是就管理者群体成员间关系而言的。"领导责任制"，并不表示可以"独断专行"。成人教育管理中的民主性原则，一般有三个方面的含义：一是尊重人格。领导与工作人员虽然在管理工作中的地位、权利、责任、作用、待遇等都是不同的，但人格是相同的。尊重别人，是领导者民主意识的基础，也是赢得大家信任，得到大家支持的起点。二是民主决策，即领导在"拍板"之前，尽量多听一听他人的意见。因为领导的职务越高，越难于对其所负责的全部工作都了如指掌，只有深入实际，以坦诚的态度去听实话，听真话，才能形成正确的判断，作出科学的决策。三是通力合作，不仅要处理好上、下级间的纵向关系，还要协调好部门之间的横向关系，在用民主的引力把共事者间距离拉近的同时，也实现了领导者的能力空间延伸。有领导者民主作风产生的凝聚力，才有通力合作中群体成员产生的创造力。

6. 效益性原则

效益观念是现代管理中的一个重要理念，尤其在经济活动全球化、资源配置市场化的今天。既然如此，成人教育的效益应如何体现呢？有人把教育划归于产业范围，用商品生产的规则办教育，这是有悖于教育的本质属性的。成人教育虽然直接服务于社会物质生产，但毕竟是通过人的生产能力的提高来间接实现的；而对人的提高，既是个体生存权利的需要，同时也是人类社会发展的需要。故不能把成人教育简单划归商品生产的范畴。成人教育管理中的效益性原则，应从处理好两个关系中去体现：

第一，社会效益与经济效益的关系。教育的根本任务是为社会发展与人类进步培养人才，而社会的发展与人类的进步并不仅仅表现在物质生产与经济指标上，尤其要搞好精神文明建设，而这项任务是由教育来实现的，故教育是社会公益性事业，至少具有公益性职能。由此，成人教育的经济效益也体现在两个方面：一个是提高教育培养质量与教育内容的针对性，以便在社会物质生产中创造更多价值；另一个就是减少人才培养中的浪费现象，以少的投入创造多的教育成果，通过降低教育成本提高经济效益。

第二，当前与长远的关系。教育的多样化源于需求的多样化，尤其是成人教育。有"立竿见影"的，也有"细嚼慢咽"的，前者投入少，见效快，但效能不持久，后者投入多，见效慢，但效能持久。作为教育的管理者，必须关注教育长效与短效的关系，统筹规划，短长并举，优势互补，结构合理，避免教育投入与人才产出两个方面的浪费。对于学员个体来说，无论学历教育还是岗位培训，在解决急需知识、技能的同时，都要着眼于理性思考与实践创新的内在联系，通过智能结构的变换，使知识与能力实现滚动式、放大式再生，在学与用的有机结合中实现由"短"向"长"的转化。

（三）健全规章制度

规章制度是管理者行使管理职能的一种特定方式，是参与活动的各方的行为准则，是教学活动有序进行的基本保证。规章制度是体现管理工作导向原则的一个重要侧面，也是管理工作科学化、规范化水平的一个重要标志。规章制度发挥管理职能，主要通过三条渠道：

1. 促进、深化管理干部对成人教育本质、规律的认识。

一项规章制度的建立与完善，集中了管理者对以往工作的总结、对现实状况的估计、对发展走向的预测以及对与其他相关因素联结方式的理解等，这种实践总结与理论思考，是学习提高过程，也是实践创新过程。

2. 通过规章制度的导向作用培养学生的自律习惯与能力。

学员通过规章制度，可以了解教学活动的基本环节及相关要求，也同时确定了自己怎样去做。多数学员的自律行为，不仅保证了教学活动的顺利进行，也同时培养了学员自控、自尊、自为的能力，养成良好的自觉遵规守纪习惯。

3. 通过规章制度的强制作用保证正常教学秩序。

规章制度导向作用的发挥是以接受管理方的自觉行为为前提的。当规章制度的导向作用对少数人失去作用时，制度就可以通过强制性的一面对挑战者实行相应的制裁，使正常的教学秩序得以维护，得到保证，也使当事者用代价换教训。当事者的"反面教材"作用，还会再次强化群体中其他成员的遵规守纪意识，实现制度导向与强制二重性的对立统一。法制观念是现代人的基本素质，也是成人教育的重要内容。

（四）活化管理过程

成人教育的管理过程，是在诸多相关因素的动态变化及有效控制中完成的。因此，以因地制宜、灵活多样的工作方法，应对成人教育活动中要随时解决的问题，就是成人教育管理的活化过程。它要求管理者应至少做到两条：一是面向实际。即便是那些已被他人实践证明的成功经验，也只能作为应对新问题的参考。实事求是是避免僵化，实现活化管理的思想基础。二是把握实际。问题产生于实践中，解决问题的好办法蕴藏在群众中。这就需要管理者善于与群众交朋友，从群众中听真话，赢得学生、教师，包括管理同事的建设性合作，扩大提高管理效能的"影响力场"。融洽性与安全感，是创造轻松愉悦的工作环境并实现理想目标的条件。工作中管理者之间产生不同意见是正常的，关键是如何通过恰当的方式准确选择或组合出相对优越的办法，这是优化工作环境，实现理想目标的重要条件。活化管理过程还有另外一层含义，即管理形式的多样化问题。多样化的成人教育形式，需要各具特色的管理办法，成人教育管理的活化过程，就是在鲜活的个性特点中体现成人教育管理的共性的过程。

（五）加强信息反馈

上述活化管理的一切努力，根本目的在于对成人教育教学过程实施有效的控制。控制的意义在于驾驭实践，而最有效指向教育目标的实践，正是教育管理意义的全部。古典管理学派认为，实施控制需要三个条件："（1）必须确定标准。（2）必须能得到表示实际结果与标准结果间偏差的信息。（3）必须有可能采取措施来纠正实际结果与标准结果间的偏差。"[1] 其中，（2）是通过

---

① ［美］小詹姆斯 H. 唐纳利，等. 管理学基础. 北京：中国人民大学出版社，出版年不详：144、145.

信息反馈诊断问题的过程。可见，信息反馈对实施科学有效的控制具有至关重要的作用。有一点需特殊注意，即成人教育管理中的信息反馈作用不仅仅着眼于"用历史的结果指导将来的行为"的结果反馈，尤其要重视现实管理过程中的及时沟通。这也许正是教育管理作为人才培养过程管理与其他物质生产过程管理的本质区别。

成人教育管理中的信息反馈，主要通过三条渠道，发挥三个作用：

1. 加强管理人员、管理岗位、管理干部之间的信息沟通，发挥调节作用。

成人教育教学活动复杂，相关岗位、部门多，如果管理部门间不能及时沟通并采取协调的动作，势必影响到管理工作的正常程序与管理活动的整体效果。故调节作用是保持系统动态平衡与整体功效的重要方面。

2. 加强管理人员与教师、学生之间的信息交流，发挥调控作用。

管理人员的工作设想及其可操作性，教师的教学方案及其实际效果，都要通过学生来检测。故依据学生的实践感受调整"教"与"管"，是优化教学过程的重要举措。此类信息交流具有及时性、多样性、目的性、经常性等特点。及时性是指出现问题要及时征询意见并采取有效的解决办法，不要等问题成了堆才去否定；多样性是指针对学员的情况及所研究问题的性质，采取多样化的反馈渠道，力争做到管理范围中的每一个人都有提出自己的意见或建议的适当方式；目的性是指对得到的各种信息进行分析处理，搞清楚问题的类型、性质、产生的原因以及与实现培养目标的关系，并寻求恰当的处理方法；经常性是指教学过程中的信息反馈要成为一种经常性的制度，有问题时征询解决办法，无问题时听取发展建议，共同追求完美。

3. 加强对毕业生实践表现的信息反馈，发挥调整作用。

成人教育的运行过程，可借助以下简图描述：

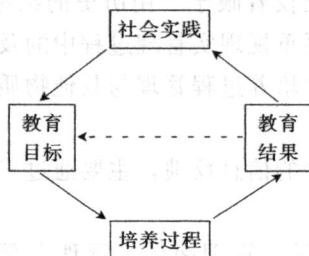

教育过程简图

传统的教育过程，学生选择适合自己发展阶段的培养目标入学，之后是几年的培养过程，再后是拿到毕业证书，认为达到了培养目标，教育过程完成。其实，这只完成了教育过程的一半。因为得到毕业证书的学生到底学得怎么样，教育目标的确定是否科学，还有待于实践的检验。对于成人学员，其学习过程与实践检验是交织在一起的。成人教育的管理者在加强学习过程的信息反馈，完善教学工作的同时，还要关注学习者的实践过程的信息反馈，并以此作为调整教育目标，完善培养过程的重要参考。可见，教育管理者对教育过程的认识与实践，是一个循环往复、螺旋式上升的过程。

加强信息反馈，要实行传统与现代信息传输手段并举。尤其是广播电视教育、网络教育等现代远程开放教育的信息反馈，更不是传统的信息传递方式所能完成的。因此，研究并建立适合各种成人教育模式的信息反馈系统，是成人教育多样化发展所必需的。

（六）关注实践创新

教育管理创新是教育创新的重要方面，也是教育创新的基本保证。教育管理创新可发生在计划、组织、指挥、控制等各个环节，而管理创新的源泉在于鲜活的成人教育工作实践。一切计划、原则、制度都是其以前教育实践的创新性总结，推动着新一轮教育的发展；而新一轮教育的实践者，同样肩负着检验上一轮创新成果，产生新一轮创新成果的任务，这就是实践创新本源所在。管理创新包括管理目标、管理模式、管理机制、管理队伍结构以及管理理念等多个方面。要善于从实际出发，以敏锐的洞察力捕捉平凡事物中的不平凡因素，以缜密的逻辑思维与丰富的想象预测其源于现实又超越现实的走向，并通过理论的思考与实践的结果，确定其存在价值与推广条件。创新说起来不简单，做起来也许并不如想象的那样复杂，创新有灵感的因素，但本质上还是实践积累的结果，关键要当事者勤于学习，精于思考，乐于实践，善于总结。

第八节　成人教育研究

成人教育研究是探索成人教育现象及其发展规律的过程，是成人教育科学化的重要保证。

一、成人教育研究对成人教育系统运行的特殊意义

现代社会的成人教育，较之其他类别教育，范围更广泛，内容更丰富，形式更灵活，实践更复杂。而实际上，无论是从我国还是世界的情况看，成人教育不仅起步较晚，地位较低，完善程度也较差。解决这两个方面的强烈反差有许多工作要做，而强化成人教育的理论与实践研究是提高思想认识，提升实践水平，改革发展成人教育的重要切入点。主要面对三个方面的任务：一是在宏观层面建立起成人教育的理论体系。在终身教育背景下定位成人教育是人类教育的一大进步，但把这件事情说清楚并被每一

个社会成员接受并不容易。这就要求每一位成人教育工作者——尤其是理论工作者对此作出更多的努力，从理论与实践的结合上把成人教育"是什么"、"为什么"说清楚，讲明白，形成全社会的共识、共举。二是在中观层面协调好各类成人教育之间的关系。多样化成人教育形式原本是成人教育的优势，但从我国目前情况看，诸种类别成人教育的协调发展还较差。这就要求成人教育的理论与实际工作者认真研究各类成人教育的特点、本质联系及其协调发展规律，使其各尽所能，更充分有效地发挥其社会整体功能。三是在微观层面搞好每一个具体成人教育项目。目前我国成人学历教育的社会认可度不高，源于许多具体教育项目做得不够好，原因之一是对成人教育应该怎么做心中无数。如有的习惯以普通教育为模板追求成人教育的"正规"，结果是"正规"未达到，又失去了自己的特色；当然，更多的是以教学与管理过程的简化乃至无序冒充成人教育的灵活。成人教育研究有助于克服这些盲目、有害的倾向，把成人教育引上健康发展的轨道。

二、成人教育研究的主要领域

上述三个层面的成人教育研究涉及许多学科领域，而以下几个方面应作为学习研究的重点。

成人教育学：成人教育学是研究成人教育现象及其规律的学科，对成人教育的实践活动具有直接的指导作用。我国对此项目的研究虽然起步较早，但成果尚不丰富。回顾成人教育的发展历程，由于其"自立门户"较晚，复杂程度较高，本质规律展示还不充分，故拿出有特色而公认的高水平研究成果难度较大。近年来，更多研究者把工作重点转向成人教育的分支或实用领域，基础研究似乎已经过时了。笔者认为，基础研究是成人教育分支理论和实践活动的基石，对于学科建设与实践发展具有不可替代的作用。成人教育应有属于自己的理论体系，它期待有志者为实现这一目标去艰苦奋斗和不懈努力。

成人教育社会学：成人教育社会学是研究成人教育与所处社会的相关性，探讨实现人与社会协调发展的学问。社会发展与人类及其个体发展的辩证关系，证明了教育社会学研究领域的重要。成人是社会生产的"当班人"，这一教育对象的特殊性成为成人教育社会学研究的重点，而其难点也恰恰是由此产生的，即如何认识和处理好个体与社会，直接与间接，现实与长远的关系。个人与社会同步的持续与协调发展，将是理解和处理上述关系的基本准则。

成人教育心理学：成人教育活动是教学双方心理与智力交互影响与综合作用的过程。对成人教育活动教学双方心理活动共性与特性的研究，是成人教育科学化的必然要求与重要标志。从实用的角度看，成人教育心理研究应突出以下四个方面的内容：一是研究成人教育与成人心理类型、发展水平及活动特点的关系，提高成人统一教学与个别化学习效果；二是研究成人学习动力机制与心理品质的关系，努力完成成人学习动力机制从外部约束向内因驱动的转化；三是探索教学双方心理沟通与产生共鸣的条件及联结方式，激发教学双方的激情并引发创造性思维；四是探索成人学员从知识学习向能力转化的心理活动规律，从本质上解决理论联系实际问题。总之，要通过对成人教育心理学的学习与研究，尽快把"成人能够学习"的结论转化为"成人能够很好学习"的一个个具体培训项目。

成人教育技术学：教育技术作为探讨教育系统和教学过程中信息交流技术手段及其运用规律的学科，对以业余、自主、开放为基本特征的成人教育来说尤为重要。成人教育技术学研究有两个方面的重点：一是研究多种教育技术的互补性及其综合运用规律，提供多样化的信息传输方式，为每一个学习者的个别化、分散式、自主性学习创造更多的方便条件；二是设法使信息技术手段在传输教育信息的同时，增加记录、调控或提示功能，把教学组织者对学习者的学习要求及实现情况检测融入教学信息交流与互动之中，以学习过程的真实保证学习质量的真实。要摒弃单纯技术观点，只有在教育科学、心理科学、信息科学共同支撑的平台上构建的成人教育信息传输系统，方能担负时代赋予成人教育的历史使命。

成人教育管理学：教育管理是教育作为群体活动得以正常运行的保障体系。成人教育管理的难点，就在于成人学习的分散性、灵活性及个别化。要从"帮助"这一成人教育的基本理念出发，理解成人教育管理的特殊性，强化成人学习者的主体地位，让"引导"、"约束"这些管理的基本功能，以帮助的形式，使学习者自觉接受，实现制度管理向机制调控的转变。

成人教育经济学：教育经济学是研究教育与经济相关性的边缘学科。成人教育是与社会生产实际联系最紧密的教育，故成人教育经济学较之普通教育经济学的研究会更鲜活，更具现实指导意义。现阶段，成人教育经济学有一系列重要问题需要研究，如成人教育的经济效益如何量化，成人教育活动的经济效益与社会效益的协调增进规律，成人教育活动的经济效益归属，成人教育的投入体制与机制，等等。只有把这些问题搞懂了，想对了，成人教育才能少走弯路。

以上列举了六个研究领域，其实与成人教育相关的不仅仅这些，教育哲学、教育统计学、比较教育学等，都与成人教育发展有直接的关系。如此宽泛的相关领域，不可能都有深入研究，但可以做到有所了解，并用于实践参考。成人教育理论与实际工作者要同心同德，形成团队，沿着"实践——理论——再实践"的方向，推进成人教育的科学化发展。

三、成人教育研究的基本方法

成人教育研究作为教育研究的一个分支，自然可以使用教育研究的多种方法，这里不重述。除此之外，成人教育还有没有特殊的或更重要的研究方法呢？以下三种研究方法，有必要特殊强调一下。

系统研究法：系统研究法是运用系统科学理论指导成人教育研究的方法。系统科学方法的最大特点是用整体的、联系的观点看问题，通过系统构成要素的结构及其与外部环境的关系（功能），把杂乱的事物组织起来，让矛盾的事物统一起来，让无序的活动有序起来。这是最适合成人教育的研究方法。系统方法不仅有利于揭示各级各类成人教育的关系，尤其有利于引导成人教育相关要素、积极力量为实现一定的目标整合重组，不断提升成人教育的科学含量，以更强大的功能为社会多作贡献。

实践研究法：实践研究包含预设改革方案的试点和实践经验的总结等诸多方面。成人教育领域极其广泛，相关因素多而杂，深入挖掘成人教育实践宝库，对创新成人教育理论大有益处。过去的成人教育研究中，有套用普通教育的倾向，有"削足适履"之嫌。要通过对成人教育实践的总结探索，而不是对一般教育理论的演绎推广，来构建属于成人教育的理论体系。

主客互动法：以往的教育研究，主、客体的界限是分明的，客体作为被认识对象，不能以主体的身份参与到研究成果之中，这就使研究成果与客观现实有一定的误差。成人教育研究有条件缩小或消除这种误差。成人教育教学双方在教学过程中是平等的，智力水平与知识储备是相当的，成人学员有对实践活动的真实感受和提炼这种感受的思维表达能力。故此，成人教育研究应尽可能发挥客体对项目研究的积极作用（不需要被试者有思想准备的测量项目除外），在主客体互动中揭示事物的本来面目，这也许正是成人教育研究的一条捷径。

第四章 成人教育系统
的结构

上一章简述了成人教育系统的构成要素，相当于一架机器的各个"部件"。每个部件有自己的作用，但还要按照一定的规则组合，才是一部机器，才有生产能力。这个组合规则就是系统的结构。本章着重讨论成人教育系统要素的组合规则及作用方式。

第一节 成人教育系统结构的
含义及基本类型

一、结构的含义

"结构"是一个使用较为广泛的概念。作一般理解，是"各个部分的配合、组织"。从系统论的角度认识，是"系统内部诸要素之间的联系……"①，即系统的结构是指构成系统诸要素之间的联结方式。系统内部联系的普遍性，表明系统结构的普遍性；而系统内部联系的有机性，又表明不同事物之间系统结构的特殊性。故研究成人教育系统结构的特殊性，是认识成人教育特

① 高林．现代管理科学基础．北京：中国展望出版社，1984：25.

点，把握成人教育规律，搞好成人教育工作所必须的。

二、成人教育系统结构的基本类型

教育结构即"教育总体的各个部分的比例关系及组合方式"①。成人教育系统的结构，就是成人教育系统整体中各构成要素的组合方式与比例关系。由前几章的讨论可知，成人教育系统内部呈现着多维结构类型：

专业结构——按教育内容分，如理、工、农、医、师等各类成人教育。由于专业与学习者群体具有一致性，故专业结构在一定程度上又反映着学员群体结构，如农民教育、干部教育、教师教育、工程技术教育等等。

层次结构——按教育层次分，如扫盲教育、实用技术培训、中等职业教育、成人高等教育、大学后继续教育等，可纵跨学前教育之后的各教育阶段。尽管非学历教育中的层次性不如普通教育系列那样分明，但从教学内容上还是有深浅之分的，只不过层次间并无严格的承接规定。

体制结构——按成人教育办学主体分，有国家举办的，如各级政府设置的成人高校、普通高校举办的成人教育等等，有企业举办的，如职工大学、职工技术学院及厂办各类职业培训机构等，还有社区举办、社团举办、私人举办以及联合举办等等。

形式结构——按办学形式分，如成人脱产班、夜大学、业余大学、函授大学、广播电视大学、刊授大学、网络学院以及其他各种业余培训班等。

以上仅是成人教育系统的几种主要结构形式，还有一些其他分类方式，这里就不一一列举了。仅此也足以说明，成人教育结构的复杂性不亚于其上位概念——教育结构的复杂性。

---

① 顾明远. 教育大辞典. 上海：上海教育出版社，1990：24.

三、成人教育的形式结构

上述多种结构类型，提供了认识成人教育的多个角度。每一个角度，都可以成为一个研究侧面。但在多个角度中，哪一个更能反映成人教育属性，更有利于揭示成人教育的本质，也能更好地刻画成人教育的全貌并包容成人教育的发展呢？选择形式结构为切入点，有利于达到这一目的。

以教育信息传输手段为依据的成人教育形式结构，可借助下图简略描述：

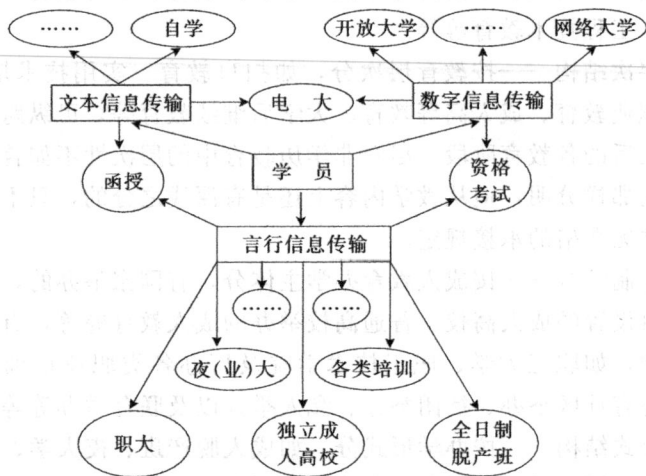

成人教育形式结构简图

成人教育系统构成要素的核心要素是学员，其他要素都要围绕学员的需要实施自己的定位与运作。对于成人教育来说，其专业结构、层次结构乃至办学体制结构等，与全日制普通教育并无大的区别。唯有形式结构，是因教育信息传输手段的变化导致传统教育时空关系的重组，从而改变了传统教育教学模式及其相应的教育教学规律。

第二节　全日制成人教育

一、服务方向

全日制成人教育以日间全日教学为基本形式，其服务对象只能是一定时间内以学习为主要任务的成人。在我国，目前主要有三类：一是集中一段时间进修提高以适应新的工作要求，如党校系统、管理干部学院等系统开办的短、中、长各类干部培训项目，高校教师异校、异地、异国进修等，具有鲜明的继续学习、迅即提高特征；二是下岗待业人员的转岗培训，主要面向转岗或待就业人员，主要由各类职业培训机构承担，具有缺啥补啥、急用先学特点；三是应届或往届中等教育毕业生参加的成人教育系列高等教育，一般由普通高校或成人高校举办的"成人脱产班"承担，从教学的角度与普通高等教育并无大的差别。2002年，全国普通高校举办的成人脱产本、专科在校生为99.67万人。随着我国普通高等教育的大发展，此类教育的规模正在减小。

二、结构模式

成人全日制教学班以普通全日制教育形式服务于成人教育对象，以课堂教学、语言传输、直面交流、日间上课为基本教学模式，其教学过程主要由课堂教学，作业布置与批改，实验（实习），辅导答疑，考查考试，毕业论文（毕业设计）等基本环节组成，各环节之间的联结方式与功能也与普通全日制教育基本相同。不同之处只体现在三个方面：一是成人学员有自身的特点；

二是利用全日制办学条件和师资队伍办学，具有"挖潜"、"从属"特征；三是与普通全日制教育相比较，毕业生不发派遣证、就业报到证等与人事管理相关的证件。

三、实施要点

成人全日制学历教育教学的实施，应注意以下要点：

1. 条　件

成人全日制教育需要完备的办学条件，独立设置的成人高校要有完备的办学条件，普通高校也要保证同等办学条件用于所举办的成人脱产班。一个时期以来，有的学校"成招"班教学条件得不到保证，有的还移至校外办学，多数条件较差，加之部分承办者办学指导思想不够端正，投入不足，出现了许多不利于保证教学质量的现象，影响了成人脱产班的健康发展。

2. 特　色

依普通院校办学模式举办成人教育，一个重要的问题是能否办出特色。与普通计划学生相比较，成人学员至少有以下几个方面的不同：一是学生来源不同，年龄、经历、知识基础、行为习惯与所处条件差异都很大；二是学习的目的与动力不同；三是毕业后的去向与待遇不同。这些不同虽然对成人的学习有利也有弊，但总的说来还是弊多利少。鉴于此，全日制成人班的办学特色主要体现在三个方面：首先是教学目标的设计要突出职业方向，提高综合素质。教学目标不应口径过宽，教学内容也不要贪多求全。要采取必修与相关选修的课程结构，在"一专"的基础上努力提高综合素质。其次，在培养过程中应注意实践导向，理论教学侧重思维方法训练和实践指导，加强实践类课程，以强化应用能力与实际操作能力的培养与训练。第三，关注毕业生的去向。学校应尽可能采取措施，为需要就业的学员争取机会。从某种意义上说，毕业生的就业率也是学校的生命力之所在。因此，关注"三个特点"是搞好成人全日制教育的重要保证。

第三节　业余成人教育

业余成人教育是工业社会成人教育的主体形式，是在社会向成人同时提出"工作"与"学习"两个方面要求时产生的教育现象。其基本特点是"语言传媒，直面教学，业余时间"，一直是我国成人教育的主体。

一、夜校教育

（一）服务方向

夜校教育原是利用夜间进行的教育活动。有材料记载，1842年英国教会人士创办了民众学院，为工人提供夜间学习的机会。到 19 世纪下叶，美国的公立学校开设夜间成人班，夜校教育又有新的发展。1917 年毛泽东在湖南一师创办工人夜校，这是我国夜校教育的初始阶段[①]。新中国成立后，学习、借鉴苏联教育经验，夜校教育又有了长足的发展。

我国现阶段实施的夜校教育主要有两类：一是初等夜校教育，以普通乡、镇市民和农村村民为服务对象，主要开展扫盲教育、农业技术培训以及政策宣传与文化普及活动等等；二是高等夜校教育，以城市居民为服务对象，主要实施高等学历教育，是在职人员学历提高的重要渠道。承担高等夜校教育的主要机构是普通高校开办的夜大学，职工业余大学、职工大学等成人院校也视情况开办了夜校部。

---

① 熊华浩.成人教育的理论与实践.武汉：湖北教育出版社，1987：54.

（二）结构模式

夜校教育的突出特点在于夜间利用全日制教育资源服务于成人教育对象；教学过程也是由课堂教学，布置与批改作业，辅导答疑，考试等基本环节构成，各教学环节之间的结构关系也没有大的变化。不同之处仅在于夜间上课，教学时间不如普通全日制充足，学员的学习精力也相对分散，给教学质量保证带来困难。我国现行夜大学教育有两种基本办学体制：一种是二级管理体制，即招生、日常管理、学籍及毕业事宜，由学校设置的专门职能部门负责，教师的选派与教学实施，由相关院、系承担。管理过程中，学校对院、系有领导和督促检查职能，但更多的是分工与合作。另一种是一级管理体制，即选聘教师、组织教学、过程管理等都由一个部门承担。夜大学较之其他成人业余教育形式的最大优越性在于师生间有较多直接交流机会，信息反馈及时。当然，学员长时间坚持学习困难较多。

（三）实施要点

夜校教育虽然与全日制教育有较多的相似之处，但毕竟是另一种办学形式，也有自己的特殊规律。总结我国几十年夜大学教育实践，应着力做好以下几个方面的工作：

1. 把握社会需求，办学规模适度。

厂矿企业创办夜大学，培养培训所属干部职工，可根据厂矿人才现状与事业发展规划确定专业设置与招生规模，相对好调控；普通高校和独立设置的成人高校面向社会招收夜大学生，一定要搞好需求情况预测。由于夜大学是非远程教育，学员受一定的活动半径限制，一般以市区为学员分布范围。故"有一定规模"、"已形成特色"和"可持续发展"，是夜大学健康发展的基本标志。

2. 组成精干的管理队伍。

从我国现实办学规模看，夜大学小于函授教育；从发展趋势看，其招生数量也难以与远程网络教育相比。但它是"麻雀虽小，五脏俱全"的教育活动，需要配备精干高效的组织管理队伍。办学专业多、规模较大的，可在学校或企业内设置处级管理机构，配备得力的干部管理；专业少、规模小的，可在成人教育管理部门内设科级部门或管理岗位。鉴于夜大学管理干部常常是身兼数职，故要求具备相当的专业知识与教育理论，吃苦敬业，作风正派，能妥善解决办学过程中出现的各种问题，保证夜大学的健康发展。

3. 突破传统局限，优化培养过程。

现实一般意义上的夜大学，面临两个局限：一个是全日制课堂教学形式的局限，以封闭为特征；另一个是夜间教学的局限，以与社会生产实际隔离为特征。这两点都是与现代成人教育的开放性、实践性原则相悖的。夜大学要着力突破这些局限，就要尽可能利用多媒体教育技术和双休日的有利条件，突破夜色的障碍而走向生产、生活实际，实行学分制管理，从学习内容到时间，给学员以更大的选择空间。

二、业余大学

（一）服务方向

"业余大学"是用业余形式开展高等教育的院校的统称。前述的夜大学，就是业余大学的一种形式。业余大学的服务对象具有宽口径、广适应的特点，所有没有空间障碍且不能（或不想）利用全日制形式接受高等教育的学员，都可利用业余大学实现自己的学习愿望。我国现在的业余大学，有的是厂矿企业、行业举办的，主要服务于企业、行业职工的在职业余学习；也有的是各级政府举办的，主要服务于社会在岗人员的学习。教育部（1980）教工农字041号文件公布的1966年前备案的业余大学名单中，有15个省（区）举办业余大学58所（不完全统计）。"文革"以后，职工高等学校、业余大学等都归并到"成人高等学校"的类别下。国家教委于（1988）教计字040号文件中颁布了《成人高等学校设置的暂行规定》，对业余大学等成人高等学校的设置原则、标准及审批验收等提出了明确具体的要求，使业余大学的发展进入了正规化的轨道。

（二）结构模式

业余大学办学的基本特点，就是将全日制普通高校教学基本模式分散在业余时间内实施，故其教学过程也是由课堂教学，作业布置与批改，辅导答疑，考试，毕业论文（毕业设计）等基本环节构成。这里的"业余"可以是利用休息日，也可以是半日学习，还可以是短期利用工作时间，具体由其主管部门根据国家的有关政策和学员的实际确定。业余大学分学历教育和非学历教育两类。其中学历教育部分，学习时间长，系统性强，要求教学活动环节完备，过程系统。针对普通教育业余化可能出现的时间不充分、过程不连贯的特点，应注意采取有效措施，充分发挥课堂教学的引导性，并通过自控机制发挥学员的主观能动性。非学历教育部分，学程相对要短，教学目标与要求相对单一，教学环节和过程可灵活掌握。

（三）实施要点

业余大学教育作为以职工业余教育为主体的高等教育形式，在我国有过长足的发展，对我国的工业化建设和职工队伍素质的提高作出了突出贡献。面对新形势、新变化的需要与挑战，业余大学教育需要深化改革与创新。厂矿企业举办的业余大学，要从建立现代企业制度的高度，集中精力解决好企业办学的主体、机制、模式问题。

1. 关于企业教育的实施主体

企业教育的实施主体，受教育的基本规律及"政企分开"政策两个方面的制约。其中教育规律表现为学员主体，这是教育的一般规律在企业教育中的具体体现；"政企分开"体现着企业主体，即企业教育从依赖国家、依赖政府回归到依靠自己。两个主体深刻揭示了现代企业教育的基本特征：企业发展为本与智力发展为本的对立统一。其中企业主体的动力在于企业职工的智力开发是企业发展的动力之源；而学员主体的动力在于通过智力开发获得个性的发展，与企业的发展是不可分割地连在一起的。故现代企业教育中"双主体"的和谐统一，是现代企业发展的动力之源。

2. 关于企业教育的运行机制

企业教育的发展，除"双主体"需求的动力源，还需要所处大环境的积极影响，具体化为政策导向、行业协作和社会教育支持。其中，政策导向是说企业办学的自主权必须置于政府部门、教育行政部门以及行业主管部门的宏观调控之下。政府通过建立健全企业教育的政策法规，指导、规范企业的教育行为，这是国家与企业持续发展的共同需要。行业协作是说努力发挥同行企业的教育协作关系。由于教育具有"准公共物品"[①] 的属性，行业间企业教育的发展并不具有排他性，故企业教育可以充分利用行业间的更多相关性，以合作强化行业特色，以合作节省教育投资，以合作实现资源共享，以合作实现借鉴创新。社会教育支持是指现代企业教育是国家教育的一个子系统，不能游离于国家教育体系之外，企业教育更需要国家教育体系中各级各类教育的支持与帮助。企业教育在突出自身教育特色的同时，一定要尽量利用国家完备的教育体系，加强各级、各类、各方面人才的培养，借鉴其他系统的改革与发展经验，完善自己的现代教育体系，同时，也使自己的职业教育培训机构向社会开放，在借鉴交流中不断提高教育水平，增强办学实力。

---

① 劳凯声．社会转型与教育的重新定位．教育研究，2002（2）．

3. 关于企业教育的办学模式

鉴于企业有大有小，人员有多有少，实力有强有弱，故可采取借助、联合及独立举办等多样化的办学模式。对于小型企业或大中企业中较小专业技术方面的人才需求，可借助社会相应的办学机构去培养。但这种培养并不是放任自流，而是要制定中长期培训计划，并视财力对借助教育机构和参学人员给予必要的投入。这样不仅要比自己独立办学节省财力、精力和人力，而且有利于保证培养质量。专业也不必完全对口。多一些专业跨度与学科综合，对职员综合素质的全面提高会有好处。对于中型企业或大型企业中的专业人才需要，可通过联合办学的方式发展职业教育。可以与相同或相关行业联合，与设置了相关专业的学校联合，也可以与社会上相关培训机构联合。可视联合的重要程度，靠投入确定己方在联合体中的地位，保证所需人才的数量与质量要求。对于大型企业或行业集团公司，必须建立自己的职业教育院校或培训机构，形成属于自己的人才培养培训基地。要着力办好代表企业特色的专业，适度发展相关辅助性专业，超前设置代表企业未来走向的专业。要选聘厂内外乃至国内外理论人才与实用技术专家组成专兼结合的教师队伍，引进国内外相关科技成果与前沿技术，形成产、学、研一体化，专业教育、岗位培训、继续教育全方位，初等、中等、高等教育一条龙的现代企业教育体系，以人才培养为突破口，赢得企业在行业竞争中的主动权。

上述借助、联合、自办三种现代企业教育模式，企业可单独运用，也可联合运用。在经济全球化、教育国际化、社会信息化的大背景下，借助他人发展自己，应是现代企业教育的一种新理念。

三、岗位培训

（一）服务方向

严格说，岗位培训并不是一种成人教育办学形式，而是集形式、内容于一身的教育类别。这里从教育形式的侧面讨论，是为了与目前的习惯提法保持一致。1989 年国家五部委颁发的《关于开展岗位培训若干问题的意见》，把岗位培训定义为"是对从业人员按岗位需要在一定政治、文化基础上进行的以政治思想水平、工作能力和生产技能为目标的定向培训"，其面向"从业人员"的服务方向，表明其服务对象的广泛。在我国，对岗位培训的认识与实践已经历了半个世纪的发展历程，进入 90 年代后尤有突破性进展。如落实国家教委规定的中小学校长"应取得岗位培训合格证书，持证上岗"制度，山东省成立了以分管省长为组长的全省中小学校长培训领导小组，协调各方抓培训；甘肃省教委把职业中学校长培训作为学校晋等达标的必要条件；安徽省1997 年下发文件，明确规定职业中学校长从 1998 年起，未持证的只能担任代理校长；山西省拿出 60 万元专款专用，并确定两所学校作为校长培训基地。又如再就业培训，落实教育部《关于动员各类学校大力开展再就业培训的通知》精神，1998 年 6 月，教育部在上海召开了新时期成人培训暨再就业培训研讨会，交流总结各地教育行政部门开展再就业培训的情况和经验；济南市教育局把再就业作为 1998 年全市成人教育工作重点，并确定多所成人高、中等院校和社会力量举办的学校开展再就业培训，到1998 年底已累计培训 2.9 万人，学员培训后再就业率达到62.1%[①]。转岗培训正作为成人教育的重要形式空前发展。

(二) 结构模式

岗位培训实际、实用、实效的目标追求，上岗培训、转岗培训、转业培训、业务技能培训、专题培训、晋升培训等多样化类别，都表明岗位培训是一种以语言和形体信息传输为主的短期、单项、多样的培训活动，是针对不同的学习内容，对传统教学环

① 中国教育年鉴. 北京：人民教育出版社，1999：195、196.

节与方法的因需重组。如岗位规范、工作制度、职业道德等方面的知识、规定，以教师讲解与文本材料相结合为好，既有利于学员对规定内容的准确理解，也有利于反复学习，加深记忆；技能性内容具有较强的实践操作特点，适合师生、生生在言传身教中理解、体验，并通过反复实践转化为技能，所以初、中级的岗位培训一般以文字、语言为基本传媒，以课堂教学、现场实习、岗位工作为基本教学形式，而高级岗位（职业）培训，通过研究班、报告会、立项研究等方式可能效果更佳。要把握岗位培训的特点，针对不同的内容、层次、对象，选择不同的教学方法，强化教学效果。一般说来，讲授法、案例法、讨论法、研修法、讲座法、实习实验法、现场训练法、岗位练兵法等都是有效的、可用的，只是教师要善于知己、知法、知生，从实际出发灵活运用。要逐步建立起一支专兼结合的"双师"型教师队伍，保证各项教学要求落到实处。

（三）实施要点

1. 把握需求

岗位培训的突出特点在于办学要主动适应需求，有学员的需求，也有企业的需求。在学员与企业的需求中，又有现实需求与长远需求之分。而所有这些需求又都是动态相关的。故准确把握需求，并及时恰当地为教育对象群体提供满足需求的教育内容与教育机会，是岗位培训的生命力之所在。需求产生于动力和压力两个方面。压力产生的需求，多表现为现实需求，如在竞争中企业有倒闭的威胁，个人有下岗的危险等；动力产生的需求，多表现为发展需求，如企业要实现竞争夺魁、再上台阶的发展规划，个人要实现可持续的职业生涯发展等。而无论是企业的还是个人的需求，都源于国家的建设发展规划和具体实施策略。新世纪伊始，中国已迈出全面建设小康社会的步伐，现代化建设事业不断给各行各业注入新的活力，社会需求的良好环境已经形成，岗位培训的办学部门只需密切关注，冷静分析各行业、社会各阶层从业人员的现实与发展需求状况，有针对性地提供应用技术与职业生涯培训，就能在较好适应个人需求、社会需求的同时，拓宽自己的发展空间。

2. 完善机制

在一定的社会环境下，需求是客观的。但学习主体和办学主体如何理解需求，却有一个主观能动性问题。国家在提出需求的同时，还要完善机制，通过政策导向，赋予学习者与办学者以内在驱动力。我国的现代企业制度，已经产生或正在完善着五个机制，即企业优胜劣汰机制，职工能进能出的再就业机制，覆盖全社会的保障机制，国有资产保值、增值机制以及企业经营者择优录用的竞争上岗机制。这五个机制中有三个与劳动者自身的努力密切相关，五项皆与经营者利益密切相关。现代企业成功运转，必将为企业中岗位培训的发展带来强大的推动力。

3. 加强保障

岗位培训有初、中、高不同层次之分，在一段时间内，初、中级培训仍将是岗位培训的主体。因此，对于初、中级岗位培训来说，应视与国家基础教育相同的层次与地位予以关注。国家和办学企业应将岗位培训作为一项国家基本建设和社会公益事业，加大财政支持力度。尤其是对下岗职工的再就业培训，更应免费提供学习机会，通过学习使他们实现转岗就业，于国于民都有利。提高全民族的科学文化水平，是国家发展、民族振兴的一切宏伟蓝图的基石。离开文盲的彻底消除，离开工人、农民、市民基本科学文化素养和职业生产技能的普遍提高，中国现代化就没有希望，中华民族的前途也不会有希望。因此，党和国家，各级政府以及企事业单位，应参照对义务教育的办法，对初、中级岗位培训给予政策支持与财力保证，确保岗位培训活动的健康发展。

第四节 远程教育

一、远程教育的概念及历史发展

远程教育，作简单的理解，就是师生异地实施教学主要环节的教育活动。这一简单描述包含四个要点：一是"师生共处"，即远程教育同样是师生的双边活动，师生共处于教育教学活动之中；二是"异地实施"，即师生间存在阻碍听觉、视觉信息自然传播的空间距离；三是"主要环节"，即师生异地交流并非全部环节，不排除教学过程中的某些时候或某种情况下有师生直面的机会，但这种情况对学习全过程来说是辅助的，不能喧宾夺主；四是"教学活动"，即远程教育的诸多形式，同样都具有教学系统的基本要素，只是结构形式不同。

人类社会的远程教育，已有150余年的历史，经历了三个阶段的"归流"过程：

第一阶段：是伴随造纸、印刷术及通信技术的广泛运用产生的函授教育。从19世纪中叶英国寄"速记教程"开始，历经半个世纪的发展后，形成了几乎被世界所有国家广泛运用的完备的函授教育体系。

第二阶段：人类进入20世纪初叶，伴随电子和视听技术的广泛应用，以广播电视技术为核心，以多媒体教育技术并用为特征的广播电视大学、放送大学等远程教育产生。到20世纪70年代，一大批开放远程教育大学在西欧、北美、亚洲、中南美洲等地区蓬勃发展，成为20世纪下半叶世界远程教育发展的主流。

第三阶段：从20世纪末叶开始，伴随现代计算机信息技术的飞速发展，以教育信息远程双向交互为特征，借助卫星通信和网络传输实现的网络教育、在线教育、电子远程教育、虚拟教育等骤然兴起，并呈现出前程无可限量之势。

上述远程教育的三个阶段与信息传输技术发展有直接的依赖关系，具有鲜明的时代特征。但同时更引起我们关注的，是产生于三个发展阶段的远程教育形式间的"归流"现象，即每一种新的远程教育形式的产生，都没有简单否定似乎相对陈旧的传统模式，而是通过互助、互用、互补，使远程教育系统更加充实、丰富，功能愈加扩大，在整个人类教育大系统中的地位和作用也愈加显赫。

二、函授教育

（一）服务方向

我国函授教育的长足发展，是在新中国成立之后，经历了"一停"、"二曲"、"三台阶"的波浪式前进过程，也同时记录着函授教育的服务方向与重要贡献。

1951 年 10 月 12 日，中国人民大学试办函授专修科，招收有关专业的在职干部学习。1952 年 1 月，有经济、财政、工厂管理、贸易等 10 个专业在北京、天津、太原三市招生 2765 人。1952 年底，东北师范大学创办了高师函授教育，面向东北地区在职中学教师开展学历教育，首先开办中文、数学两个函授专修科，学制二年，1953 年 5 月 5 日开学[1]。1954 年 11 月 6 日，教育部以（1954）中行彭字第 530 号文批转了《视察东北师范大学函授教育的报告》，总结推广东北师范大学的函授教育经验。到1955 年底，全国先后有人民大学、东北师范大学、河南师范学院（河南大学）、北京师范大学、华中师范学院、中南财经学院、东北财经学院等 7 所普通高校开办了函授教育，在籍函授生已达

---

① 祝捷，等．东北师范大学函授教育简史．长春：东北师范大学出版社，1998：4.

到 4390 人[①]。到 1957 年底，全国举办高等函授教育的院校已达
60 余所，在籍函授生达 3.5 万人，科类结构为工科 6.1%，农科
2.5%，林科 0.36%，师范 75.3%，文科 1.44%，理科 2.1%，
财经 10.5%，政法 1.7%，从服务范围到服务能力，都居当时成
人高等教育之首。1980 年，国务院批转教育部《关于大力发展
高等函授教育和夜大学的意见》，提出"高等学校除办好全日制
大学外，还应根据自己学校情况举办函授教育和夜大学"，把教
育服务目标提升到"提高全民族的科学文化水平"的高度，并出
台了一系列支持政策，使高等函授教育得以迅速发展。2002 年，
全国高等函授教育招生 82 万人，是 1999 年的 2.56 倍。而当年
高等函授教育在校生人数为 213 万人，是同年成人脱产班在校生
人数的 2.56 倍，是同年夜大学在校生人数的 3 倍。专业涉及几
乎所有科类，覆盖全国城乡广大地区，为成人学习提高作出了突
出贡献。

（二）结构模式

函授教育系统与其他成人教育系统一样，也是由学生、教
师、教学内容、教学媒体、教学管理五大基本要素构成的教育教
学过程。开放为主的教育环境，在职为主的教育对象，自学为主
的教学形式，以及教材为主的教学媒体，是函授教育形式的基本
特点，也决定了函授教育系统的结构，即"面授指导自学，答疑
保证自学，作业深化自学，考核督促检查自学"，并通过以下三
种教学模式来保证或曰实现。

模式 1：先自学后面授模式。教学过程如下：

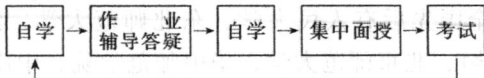

自学 → 作业辅导答疑 → 自学 → 集中面授 → 考试

① 国家教育委员会成人教育司. 中国高等函授教育大事记·文献·资料（1949～1989）. 北京：中国人民大学出版社，1994：7.

　　由上图所示，自学活动从学员自学教材开始，自学过程中完成教师布置的作业，之后带着自学的收获和问题参加集中面授，在与教师的直接交流中解决问题，同时参加考核。此模式的基本特点是自学基础上的面授。其有利方面在于学员先独立学习教材，强化了学员在教学过程中的主体性，然后带着问题听教师面授，提高了教师指导的针对性，也有利于培养锻炼学员的探索精神。但此模式也存在一定的弱点，如学员要独立面对新问题，理解难度大，自学过程完成不好，教师的指导作用也难于发挥等。

　　模式2：先面授后自学模式。教学过程如下：

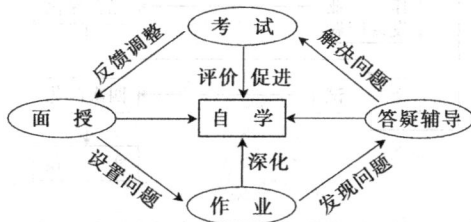

　　由上图所示，教学过程从教师面授（实验）指导开始，教师在面授指导时，概括该门课程的学科特点、理论体系及与相关学科的联系，讲清重点、难点，介绍有争议的疑点，交代课程的思维特点及学习方法等。之后，学员在分散状态下进行个人系统自学。其间，通过完成作业深化学习，通过各种答疑辅导活动解决问题。最后，通过考试评价学习效果，并借助考试结果的信息反馈，调整后续课程的指导与自学。此模式的基本特点是教师指导下的自学。其有利方面在于学员经过面授指导，避免了自学过程的盲目性，学员可根据面授时对知识的理解程度选择学习策略，运用教师给予的思维方法、学习方法，可提高学习效果等。此模式不利方面在于：教师的面授指导更多的是借鉴以往的教学经验，现实针对性较差；学生被动地、高密度地集中听课，消化理解滞后于讲课速度，听课效率不高。

模式 3：递进深化模式。教学过程如下：

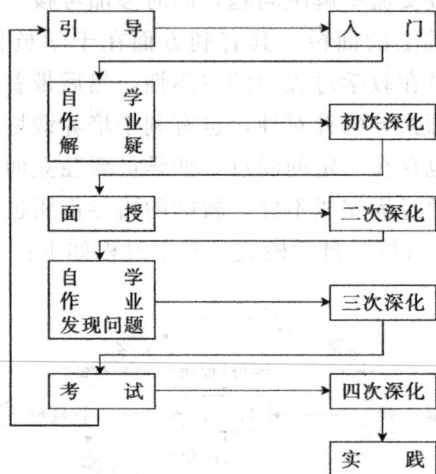

```
┌──────────┐        ┌──────────┐
│  引  导   │───────▶│  入  门   │
└──────────┘        └──────────┘
     │
     ▼
┌──────────┐        ┌──────────┐
│ 自    学  │        │          │
│ 作    业  │───────▶│ 初次深化  │
│ 解    疑  │        │          │
└──────────┘        └──────────┘
     │
     ▼
┌──────────┐        ┌──────────┐
│  面  授   │───────▶│ 二次深化  │
└──────────┘        └──────────┘
     │
     ▼
┌──────────┐        ┌──────────┐
│ 自    学  │        │          │
│ 作    业  │───────▶│ 三次深化  │
│ 发现问题  │        │          │
└──────────┘        └──────────┘
     │
     ▼
┌──────────┐        ┌──────────┐
│  考  试   │───────▶│ 四次深化  │
└──────────┘        └──────────┘
                          │
                          ▼
                     ┌──────────┐
                     │  实  践   │
                     └──────────┘
```

由上图所示，教学过程从教师引导开始。教师根据教学大纲，以提纲絜领的方式，择其要点，先给自学活动以指点，即教师站在学科内容的高度，对教材体系、学科特点、内容结构、重点难点、学习方法、参考书目等给予简略的介绍并布置学习要求，学生进入自学入门阶段；第一段自学中，学员根据教师的引导通读教材，完成一般知识、概念性的浅层次作业，对于出现的问题，或通过交流、查阅资料解决，或通过"自学问题单"反馈给教师，或自行梳理分类，准备参加面授时解决，完成学习活动的初步深化；此基础上的面授，教师有针对性地进行重点讲解指导，即讲多数学员不懂、不会的难点，不清、不解的疑点，制约知识理解、影响学习进程的重点，着重从知识内核、思维方法上启发引导，使初次深化进入再次深化；第二段自学中，学员从对知识点的理解进入到对知识体系、学科特点、思维方法及其理论发展与实践价值的把握，对其中少数深层次的问题，或在与教师的个别交流中予以解决，或作为研究课题后续探讨，之后进入考试评价阶段。此模式是集"先自学后面授"和"先面授后自学"两种模式的优点于一身而设计的较为理想的传统函授教学模式，符合函授教育的内在规律与人的认识规律，试行的效果也是好的。其不利方面在于学生在职分散学习的环境，学员参加引导和面授两次集中教学活动有困难。随着现代多媒体技术的广泛运用，引导环节可借助录音、录像、光盘或在网上进行，实行的障碍正在减少并趋于消失。

（三）实施要点

函授教育是以自学为主的学习过程，这也是其产生并开创一类教育形式的优势所在。函授教育的成功与否关键在自学，故优化函授教学过程的关键在于如何实施有效自学。实现这一目标，要努力做好以下工作。

1. 加强函授教材建设

函授教材建设有选、编（制作）两条基本途径。"选"是指选用相同专业、层次教育使用的教材，一般有学科性强，水平较高，质量有保证，节省编写精力与财力等好处；但也存在岗位培训、在职提高特点不鲜明，不大适合独立自学等缺点。故根据教学需要组织有经验的教师编写部分适合自学的函授教材是非常必要的。"便于自学"是函授教材的突出特点，要重点在三个方面下工夫：

（1）在教材结构上下工夫。讲义是函授教学媒体的主体部分，其基本结构是：正文前有序论，内容包括本学科的发展过程，思维特点，研究方法，理论与实践意义，课程主要内容及内部结构关系（也可绘制内容结构图），学习本课程必须掌握的预备知识与学习方法等。正文要具有与本学科发展相适应的科学水平，符合本课程在教学计划中的地位和要求，要形成清晰的知识结构网络。"网结"即本课程的要点与难点，要讲深讲透；"网线"即由基本问题派生的一般问题，主要讲清线索。通过编列思考题、练习题、作业题指导函授生自己充实内容，再通过理论联系实际由浅入深，由静到动。

（2）在内容处理上下工夫。一是处理好详与略的关系，本学科最基本的知识系统结构要完整，重点难点问题应讲透，一般性问题尽量简明扼要，联系实际的问题应注重能力培养；二是处理好重点与一般的关系，对于体现学科或课程特点的重点内容，要通过多种方式给予阐释，对于一般问题则提供辅助学习材料；三是处理好内容与方法的关系，教师需要把学科的思维与研究方法，重点问题的典型处理方法以及一般学习方法的介绍融进教材内容之中；四是处理好理论与实际的关系，教学内容选择要联系成人身心特点和函授生的工作实际，提出的问题以函授生已有的知识或感兴趣的问题为背景；五是处理好思想性与科学性的关系，除针对一定时期的政治需求外，应在专业知识教学中运用马克思主义的世界观与方法论，坚持先进文化的前进方向。

（3）在语言表达上下工夫。首要的是文字表达要通俗易懂，尽量少用枯燥、晦涩或模棱两可的字眼，要通过不同的角度体现新意，运用形象的比喻揭示事物的本质，避免函授生把有限的时间用在对字义的理解而不是对内容的掌握上。深入浅出的另一个有效途径是善于从学员熟悉的生产与社会实践中选择案例，从具有典型意义的小问题中揭示大主题，收到一叶知秋、触类旁通的效果。

2. 优化教学管理模式

函授教育的教学管理模式，有管理制度和教学媒体运用两个基本方面要求。其中，管理制度主要是学年制向学分制的转变。由于成人学员的知识基础、岗位需求、兴趣爱好表现出巨大差异，亟须把学分制管理模式引入函授教学管理之中，打破学年制下学习内容与学习进度两个"齐步走"。自 20 世纪 90 年代中期，一些普通高校开始在函授学历教育中进行学分制管理试点，尝试融入调控机制的学分计算办法，已经积累了一定的经验。教学媒体运用主要是教学手段现代化问题。面对计算机网络教育的兴起，函授教育工作者们正在探索多媒体传输手段、学分制管理模式与传统函授教育的整合，一个以文字教材为主体，面授指导与多媒体传输为辅助，因地制宜、远近并举、优势互补、灵活多样、土洋结合、注重实效的，适合各种条件下函授生自主学习的，具有中国特色和广泛服务空间的现代远程教育体系正在兴起，传统函授教育正向现代发展阶段跨越。

3. 发挥面授指导优势

没有指导的学习不是教育。函授教育中教师的指导体现在诸多方面。"面授"作为体现指导的直接形式和重要方面，其历史功绩已无须评论；面向未来，也不是音、视频远程传输，虚拟课堂，实时交互等可完全代替的。教育过程具有鲜明的人文特点，是认知与感受的和谐统一。其中认知是信息发送与接收过程，是任何信息传递方式都可以实现的；而感受是心理沟通和情感交流过程，一般是通过直面接触中产生的情绪"场"来传递的。一名函授生在回顾函授学习体会时写道："……在三年的学习中，我结识了许多可敬的教授，又重新找到了做学生的感觉。讲课时，老师涉猎广泛而生动风趣，他们执著求实的精神和严谨治学的态度，随时感染着我，激励着我，……老师们对我们的要求都很严，但从他们的语言中、目光中，我看到的是关爱……""从这里的每一位老师身上，我看到了为人师表的典范。我把从这里学到的、感到的都带回了我的学校……"这里提到的感受、精神、目光，不是从远程信息传递过程中可以得到的。因此，即使是在多种教学媒体可供运用的情况下，得到一些校园文化环境熏陶，对提高函授生的综合素质是非常有利的。这也许正是远程教育与普通教育相比，永远存在的先天不足。

4. 加强教师队伍建设

函授教师队伍建设，重在构成和机制两个方面：

关于函授教师队伍的构成，重点突出"三个结合"：一是专兼结合。其中专职教师的来源主要是普通高校或成人高校中有能力、有经验且对函授教育有热情的教师，保证函授教育的学历标准与专业化、正规化水准。但另一方面，由于函授教育的业余性、远距离性及集中教学活动的阶段性，仅有专职教师还无法应对波动的数量需求，故组建一支以专职教师为核心、专兼结合的函授教师队伍，有助于为函授教育注入生机与活力。兼职教师主要是来自生产、科研乃至教育第一线的专业技术和教学人员，有利于强化教学的实践性和针对性。二是主辅结合。主讲教师主要承担专业课程的面授指导（含网络课程方式指导）、函授教材的编写以及函授教育教学研究。辅导教师主要任务是为函授生的自学活动答疑解难。三是内外结合。校内教师是指函授办学院校的教师，校外教师是指从其他学校或社会上有关行业、部门聘请的教师。校外教师的辅助作用一般在三个方面发挥：一是成人学习需要而本校又薄弱的新开专业课程的教学任务，借助兄弟院校师资优势；二是实践教学需要的指导教师，借助厂矿企业或其他生产一线的技术力量；三是面向区域学员群体的辅导力量，如社区教学活动中心、函授站及远程教学支持系统等，借助相关区域教育资源。总之，函授教师队伍应是依托学校、面向社会、择优重组的动态发展群体。

关于函授教师队伍的运行机制，重在面对复杂的函授教师队伍建立一套内驱动力系统。该系统是由三个环节构成的连续过程：一是明确要求，让教师明确该做什么、做到什么程度以及与自身利益的关系，形成做好工作的内驱动力源；二是评估鉴定，管理部门要对教师的学识水平、敬业精神、实际投入和表现出的工作业绩给予客观的认定和公正的奖罚，加大导向力度，放大教师群体的合力；三是择优聘任，在教学评估的基础上实行聘任筛选，动态管理，促进消极因素向积极方面转化。同时，还要通过多种途径加强这支队伍的建设。

5. 完善内外结合的管理体制

函授站作为函授教育的校外组织管理机构，在中国函授教育的历史发展中作出了巨大的贡献，时至今日，仍是办学部门与地方、与实践联系的桥梁和纽带。多年来，国家在一系列函授、成人教育指导文件中都有对函授站工作的要求，但面对函授教育新的历史发展，面对远程教育的现代化进程，面对施教方式的重大变化，函授站必须完成新的历史定位，要主动适应社会发展，准确把握学员需求，拓宽对函授生和函授教育过程的支助服务领地，通过不断改革创新延伸自己的足迹。

三、广播电视教育

（一）服务方向

广播电视教育作为一种远程教育形式，服务对象与函授教育是基本相同的。其"文本信息"、"数字信息"乃至"语言与形体信息"三结合的信息传递优势，遍布全国城乡的庞大组织网络系统，以及多样化的办学形式与规格，赋予其强大的服务实力。通过中央电大教育管理信息中心公布的《2001 年全国电大教育基本情况统计公报》[1] 中提供的部分信息，可以从办学形式、层次、开办专业、招生人数等几个方面了解广播电视大学教育的服务情况。

---

[1]　中国远程教育，2002（6）.

高等学历开放教育本科各专业学生人数（2001 年）

序　号	专　业	招生数	在校生数
1	法学	34453	55990
2	金融学	22220	54962
3	会计学	40348	54178
4	英语	12311	20668
5	计算机科学与技术	10334	20161
6	工商管理	11345	16783
7	汉语言文学	12220	12220
8	数学及应用数学	794	794
9	土木工程	296	296
10	机械设计制造及其自动化	128	128
合　计		144449	236180

高等学历开放教育专科各专业学生人数（2001 年）

序　号	专　业	招生数	在校生数
1	小学教育	42140	72375
2	金融	33926	58634
3	公共事业管理（教育管理）	16367	44660
4	计算机应用	21548	26598
5	园艺	8374	17846
6	水利水电工程	4124	9954
7	法律	2689	3484
8	药学	3275	3275
9	护理学	2122	2122
合　计		134565	238948

全国电大高等专科教育办学形式学生人数（2001 年）

类　别	毕业生数	招生数	在校生数
合　计	174259	216551	562900
全脱产	48614	70444	149548
业余（半脱产）	57694	82514	227629
普通专科班	65055	61737	178501
第二学历	2896	1856	7222

全国电大高等专科"注册试听生"教育学生人数（2001 年）

专业名称	市场营销	财务会计	法律	英语	乡镇管理	小学师资教育		应用电子技术	会计与统计核算	合计
						理科方向	文史方向			
毕业生数	367	16350	16289	962	878	79	6989	100	510	42524
注册生数	2323	16554	24461	3944	741	—	11182	173	1959	61337

　　此外，由国家农牧渔业部、教育部、中央人民广播电台等单位于 1981 年联合举办的中央农业广播学校，覆盖全国地、县、乡、镇，受到广大农村知识青年的欢迎。

（二）结构模式

　　《广播电视大学暂行规定》中明确指出："广播电视大学是采用广播、电视、印刷和视听教材等媒体进行远距离教学的开放性高等学校，是在教学上实行统筹规划、分级办学、分级管理的远距离教育系统。"教育基本要素在广播电视教育中的结构关系，集中体现在针对电波信息传输给教学与管理带来的新情况而采取的"统分结合"对策，具体表现在广播电视学校教育和"教育电视"两个子系统中。

1. 广播电视学校教育

广播电视大学系统的"统分结合"结构模式。

(1) 组织管理系统中的统分结合。

组织机构中的统分结合如下图：

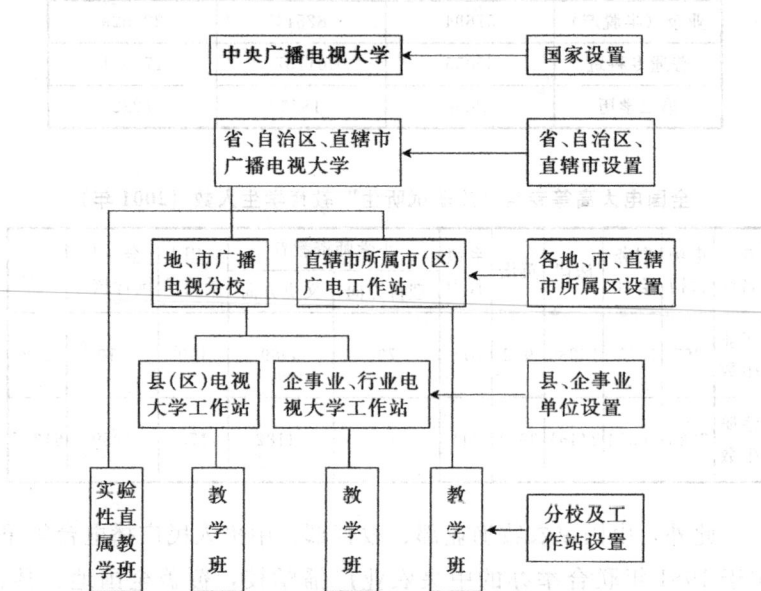

```
           ┌─────────────────┐        ┌─────────────┐
           │ 中央广播电视大学 │◄───────│  国家设置   │
           └─────────────────┘        └─────────────┘
                    │
           ┌─────────────────┐        ┌─────────────┐
           │ 省、自治区、直辖市│◄───────│ 省、自治区、 │
           │  广播电视大学    │        │ 直辖市设置   │
           └─────────────────┘        └─────────────┘
              │        │
     ┌────────────┐ ┌────────────────┐  ┌──────────────┐
     │ 地、市广播 │ │ 直辖市所属市(区)│◄─│各地、市、直辖 │
     │ 电视分校   │ │ 广电工作站      │  │市所属区设置   │
     └────────────┘ └────────────────┘  └──────────────┘
          │    │         │
   ┌────────────┐ ┌──────────────┐    ┌────────────┐
   │ 县(区)电视 │ │ 企事业、行业电│◄───│ 县、企事业 │
   │ 大学工作站 │ │ 视大学工作站  │    │ 单位设置   │
   └────────────┘ └──────────────┘    └────────────┘
      │      │        │          │
  ┌──────┐ ┌──────┐ ┌──────┐ ┌──────┐  ┌──────────┐
  │实验  │ │教学  │ │教学  │ │教学  │◄─│分校及工  │
  │性直  │ │班    │ │班    │ │班    │  │作站设置  │
  │属教  │ │      │ │      │ │      │  └──────────┘
  │学班  │ │      │ │      │ │      │
  └──────┘ └──────┘ └──────┘ └──────┘
```

上图中各层次办学机构的教学与管理任务分工如下：

中央广播电视大学：制定管理工作的规章制度，制定并实施管理干部培训计划等。

省级广播电视大学：按上级有关规定制定并组织实施管理细则，录取新生，颁发毕业证书等。

电大分校及直属工作站：执行上级部门制定、颁发的管理规程与实施细则，组建、管理教学班，颁发结业证书，对学生进行思想政治教育等。

电大工作站：各项具体管理工作，如学员休、转、退、复学等学籍管理，毕业资格审定，辅导员选聘等。

教学班：通过专职班主任把工作站的各项工作要求落到实处，如学员休、退学的提出，思想教育工作，学员操行评语与毕业鉴定，解决教学、管理中随时出现的具体问题等。

以上管理工作的统分结合，形成了自上而下、层次清楚、职责分明、有序高效的管理体系，有力保证了"巨型大学"各项管理任务的顺利完成。

（2）教学管理中的统分结合。

体现在三个方面：一是教学计划统分结合。中央广播电视大学负责制定全国统一开设的学科专业教学计划，省级广播电视大学负责制定面向本地区专业的教学计划，地、市级广播电视大学分校负责制定适应当地需要的学科专业教学计划。二是课程设置统分结合。广播电视大学的教学过程采用全国统一开设课程和地方自行开设课程相结合，以全国统一开设课程为主的方式。中央电大全国统一设置学科的专业教学计划中，中央电大提供了不少于60％的全国统设课程，包括主干基础课、专业技术基础课和骨干专业课，其余课程由各级地方电大（分校、工作站）分工开设，发挥地方行业长处，体现区域、系统特色。三是教育资源开发利用统分结合。由中央电大实施教学的课程，聘请全国知名专家、学者主持教学，地方课程或统开课程的教学辅导由地方教师承担。

（3）教师队伍建设的统分结合。

教师队伍建设是教学工作的重要组成部分。广播电视大学具有数以万计的庞大的专、兼职教师队伍，其学术水平直接关系到电视大学的教学质量。中央广播电视大学除成功借助全国知名专家、学者举办高水平的电视教育教学，还采取了一系列有效措施加强专职教师队伍建设，如组织分级培训、开展教学研究等。省级及其以下各级电大也有自己的建设、培训计划。其他如职称评定等，也采取分级评审、逐级审批、上级备案的方法。

广播电视大学结构模式的统分结合特点，是人类远程教育信息单向传输中教育的统一性与学习的个别化矛盾的产物，"统"是群体教育所必须的，而解决庞大教育群体给"统"带来的巨大障碍，必须以"分"的形式去逐级、逐项落实。当然，"分"的本身就体现着区域性、行业性亦即局部的需要，蕴涵着个别化学习管理模式的因素。

2. 教育电视

从教育结构要素的角度考察教育电视，除不存在对学习者的管理外，其他如学生、教师、教学内容、教学媒体以及信息发布以前的管理都存在，故教育电视系统应属于广播电视教育的一种普及化、大众化形式。

我国 1986 年投资购买国际通信卫星的转发器，开通了专用卫星教育频道，并于 1987 年正式开通中国教育电视台。经过 20 余年的发展，已经有了 3 套教育电视节目。除 CETV - 2 主要播出中央广播电视大学课程外，其他两个频道都属于教育电视系统的工作范围。CETV - 1 是以教育、教学为主的综合教育频道，CETV - 3 是面向北京地区的少儿教育频道。2003 年元月，3 个教育电视频道都进行了全面的改版[①]。改版后的教育电视节目，突出了以人为本、为人的成长服务、为观众收视习惯服务的特点，专业媒体的教育特色更加鲜明，节目质量全面提高，可视性大为增强。目前，中国教育电视台一套节目在全国的入户率已接近 70％，在几十家上星电视台中名列第五。已初步建成以中国教育电视台为中心，以遍布全国的地方教育电大、在线电视台和卫星地面接收站为依托的，具有中国特色的，世界上规模最大的教育电视节目传输和接收网络。

---

① 翟帆. 7 月 20 日，中国教育电视台掀开新"盖头". 中国教育报，2003-01-20.

（三）实施要点

广播电视教育发展到数字电子网络时代，正面临着新的挑战与机遇。如何在新形势下争取主动？应拓展"三个市场"，发挥"两个优势"，抓住"一个关键"。

1. 拓展"三个市场"

（1）巩固系统市场。广播电视大学经几十年努力，虽有长足的发展，但面对新的社会挑战与教育竞争，仍有许多工作要做。面对我国经济、文化发展的不平衡状况，应采取"减少层次，强化两头"的发展策略：一是加强中央电大和各省、自治区、直辖市电大的发展建设，居高临下地保证总体设计优化，集中教育资源，把握发展时机，发挥教育"航母"的优势。二是加强省级电大以下办学实体的建设。把地、市、县电视教育的组织机构覆盖转为打通行政区划界限的各办学实体的服务区域辐射。在各办学实体上加强领导，加强专、兼职教师与管理队伍的建设，形成以中央电大为龙头、省级电大为单位参与教育市场竞争的态势。

（2）发展合作市场。近年来电大工作不断改革创新，已创造了一些新的增长点。其中合作办学具有战略意义，如前述高等学历开放教育试点本科层次各专业，就是与普通高校合办的。与高校合作，一是中央电大要加强与国内知名大学合作，通过优势互补提高广播电视大学的分量和声誉；二是省级电大也要加强与地方院校的合作，地方院校是区域经济、技术与文化教育特色的代表，是国家应用型人才培养的主要基地，与地方院校合作，有利于共同开发区域性教育市场。与企业合作，要面对"入世"后企业改革发展的新形势，探索更广阔的教育发展与人才培养领域，构建适合中国国情的远程职业技术教育体系。

（3）开发国际市场。伴随我国"入世"，成人教育应成为实现国际教育合作的"前沿阵地"。合作的方式可以灵活多样，专业合作、校际合作、互派教师、互认学分、合作研究、联合开发教育项目等，无论是走出去还是请进来，只要对学校、对国家有利，就要努力去做。占世界四分之一人口的中国教育活跃在世界舞台之日，才是中国经济、政治、文化国际化、现代化目标较好实现之时。

2. 发挥"两个优势"

（1）发挥名牌资源优势。中国广播电视教育以中央电大为龙头，是代表国家的学校，具有在全国高校、科研单位及其他部门聘请专家、教授、学者主讲课程的声望与能力。广泛利用全国优秀的高等教育资源，是广播电视大学所独有的、其他任何一所高等学校都不具备的有利条件。充分有效利用这一条件，有助于中国广播电视教育定位在中国名牌大学学术水平与教育声望上。

（2）发挥网络系统优势。中国广播电视大学有组织管理与信息传输两大网络系统，具有基础建设与硬件条件的巨大优势，无论在自身现代化水平的提升还是扩大合作办学领域方面，都有捷足先登的条件。充分利用和发挥这一优势，有助于在现代中国远程教育中赢得主动。

3. 抓住"一个关键"

上述发展要点的有效实施，关键在于转变观念，努力从思想到行动实现"三个转变"：一是以数字化为现代远程教育的支撑背景，探索卫星电视、计算机和电信三大网络技术的优势互补，融通共用，推进信息传输技术现代化；二是面对办学主体多元化的现实，树立竞争中争生存、求发展的意识；三是从以教学班为单位的统一授课、集中辅导教学模式向个体化自主学习模式转变，把广播电视大学的教学与管理逐步转移到计算机平台上，同时发挥文字材料、多媒体教育技术和广播电视网络在教育信息传输中的作用。以学生为中心，提供更全面、更完善的学习支助服务，把中国广播电视教育推向一个新的发展阶段。

四、网络教育

(一) 服务方向

20 世纪 80 年代，计算机由微型化带来的普及，由单个元件系统化产生的快捷，由数字调频技术产生的保真，以及由程序控制带来的自动，使计算机成为最通用的、可根据人们的意图进行信息处理的工具。从知识学习向智能发展的教育目的转变，要求突出教育对象的主体性及教学方式的个别化；社会生产、生活中的知识含量扩大、智能水平提高，要求教育服务从英才教育转向大众教育；受教育者按需学习、弹性学习、终身学习的要求，迫使教育寻找新的方式。于是，以计算机网络为核心的网络教育应运而生了。1997 年，清华大学、浙江大学、湖南大学、北京邮电大学四校网络教育启动。1998 年 8 月，教育部电教办在北京召开了高校现代远程教育试点工作研讨会，确定上述四所大学为现代远程教育试点学校，首批开办的现代远程教育专业及层次分布如下[①]：

专业　　层次　　学校	研究生教育	第二学位	专升本教育	高起本教育
清华大学	工程硕士 MBA	法律	计算机科学与技术 (与中央电大合作)	
浙江大学	管理工程		管理工程	计算机科学和工程
湖南大学	建筑工程 计算机科学与技术 管理工程 机械电子工程		建筑工程 (与中央电大合作)	建筑工程 计算机科学与技术 英语
北京邮电大学	工程硕士 MBA			电信工程 计算机通信工程

①　中国教育年鉴．北京：人民教育出版社，1999：301、302．

1998 年 12 月 24 日，教育部制定了《面向 21 世纪教育振兴行动计划》，确定实施"现代远程教育工程"，形成开放式教育网络，构建终身教育体系的计划目标，明确提出：现代远程教育是随着现代信息技术的发展而产生的一种新型教育方式，是构筑知识经济时代人们终身学习体系的主要手段。要充分利用现代信息技术，在原有远程教育的基础上，实施"现代远程教育工程"。同年，国家出台的《深化教育改革，全面推进素质教育》的决定中提出，到 2010 年，基本完成多规格、多层次、多形式、多功能的具有中国特色的终身教育体系，首要措施就是"以现有教育和科研计算机网、卫星电视教育网为基础，充分利用国家已有的互联网及其他信息资源，构成覆盖全国城乡的现代远程教育网络"[①]。网络教育作为实现教育大众化的有效途径，覆盖了广大的社会成员。国家关于发展现代远程教育的指导思想与具体布置，有力推动了远程教育的发展，许多大学都推出了各自的网络教育，到 2003 年底，全国举办网络教育的高校已有 68 所。经教育部批准，"全国中小学教师继续教育网"于 2002 年在东北师范大学开通。2003 年下半年，教育部"全国教师教育网络联盟"计划启动。作为在教育领域缩小城乡差别的重要举措，网络教育以其全员、全方位、全天候的信息传输优势，能让每个公民的学习愿望成为现实。

（二）结构模式

网上远程教学的结构模式，决定于网络教育的系统构成要素及其组合方式。计算机网络教育构成要素的组合与函授教育、广播电视教育有什么区别呢？请看下表：

---

① 中国教育年鉴. 北京：人民教育出版社，1999：301.

特点要素＼类别	函授教育	广播电视教育	现代网络教育
教学对象及其基本条件	小范围，相对稳定群体，识字，有一定自学能力	较大范围，半开放群体，有广播电视条件及正常视听能力	开放的，有需要的公民，具有网络条件及计算机操作技能
教　师	个体角色	个体角色	合作角色
教学内容	特定的，由"教"方选定	特定的，由"教"方选定	共享的，由"学"方选定
教学媒体	教材为主，面授为辅	广电直播为主，教材、面授为辅	网上传输为主，教材、面授及其他多媒体材料为辅
教学信息流动	教材媒体，单向流动面授教学，双向流动	广电单向流动，实时传递，班组学习	交互流动
教学方式	分散自学，异时指导	班组学习，实时、异人指导	个别学习，实（异）时交互指导
教学管理	章法约束，一级管理	章法约束，分级管理	网上公告，支助服务

　　从上表可见，在已有远程教育的三种基本形式中，教学要素的职能和组合方式是不同的。函授教育的教学与管理，以纵向线性贯通为基本特征，采取自学为主、面授为辅的主从式教学模式；广播电视教育的教学与管理，以纵向统分结合为基本特征，采取面授为主、自学为辅的主从式教学模式；而网络教育则以纵横自主选择为基本特征，采取"多元覆盖、应需重组"的教学结构模式。

　　1. 多元覆盖

　　这里的"多元覆盖"，是对教育组织者而言的，即要求办学部门为学员提供广覆盖的信息服务。基于网络教育的高度自主性特征，要达到网上资源对学生需求的"广覆盖"效果，必须以信息的多元化作保证，其中包括教学信息多元、教育技术多元、教学模式多元、支助服务多元等具体内涵。

（1）教学信息多元。体现在教学信息的"全"与"新"两个方面。"全"是说凡上网学员需要的，在网上都可查到；"新"是说网络资源的更新要快，把传统教学对已有知识的学习扩展到应用已有知识对现实问题的探讨。由于网上教学面对着多层次的教育对象及多样化的需求，网上资源多元化建设要注意把握"特指"与"泛指"两种需求。"特指"需求，是指网络教育的办学主体要针对自己面对的教育对象主体需求加强网上资源建设，做到较好满足学习者的大部分需求。"泛指"需求，是指对特指需求以外的网上学员的其他需求，也可以在所提供的网上资源中查阅到。一般可通过丰富"特指"需求的链接资源库和有效指导网上资源共享来实现。

（2）教育技术多元。表现为充分发挥计算机技术与通信技术整合产生的多媒体教育技术与手段，如利用卫星传送的现场直播技术，利用图像压缩技术、三维图像传送技术的可视电话及会议电视系统技术，利用可视数据系统进行人机对话的交互可视信息系统，利用调制解调器和数字传输技术产生的电子信箱，利用广播电视网传送图文信息的"电视报刊"，利用移动通信进行的随时信息交流，利用数据通信网实现全球资源共享，等等。总之，每一种新的方式被引入网络教育之中，都会使教育产生新的变革而使人们的学习步入更自由的领域。

（3）教学模式多元。在教学信息与教育技术多元的基础上，网络教育不再是传统教育教学环节的线性组合，而是多种教学模式并存与整合性使用。通常有如下几种类型：

讲授型：分为"分布式"和"Web"两种。其中分布式课堂教学，由教师在配备了相应的多媒体设备（投影仪、数字摄像机等）的多媒体教室讲课，远程学员在通过网络连接的计算机屏幕前听、看讲课实况。Web 课程是指教师把传统课程中的教学要求、教学内容及相应的习题、学习参考材料等编制成 Web 课程存放在 Web 服务器上，供学员异步浏览学习。学员学习中遇到疑难问题时，可随时向教师询问，教师通过电子函件等方式对学员的疑难问题给予解答。

个别指导型：教师亲自或通过教学软件进行指导。其中，同步指导主要通过聊天、在线交谈软件进行基于文本的交谈，或通过 IP 电话进行语音交谈；异步指导主要是教师与学生间用电子函件进行通信交流，教师根据学员提出的问题进行有针对性的指导。教学软件（如 GAI、个别化学习支持软件）也有两种方式：一是学员下载 GAI 软件后在本地运行，进行个别化学习；二是学员利用个别化学习支持软件的客户端部分，直接连入远程计算机。教学软件充当教师角色，对学员进行"事先安排好"的指导。

讨论学习型：多个学员在讨论支持系统的帮助下通过讨论的方式学习。教师充当主持人的角色，确定讨论主题，掌握讨论方向，也可在关键时进行画龙点睛的引导。在 Internet 上实现讨论，较简单的方式是利用现有的电子公告牌 BBS 或新闻组 New-Group。要根据教学需要设计适用的讨论系统，简单讨论也可用聊天软件来进行。

自主学习型：是学员利用网络教育资源进行独立自主学习，是远程网上学习的主要模式。导向学习过程的四个基本要素是问题、信息资料、提示、反馈。一般过程是：教育机构首先向学员提出要完成的任务、要解决的问题，并要求以作业的形式提交，同时向学员提供信息资料。学员在查阅、研究问题时碰到疑难，可与教师联系，教师给予解答指导。对学员提交的作业，教师要及时评价并给予学员明确的反馈信息。

合作学习型：是由多个学员对同一学习内容进行交互合作，

以便在相互启发与研讨中达到对教学内容较深刻的理解与掌握。合作学习与讨论学习的差别在于：讨论学习一般适用于对某一问题尤其是有争议的问题的深入探讨，在讨论过程中强化思维与分析解决问题能力的训练；而合作学习适于对涉及面较广的学习内容的分工准备，交流提高，合作攻关。合作学习较之个别化学习，有利于培养学员之间合作共事的能力，促进情感沟通与高级认知能力的发展。

（4）支助服务多元。支助服务的背景是教学过程中教师、管理人员角色由"支配者"转变为"帮助者"。办学部门的支助服务体现在教学与管理两大方面，有广义和狭义之分。作狭义的理解，教学支助服务包括课程材料的发送，各类教学信息的发布，内容讲解，问题答疑，作业批改，考试评价，思维、学习、应用等方法的指导，实践训练项目的指导，及其他与课程学习有关的学习帮助等；管理方面涉及资源、设施、人员等诸多方面。要通过多元化、强有力的支助服务保证网络教育的健康发展，使学员对教师的指导有"有求必应"之感，对管理人员的服务有"随用随到"之感。

2. 应需重组

这里的"应需重组"是对网上学习者而言的。网络教育的最大优势，就是教育者已备齐了求学者所需的一切。但学习者要把这些变成自己需要的东西，还需要通过恰当运用支助服务，按需提取并有效重组所需知识信息，达到学习目标，完成学习过程。由于网上学员对网上资源的获取与重组并无固定的模式，故面授、作业、辅导答疑、考试等传统教学环节的含义及运用方式都发生了很大变化，"教无定式"、"学无定法"是对网络教育结构模式基本特征的本质概括。

（三）实施要点

对于刚刚兴起的网络教育，谈其"实施要点"显得为时尚早。但如果就我国初级阶段的网络教育的健康发展谈一点值得关注的问题，不仅是可行的，也是需要的。

1. 网络教育的理念

网络教育是依托现代信息技术而产生，伴随人类教育发展而发展的。网络教育应树立怎样的理念？换个说法，应如何认识网络教育的本质属性呢？笔者认为，只有从任何新生事物都具有继承与发展双重属性的角度认识网络教育，才能恰当定位、准确把握、健康发展网络教育。

网络教育的发展属性，是相对传统教育而言的。从发展的角度看，传统教育的弊端，"教"的方面表现为教师、教材、课堂"三中心"，"学"的方面表现为"以知识为中心，对教师的依靠和为考试而学习"。这种为工业时代人才培养服务的教学模式，应对信息社会人才需求的挑战，必须实现"三个转变"：一是教学目的从"学会"转向"会学"，二是教育信息从教师传授转向学员自主获取，三是教育结果从"学得好"转向"做得好"。转变后的"会学"、"做得好"不是一次教育的结果，而是一个成功的自主学习者向着人类进步的目标，践行学与做良性循环的毕生过程，这是以往任何教育形式都无法完成的艰巨任务。网络教育把教学内容从教师的才华提升到人类的智慧，把学员被动的接受转变为主动的探求，学员得以在终身自主学习的条件下完善自我，发展社会。这就是网络教育与传统教育，网络教育中师与生，网络教育与社会发展的关系。理念，就是对这种关系的深刻理解。

网络教育的继承属性，是说网络教育的发展属性不能违背师生双边活动的基本规律。教育网络提供的丰富资源及灵活的获取方式，可以服务于任何一个社会成员的任何要求的学习，但任何网上学习都不等于网络教育。网络教育作为一个特定的概念，包括网上资源开发，学员对有用信息的筛选提取，经整合优化学员的智能结构，对学员学习过程有效的支助服务，教学过程的评价与质量监控等。这一完整的系统过程，是传统教育规律的具体体现，也是网络教育需要从传统教育那里继承下来并发展下去的宝贵财富。网络教育是有目的、有计划、有组织、有结果的系统活动，不能简单化为网上浏览。这点认识对网络教育的健康发展至关重要。

2. 网络教育资源建设

网络教育不比一支粉笔、一块黑板那样的课堂教学，需要大量的资源建设投入。其中，硬件方面的建设，主要体现为网络运行通道的建设，在这里不作讨论；而软件方面的建设，主要指可在网上运行的教育资源建设。网上教育资源一般包括两大类：①作为教育核心资源的网络课程（课件），是集传统课堂讲授与教材于一身的信息传递媒体。好的网络课程应体现三个特点：一是知识结构和内容选取适合教学目标要求，学习任务明确，重点突出，有导航系统指导学习。二是教学内容多媒体展示。远程教育不能像课堂教学那样师生面对面解答疑难问题，故学习过程中尽可能少产生问题和及时解决产生的问题，是提高学习效率的两大重要措施。其中，后者由教学过程设计解决，前者则需要在网络课程制作中解决。故恰当运用多媒体技术，把那些用语言或文字难以表达清楚的重点、难点问题进行形象化、模拟式、解析性展示，正是网络课程的优势所在。三是丰富课程自身的辅助资源，运用超链接的办法提供与教学内容相关的更多教育资源，满足不同层次学习者的需求。②辅助学习的外围资源，体现在网络资源库建设和连通相关专业网站。网络资源库可以是各门课程超链接资源的集合，也可以是按特定要求建设的资源库。其建设可以一次完成，也可以滚动式增加。相关网站是指网络导航系统根据学习需要，引导学习者拜访相关网站深化学习，开阔视野，索取学科前沿信息。网络教育资源是网络教育的重中之重，必须花大力气搞好。

3. 网络教育的"教"与"学"

传统教育以教师为中心，教学主动权在教师。网络教育以学员为中心，教学主动权在学员。在网络教育中，"教"发生了三个根本性转变：从灌输教学内容到提供教育信息，从讲授知识到解答问题，从学生服从教师到教师帮助学生。这无疑对网络教育教师个体的知识、能力、素质都提出了更高的要求。与此同时，学员的"学"也面临一系列新问题：一是作为学习个体的每一个学员，是否具备网络学习的条件；二是具备条件的学员是否具有按教学目标要求驾驭网上资源的能力；三是具备条件和能力的学员能否充分利用条件，发挥能力，争取良好的学习效果。这第一、第二两个问题，要求我们从实际出发，通过"函网结合"提供多种远程学习途径，扩大学员的选择与适应空间，满足不同条件、不同能力学员的学习需求。第三个问题要求我们尽快完善现代远程教育的管理模式与运行机制，使网络教育的计划性、组织性、指导性以新的方式，更有效地发挥出来。

4. 网络教育办学与招生问题

起步阶段的网络教育，各个方面都需要发展，但如何发展更有利？有一个统筹规划问题。从我国的实际出发，在办学主体和服务对象方面，有些问题需要研究。

我国网络教育的办学主体目前由三个方面构成：一是普通高等学校组建的网络学院，二是广播电视大学系统独立或合作开办的网络教育，三是部分企业、集团参与合作举办的网络教育。网络教育是依托计算机网络与通信技术实施的开放教育，办学容量大、基础投入大、没有区域界限是其基本特点，而对相对固定的招生对象群体，办学院校越多，基础投入越大，规模效益越差，也不利于教育质量的提高。因此，国家应通过统筹规划宏观调控网络教育布局与发展，而不是通过市场竞争、自然淘汰的办法优化结构。这不只是网络教育的内部问题，也涉及国家教育整体布局与协调发展问题。当然，这里所谈的是面向成人的远程网络教育，普通高校的教育信息化、网络化已随着国家教育科研网和校园网的建设迅速发展起来，作为普通教育形式的补充与拓展，不在本书讨论之列。

　　关于远程网络教育的招生对象，从我国现阶段看，应关注三个因素：一是教育对象的基本学习能力，包括专业知识基础、计算机网络技能和自学自控能力等；二是网络设备条件；三是适合网络教育的专业与教学内容。鉴于这些因素直接关系网络教育质量及网络教育事业的健康发展，故国家应有阶段性政策规定，办学院校也要给予高度重视。总的说来，现阶段高等网络教育适合于大专基础在职人员的继续教育，待普通中等学校的网络学习普遍发展之后，网络教育才好服务于中等教育基础的在职从业人员。由于在职从业人员的职业技能需求与网络课程的展示尚存在一定的矛盾，故应努力探索实践课程网络展示的新模式及网络学院与社会生产一线联合办学的新路子。

五、三种远程教育关系图示

　　本节略述了函授、广播电视、网络三种远程教育形式的基本要素与结构模式。三种形式虽产生于不同的历史时代，有不同信息技术背景，却又有着不可分割的内在联系。如果把三者放入以文字信号、模拟信号、数字信号为坐标轴构建的空间坐标系中，相互关系便可一目了然：

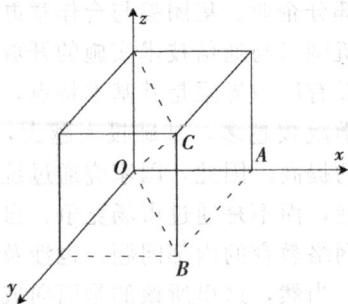

x ——文字信号媒体。

y ——模拟信号媒体。

z ——数字信号媒体。

O ——课堂教学。

由上图：

x 轴表示文字信号媒体，以文字教材为主。圆点 O 表示课堂教学。则 x 轴表示教学信息传输以教材为主，面授为辅的函授教育形式，以 x 轴上任意点 A 为代表。

y 轴表示模拟信号媒体，以广播电视为主。y 轴与 x 轴构成的 xOy 平面，表示教学信息传输以广播电视为主，文字教材和面授教学为辅的远程教育即广播电视教育形式，以平面中的任意点 B 为代表。

z 轴表示数字信号媒体，是计算机技术的产物。与 xOy 平面构成 O - xyz 三维空间，表示教学信息传输以音、视频交互传输为主，文字材料和面授教学为辅的远程教育即网络教育形式，以空间任意点 C 为代表。

从上图可见，远程教育信息传输形式经历了从点 A（函授）向点 B（广电），再向点 C（网络）的发展过程，这是一个从直线向平面，再向空间的由简到繁、由低级到高级的过程。这一过程至少证明了两个事实：其一，后一种远程教育都是已有远程教育形式与新信息技术手段整合的结果；其二，各种远程教育形式共同构建了动态发展的远程教育空间。

第五节 自 学 考 试

考试，指主试者根据一定的社会需求，按照一定的规则和方式，通过适当的内容与呈现形式，对应试者进行的有目的、有组织的检测或鉴别活动。自学考试，是我国首创的以考试为核心的一种新型育人选才制度。我国自 1981 年创立自学考试制度以来，经 20 余年的实践、改革与创新，至今已形成了较为完备的自学考试制度，成为成人教育的一条重要战线。

一、服务方向

自学考试制度经 20 余年实现了迅速发展，源于五个方面的优质服务：

（1）取消招生计划，实现了无约束发展。多年的计划经济体制下，教育的发展有严格的计划性。发展什么层次，开办哪些专业，控制多大规模……都是事先确定的。自学考试突破了这些约束，按社会需要开专业、上层次，在没有竞争的情况下向每个社会成员提供了学习机会，是现时我国唯一一种没有约束条件的成人教育形式。

（2）取消选拔考试，实现了无门槛入学。伴随计划性产生的选拔性，使入学考试成为获得学习机会的第一门槛。门槛作为一种条件，使多少人因不合格被拒之门外；门槛作为一次选拔，又使多少人被淘汰出局……入学考试作为求学者的第一道精神枷锁，被自学考试彻底打破了。

（3）自己设计学习，扩大自主空间。古往今来，学校中心、课堂中心、教师中心，大大缩小了学员的自主空间。自学考试彻底实现了以学员为中心，学不学、学什么、怎样学……完全由学员自己说了算，经济负担、工学矛盾、学习进程等给学习者造成的压力，都在学员的自主设计安排下，减少到最低的程度。

（4）依托普通高校，具有质量保证。普通高等教育是国家高等教育的主力军，也是教育质量的"信得过"部门，在人们的心目中有权威的地位和良好的形象。自学考试以普通高校为主考院校，保证了自学考试作为一类教育的专业水平和质量标准。

（5）考试机会多重，方便持续学习。以往学年管理制度下的考试，一次正考，一次补考，不及格就要留级乃至不能毕业，常常给学习者带来沉重的思想负担。在自学考试中，学习者可根据开考计划自愿申报考试，只要能坚持学，就一定能获得毕业证书，再无后顾之忧。

以上五个优势，使自学考试这种以需求为导向、以自主为特征的开放教育形式赢得了最广泛的活动领域和十分庞大的服务对象群体。到 1996 年，全国自学考试专业已发展到 410 种，覆盖了文、理、工、农、医、财经、政法、教育等国民教育的主要科类。2000 年，全国全年两次报考人数达 1373 万人。每年有上千万人参加自学考试形式学习，其教育服务范围的广泛与功能之强大是不言而喻的。

二、结构模式

《高等教育自学考试暂行条例》中明确规定："高等教育自学考试，是对自学者进行以学历教育为主的高等教育国家考试，是个人自学、社会助学和国家考试相结合的高等教育形式。"因此，自学考试教育系统的结构模式，就是个人自学、社会助学和国家考试三大构成要素的分工合作关系。

（一）以个人自学为主体

自学考试中的个人自学，更接近广义的自学，其突出特点体现在三个方面：

1. 自学等同教育活动

古往今来的任何形式的教育活动，自学都是重要的。但无论怎样重要，自学都只是教育的一个环节，因为教师的"教"发挥着主导作用，通过"教"学生积累知识，通过"教"学生学会学习……自学考试则不然，除了自学，没有其他必须的环节。没有自学，就没有自学考试教育形式。

2. 自学决定教学过程

自学考试教育形式是高度个别化的学习过程。在选定的专业中，哪些课程独立完成，哪些课程需要帮助，选取什么样的帮助方式，都具有鲜明的个性特点。一个有着良好自学习惯和能力的学员与一个应届高考落榜生自学同一个专业，自学过程不会是相同的。自学考试学员群体的教学过程，是由无数条各具特色的自学过程曲线堆积而成的。

3. 自学决定教学效果

自学考试是不要求必须有其他教学因素介入的教学过程，故自学考试的教学效果只能由自学决定。同样的考试成绩对不同的学习个体，并不代表同样的付出。因此，不能单纯用考试成绩判定一个学习者付出了多少努力。由此看来，自学考试教学效果的评价不能横向比，这就给自学考试科学评价体系的建立提出了新问题。

（二）以国家考试为主导

我国现行自学考试制度，是以学历教育为主的专业水平考试，国家考试决定着自学与助学的方向、内容与重点，"考"的导向作用在以下三个方面得到了最充分的体现。

1. 考引导"学"

在初等教育中一直受批判的"应试教育"，在自学考试中彻底被"平反"。国家明确规定："高等教育自学考试的任务，是通过国家考试促进广泛的个人自学和社会助学活动，推进在职专业教育和大学后继续教育，造就和选拔德才兼备的人才……"这里有两点与其他教育形式是有所不同的：一个是"通过国家考试促进……"，在这里强化的不是通常考试的检测作用而是促进学习的反作用，更多的是作为学习的动因而不是结果被肯定的；二是"造就和选拔……"，"造就"是培养人才过程，而"选拔"是发现人才过程，故自学考试的选拔功能是与教育功能并存的两大功能之一。而"选拔"是在应试中实现的，正是"应试"机制创造出"自考"这种特殊的教育形式，于是"考什么"、"怎么考"就成了"学什么"、"怎么学"，继之又成了"助什么"、"怎样助"的指挥棒了。

2. 考指导"教"

自学考试中的"教"，是通过广泛的社会助学活动来实施的。社会助学也是自学考试中研究较多、难度较大的课题。关于社会助学的基本功能，国家教委发布的《关于高等教育自学考试社会助学工作的意见》中确定为"帮助自学者理解和掌握课程自学考试大纲的内容，解惑答疑，指导自学方法，提高自学能力"。这里的"课程自学考试大纲"，是阐释考试诸多要求的纲领性文件，也是实施助学活动，发挥助学功能的基本依据。自学考试机构通过课程自学考试大纲及具体化在试卷中的题目类型、题量、覆盖面、难易度等考试信息指导助学活动中的"教"，是自考教学活动的基本原则。

3. 考影响"育"

自学考试作为一种教育制度，"育人"当然也是其最基本的功能。传统教育活动的育人功能，多是通过教师的言传身教、为人师表实现的，而自学考试中通过助学体现的育人作用，并非每个学员都能受益，对于那些无条件或不愿意接受"助学"的学员，"育"的功能只有借助"考"的导向作用来自我实现。故自学考试中，考试并非单一的知识能力考核，还需要有思想意识、道德品质的考核。而要把考核过程同时变成培养过程并不是简单的事情，要结合社会环境、专业特点、教学内容以及对象群体的共性与个性，把思想品德教育内容融入课程自学考试大纲之中，并通过考试对自学的导向作用，促进学生主动学习，并引发情感的转化，进而获得品格的提升。

（三）以社会助学为补助

对于社会助学在自学中的功能、作用，有学者提出"以社会助学为主体"①，有学者提出"社会助学是本教育形式的重要条件"②，有文件提出"社会助学的基本功能是帮助自学者……"③。如何认识自考中社会助学的职能作用，涉及对自学考试结构的理解。这里用"补助"的提法，作"补充"、"帮助"理解，体现了三个方面的基本含义。

1. 视需而助

自学考试中的助学活动，对学习者个体来说是自愿择用的，故助学者的服务空间取决于开考专业的助学实效。因此，研究社会宏观需求与自学者特殊需求状况，面对自学者的不同条件，构建主体多类、形式多样、覆盖广泛且成效显著的自考助学体系，是自考助学活动的生命力之所在。

2. 因缺而补

自学考试中的助学不同于传统意义上教师面向教育对象群体的标准化、"齐步走"的灌输式教学，更多的是要关注自学个体的特殊需要，特别是学习者正缺什么。这种"缺"来自知识、能力、方法乃至情感多个方面。因"缺"产生"需"，才要"助"，最直接有效的帮助就是"补缺"，故"补缺"是自考助学活动的目的。

3. 育人为先

上述无论是"需"还是"缺"，都是来自学员的感受，而本源在国家造就和选拔人才的标准。因此，助学部门要善于把社会

① 孟宪恕. 高自考助学班教育教学管理初探. 天津成人高等学校联合学报，2001（3）.
② 叶忠海，等. 成人教育学通论. 上海：上海科学技术出版社，1997：269.
③ 关于高等教育自学考试社会助学工作的意见. 教考试（1995）8 号.

需求、学员需要与自考培养目标的实现有机结合起来，充分发挥社会助学的教育功能，培养选拔出坚持社会主义方向、德才兼备、知行俱佳的合格人才，以育人实效带动自学考试整体水平的提高。如果助学者只把注意力集中在猜题、押题上，人为缩小教学内容的范围，就不可能使学员有更多的收获。尤其是当考题的设计不足以导向学员的全面发展时，应试性助学反而会阻碍自学的健康发展。

（四）教学环节与过程

以上自学考试教育过程中"三要素"的结构关系，可由下图略示：

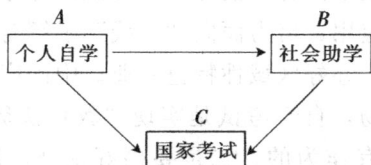

从图中可见：A 为起点，C 为终点，有 AC、ABC 一直一折两条有向线段由 A 至 C。A 点作为原发点的主体性，刻画了个人在自学考试中的主体地位；C 点作为两条线段的目标导向点，刻画了国家考试在自学考试中的主导性特征；B 点为 ABC 折线的转折点，刻画了社会助学从自学到考试的中介性作用。与此同时，折线 ABC 与直线 AC 也代表着自学考试的"完整"与"简化"两种教学过程。其中由折线 ABC 表示的完整教学过程，由自学、面授、辅导、作业、实践等诸多教学环节组成，与成人业余教育的结构模式基本相同；而由直线 AC 代表的简化教学过程，是由自学到考试的直达过程，看上去没有中间教学环节。教学过程被简化只能有两种情况：一是学员自己能通过独立学习达到考试的要求，这时或是此前学员已有过相关学习经历，或自己寻求到适合自己的其他帮助途径，故实际学习过程并未简化；另一种情况是通过学习以外的途径如考试舞弊等通过考试，实现"简化"，这样的自学考试就不成其为教学过程了。

三、实施要点

针对自学考试的特点加强自学考试的教学与管理，可重点在三个方面下工夫：

（一）优选专业

对于学习者来说，"需求"既是参加学习的引力，也是坚持学习的动力。持续的引力与动力，是消除"入学无限制"带来弊端的根本出路。而学员的需求能否从愿望变为现实，决定的因素就是专业设置与教学内容。搞好自学考试的专业建设应突出三个要点：一是着眼应用，努力面向"一线"了解需求，尤其要关注地方的特殊需求，办好区域性特色专业。中国广大农村是最富潜力的教育发展市场，自学考试是实现"教育扶贫"的有效形式，在这里是可以大有作为的。二是要搞好论证，从经济、社会发展，人才培养规律的层面及国家发展战略的高度，加强新设专业的预测性论证，处理好现实需求与发展需求的关系。三是探索主动灵活、动态优化的自考专业滚动式建设机制，除了面对全新领域或特殊需求开设新专业，更要关注已有专业的更新改造。通过学科交叉、知识模块重组乃至专业嫁接等办法，使自学考试的专业建设紧跟社会需求。

（二）强化助学

从教学要求上说，"助学"对自学者是自愿的；但从教育规律上说，"助学"在教学过程中是必须的。虽然当自考实施选拔功能时，"教"的过程无须在自考中完成，但并不等于可以没有。强化社会助学活动重在两条：一是普遍性问题，助学作为"师"方活动的基本形式，要着眼于每个自考学员的需要；二是多样性问题，即助学部门须面对学员的多种需要丰富办学形式，扩展办学空间，消除助学死角。现阶段可充分利用全日脱产班、业余助学班、巡回辅导、文本材料指导、音像材料指导、广播电视发布、网上课程教学及其他任何可用的办学形式，采用系统教学、专题讲座、答疑解难、参考咨询等各种助学途径，利用普通大学、社会教育基地、乡镇自考服务站、辅导材料制作中心等多种教学场所，使得各种环境下的自考学员只要有需求，就能得到帮助。

（三）科学测试

"一锤子定音"是批判传统的结果考核的经典性概括，而自学考试就是要"一锤子定音"。那么，这个"音"要怎样"定"才符合现代教育规律呢？这正是科学测试所要回答的问题。《高等教育自学考试命题工作规定》提出了"命题与普通高等学校相应学历层次水平和质量要求相一致"，"应体现专业和课程特点，考核应考者系统掌握课程基础知识、基本理论、基本技能和分析问题、解决问题的能力"，"编制的试题应做到科学合理，不超纲；题意明确，文字通顺，表达准确严密，不出政治性、科学性错误，避免学术上有争议"等要求，确定了测试目标、内容体系及考试管理模式。要不断总结经验，尝试以考促学的实现途径和运行规律，加强学员基础知识、实践能力、创造思维及综合素质的培养提高，探索形成性考核的新路子。

自学考试是一种有发展潜力的终身教育形式，而在终身教育体系中，学历教育仅是其中一部分。因此，自学考试应主动适应教育改革与社会发展需要，建立多功能、全方位的国家教育考试制度，在成人教育体系中发挥更大的作用。

第六节　诸种教育类型的简化与重组

　　以上概述的四种成人教育的基本类型是不是一成不变的呢？如果是可变的，又将遵循什么规律呢？本节对此问题作一些探讨。

一、成人教育系统结构是"定"与"变"的对立统一

　　以上讨论的诸种成人教育系统结构，首先是确定的，否则就没有不同类型的成人教育；然而，这种结构的稳定性又是相对的，因为受社会发展的影响，成人教育的构成要素及外部环境都在发展变化，自然要影响到系统结构的变化。因此，研究成人教育系统结构的变化规律，有助于把握成人教育的发展方向。

　　面对现代社会环境，成人教育的系统结构变化有什么规律呢？实际上不外乎两种变化趋势：一种是简化趋势，表现为每种系统内部构成要素及其相互关系的简化运用；另一种是整合趋势，表现为不同类型成人教育的教学媒体、教育技术及教学经验的整合运用。两种变化趋势大大拓展了成人教育领域。

二、成人教育的简化形式及其服务指向

　　成人教育诸种结构类型的简化形式，通过一些具体案例不难理解。如人们并不生疏的"刊授"，就是函授教育的简化形式；又如夜大学教育，可以把完备的教学环节简化为利用夜间对需求者进行专题讲座或播放专题片等，了解某些方面的信息或学习掌握某方面的知识；再如广播电视教育，也可以简化其完备的教学环节，通过各类教学专题片或举办专题讲座，形象生动又灵活方

便地传递各种教育信息，适应专职人员的分散学习提高；此外，文化、宣传部门举办的博物馆、博览会，文化活动中心举办的主题教育活动等，也可理解为简化的、面向社会群体成员的开放式教育服务活动。总而言之，每种类型的规范的成人教育活动，都可以根据需要采取简化形式实施教育服务。

简化形式与规范形式的最大不同，就是"三减"，即减少教学环节、简化教学过程、简单管理程序。但无论怎样简化，都保留着教育的基本属性，即提供的信息资源及展现形式都经过教学和信息管理人员的精心选择、设计，以便吸引学习者积极参与并达到预期的目的，教与学的双边活动仍遵循一定的结构形式，故此依然是成人教育。由于简化形式的成人教育灵活、方便，内容单一且时间短而集中，故多用于专题形式、实用性、技能性培训提高。

三、成人教育的重组形式及其服务指向

重组形式是成人教育面向未来的发展中的模式，是把属于不同类型的成人教育要素及服务优势重组，整合运用，通过系统集成，实现教育功能放大。目前已经探索尝试的有以下几种模式：

一是现代远程教育模式。是函授教育、广播电视教育、网络教育教学手段按需重组，实现更广泛灵活的教育功能的新型教育。此模式运用函授教育的文本资源和教师面授指导方式，利用卫星、广播电视等信息技术与服务系统，使用计算机网络及信息传递系统，综合实现教育信息传送、交流与研讨等教育教学活动，支持学习者从内容、形式到时间的全方位自主学习，使函授教育时代向往的"任何时候"、"任何地方"都能学习的梦想成为现实。

现代远程教育模式的系统结构如下图：

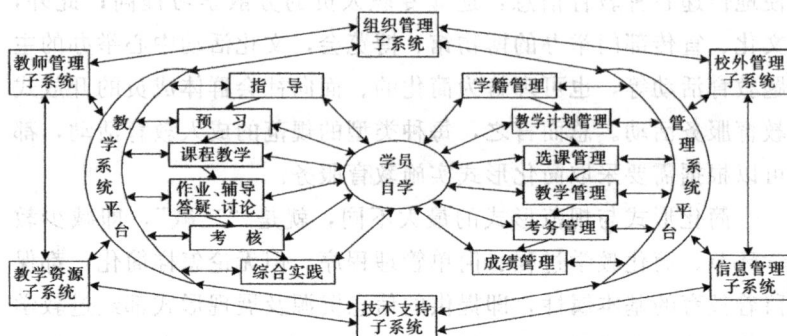

现代远程教育系统结构图

　　以上系统结构从内向外可分三个层面理解：第一层为模式层面，以学员为中心，由教学和管理两个过程组成。左侧六个长方形小框表示基本教学环节，箭头所示为教学过程。右侧六个长方形小框表示保证教学过程的主要管理项目，箭头所示为管理过程。第二层为实施层面，由教学系统平台和管理系统平台把教学模式活化为教学过程。其中教学系统平台由课堂、文本、网络等多种教学媒体整合而成，通过优势互补适应多样化教学需求。管理系统平台依托计算机网络并运用学分制管理制度，活化管理过程，提高管理效能，使灵活多样的教学活动得以有序进行。第三层为保障层面，由六个管理子系统构成，是系统与社会能量交换的中介，主要功能是保证实施层教学过程的运转和教学目标的实现。多元信息传递方式的系统集成，使传统的远程教育跨入现代化阶段。

　　二是社区教育模式。社区教育是由社区组织实施的面向居民的教育。从教学方式上主要表现出三个特点：一是成人全日教育与夜间部的结合。日间部主要服务于非在职居民，夜间部主要服务于在职居民，也可运用网络教育形式服务于两类居民的学习。

二是正规与非正规教学形式的结合。除运用正规的课堂教学，各种有教育功能的馆、室、社等文化部门也都可以服务于教育活动。在活动中，"学"是社区教育的一个鲜明特色。三是学生与先生双重身份的统一。社区教育较少系统高深的理论提升，较多的是日常生产、生活知识、技能的传播，能者为师、交流影响是社区教育的重要形式。学员互助、互学、互动是社区教育的重要特色。由此可见，存在于生活环境的社区教育，是其他各类成人教育构成要素应社区需要，由社区实施的动态重组。

　　三是各类资格考试。自学考试作为一种成人教育形式，目前主要服务于成人学历教育。应用文本材料作为主要教学媒体，既有学习、考核灵活的优势，也有助学环节较为薄弱的弱点。已经运用的面授教学指导方式，由于定时、异地等局限带来很多不便，如果把网络教学形式运用于自学考试的助学指导，学习者可以通过计算机在自己认为适当的地方随时学习自己需要的内容，将使自学考试突显出更大的优势。而且，灵活多样的助学活动将帮助自学考试涉足更多领域，在完成学历文凭考试任务的同时，也服务于其他任职资格考试和岗位培训测试，具有广阔的发展前景。

　　以上简单三例，足以突出成人教育的现代特征。伴随社会发展、教育资源的增加及信息传输手段的革新，通过教育要素重组而产生新结构模式的可能性将成几何级数增长，这是学习型社会的基石，也是实现学习型社会的重要标志。

　　从本节可以看出，上一章提出的成人教育基本要素，本章提出的四种结构模式，足以在社会发展与需求的大屏幕上导演出灵活、丰富而多彩的成人教育活剧。

第五章 成人教育系统
的功能

上一章讨论了现行主要成人教育形式的结构模式，各种模式通过对教育要素的不同组合，体现出自身的特点，也适应了不同教育对象的需要，有效发挥了教育功能。本章将对成人教育功能的概念与内涵作些探讨。

第一节 教育功能的概念

一、"功能"概念的不同表述

"功能"是一个较为常用的概念。最早的通俗理解，"功能"是指功效、作用，多就器官和机体而言。随着时代的发展，"功能"的概念被引入新的领域。有学者提出，"……系统与外部环境之间的联系为外部联系。表征这种联系的范畴称为功能"①。这是运用系统的方法，从哲学的角度，借助"联系"、"范畴"概念来界定"功能"。这也是本书研究教育功能的角度。

系统功能作为结构的外显形式，二者的相关性可借助以下简

---

① 高林．现代管理科学基础．北京：中国展望出版社，1984：25.

图来理解：

```
┌────┐   ┌────┐   ┌────┐   ┌────┐   ┌────┐
│要素│←→│结构│←→│系统│←→│功能│←→│环境│
└────┘   └────┘   └────┘   └────┘   └────┘
```

这一系统流程图从左向右，表示要素作为系统的构成元素，通过特定的结构形式整合成系统，系统在与所处环境的交互作用中发挥出功能，这是系统功能发挥的主体过程；从右向左，表示由系统环境的动态变化，影响到系统功能的价值取向，进而导向系统功能的调整，并通过系统要素的作用调整和结构变化来实现。当然也有另外的可能，即虽然社会环境并未发生大的变化，但由于系统功能的输出与环境的要求出现矛盾，系统也通过调整结构来改变功能输出，以提高环境对功能的认可程度，这是优化系统结构的过程。两个过程的对立统一，就是系统发展运动的全过程。

二、教育功能的本质

上述关于社会系统的要素、结构、环境、功能的相互关系与作用方式的一般原理，同样适用于教育系统，只是由于教育系统构成的核心要素是"人"，所以教育功能的发挥呈"双重"特点，即教育具有主体、社会两大功能类别。其中，主体功能表现为对教育的主体"人"的培养提高，亦即帮助受教育者个人实现社会化的过程；教育的社会功能是指已实现了"社会化"的人，通过个体健康的行为对社会发展发挥的积极作用。双重功能的相互关系，已经历了三个发展阶段。

第一阶段：社会功能决定主体功能。这是奴隶社会及封建社会教育的基本特征。当时虽然教育已从社会生产实际中分离出来，但教育和受教育的权利都被奴隶主阶级、封建地主阶级垄断着，他们实施教育的目的是培养训练代表本阶级利益的统治者，以巩固本阶级、集团的统治，故教育的社会功能居于主导地位。

第二阶段：强化教育的主体功能阶段。集中表现为资本主义社会形态的教育。资本主义以否定封建主义为己任，针对封建专制提出了"自由、平等"的口号，倡导个人利益、个性发展与自我实现，并把教育作为实现这一政治目标的强有力工具。曾一度起主导作用的教育的社会功能，转变为个性发展的自然结果，社会功能主宰教育的地位发生动摇。

第三阶段：两类功能并存、斗争阶段。是社会形态多元化的必然结果。社会主义以否定资本主义为己任，在批判私有制和极端个人主义的价值观念的同时，倡导代表人民的集体利益、国家利益。由于国家利益是升华了的个人利益，代表了人类社会的前进方向，"教育为无产阶级政治服务"的观点是在一个更高的层面上提出了教育的社会功能为主导的方针。故两种社会形态长期并存的局面，导致了关于教育功能的两种不同观点的长期并存与斗争。

上述关于教育功能认识的不同发展阶段，决定于统治阶级的利益与意志，而其本质的原因还是社会生产力的发展水平。面向新世纪，教育的双重功能并非表现为非此即彼的否定或生死抉择的斗争，而是愈发显示出相互依存，协调发展的趋势。教育通过人力资源开发来发展社会和优化人生，就和一个人长两只手一样。

三、成人教育功能的特殊性

成人教育系统作为国家教育大系统的子系统，肩负的任务就是如何通过系统的有效运行完成国家交给的教育任务。但由于其服务的对象群体是已经实现并正在完善社会化程度的成人，故成人教育功能的社会性特点更鲜明。

1. 普遍性

提及教育的普遍性，人们会认为非基础义务教育阶段莫属。但如果与成人教育相比，前者还是稍显逊色的。因为在知识经济时代，当知识技能已成为社会个体生存的必要条件之后，对于每一个人来说，义务教育阶段的掉队者要成人教育收容，义务教育的不足之处要成人教育补充，义务教育的陈旧要成人教育更新……也就是说，义务教育阶段出了问题，成人教育还可以补救；如果成人教育自身出了问题，就没有其他什么教育可给予弥补了。成人教育已成为成人生活乃至生命的组成部分。

2. 针对性

成人教育的内容，囊括了从扫盲到继续教育的纵贯人生的各个阶段，但每一个学习者无论选择什么学习内容，都遵循一个共同的原则，即"需要"。成人教育工作更多地不是通过设计教育活动帮助受教育者准备未来，而是面对社会生存的现实挑战对学员提供教育帮助。成人教育的内容与社会发展呈现的直接因果关系，使成人教育的现实针对性更加强烈。

3. 一体性

在社会发展的一定阶段上，是教育借助"人"实现了对社会发展的工具性作用。随着社会生活中知识、科技含量的不断提高，人的科学文化素养在社会发展中不仅继续强化着工具性作用，同时也成为现代社会发展水平的象征。当人的发展水平已成为社会发展水平的标志之后，教育的本体功能或曰"内部功能"，其实也就是教育社会功能的组成部分了。这种教育功能的一体化趋势，将结束教育宗旨是"以人为本"还是以"社会为本"的争论，在螺旋上升中回归到教育的本源上去。

第二节　成人教育的社会环境

人类社会作为一个开放的大系统，每个国家的教育发展都受到世界和本国两组环境的制约。前者多引导教育的发展走向，后者常决定现行的教育举措。只有把二者有机结合起来，才能构建起服务现实与长远发展内在统一的优化教育系统。

一、世界教育环境

社会发展到 21 世纪，各国教育都面临着三大环境特点：

(一) 学习化

"现代科学技术的发展日新月异，新发明、新理论层出不穷，知识更新异常迅速"①，这段话简明地概括了知识化社会的突出特征，同时也深刻揭示了学习化社会的实践依据。当社会从知识特权发展到学习是生存必须的时候，学习化社会的大门就自然地打开了。学习化社会对知识提出了三个层面的要求：一是以普及为任务的知识传输，二是以转化为重点的知识应用，三是以发展为目标的知识创新。这也是学习化社会对教育者和学习者的共同要求。

(二) 信息化

信息社会的重要标志，是信息已作为一种重要的资源和财富，影响着社会的运转。广阔的信息资源领域，通畅的信息流通渠道，便捷的信息检索技术，满意的信息实用效绩，成为信息活动的重要指标，也是社会活动的重要任务。当以计算机为核心的现代信息技术已运用于社会生产、生活各个领域之后，教育就在

---

① 宋健．现代科学技术基础知识（干部选读）．北京：科学出版社，1994：序言．

两个维度上与信息结下了不解之缘：一是从信息的角度认识教学内容，使教育的内涵与外延都急剧扩展；二是信息技术运用于教育活动，使传统教学模式出现了重大突破。教育信息化的发展趋势，为成人教育提供了难得的机遇和有利条件。

（三）国际化

现代信息通信技术打通了时空壁垒之后，闭关锁国的生存环境与发展模式必将为"地球村"所取代。国家与国家，地区与地区之间因"相关"而产生的合作与斗争，至少表现在以下四个方面：

1. 政治冲突

不同的团体、政体，不同的社会制度，在共存与交往中必然产生矛盾。矛盾的对立统一及其波浪式前进，决定了动荡的社会政治形势。今天这个不安宁的世界，就是国家或地区间利益冲突的结果。政治冲突作为这个世界长期的社会历史现象，是不以人们的主观意志为转移的，也是各国在制定自己的发展战略时不容忽视的。

2. 经济竞争

国际化倾向使经济运行进入了国际大循环舞台。在这个舞台上，谁都希望借助共同的活动准则实现自己的目标，进而表现为激烈的经济竞争，甚至导致特定的政治、军事斗争。但在一般情况下，尤其是没有霸权野心或实力的国家，经济准则还是基本的游戏规则。由于在知识经济时代，经济竞争集中体现在人才的竞争上，这就又与教育紧密地连在了一起。

3. 文化渗透

文化，无论从广义上还是狭义上理解，无不是人类社会的共同财富。文化交流是双向过程，过程中的相互作用与影响常常以渗透的形式完成。故在世界性文化交融中处理好借鉴、继承和发展的关系，坚持先进文化的发展方向，也是文化教育的永久性课题。

4. 价值碰撞

上述政治、经济、文化的存在与发展，一般是以群体为单位的。但社会政治信仰、文化背景、经济条件乃至区域习惯的差异性，又具体表现为群体成员价值观念的多元化。而多元价值观念碰撞的积极意义，在于在碰撞过程中完成优胜劣汰；而其消极之处在于，新生事物往往处于传统观念的强势压抑之下。故扶植、支持新生事物的成长，弘扬代表发展方向的先进意识形态及价值观念，是教育在意识形态领域中更艰巨的任务。

学习化、信息化、国际化三大环境背景，学习化制约教育的结构与内容体系，信息化主导教育技术与教育形式，国际化引导教育走向与实施策略。它们都是制定国家教育行动计划乃至实施教育活动——尤其是成人教育活动的重要决定性因素。

二、中国教育环境

我国的教育环境是每一个公民所熟知的，表现为三个方面的突出特点：

（一）庞大的成人教育对象群体

我国是世界上人口最多的发展中国家，13亿人口是我国最突出的国情，也是具有决定性作用的教育环境。由于准确地计算十分困难，可以粗略估计为老龄人3亿，青少年4亿，成人6亿。从终身教育的角度，国家要为13亿人提供接受教育的机会，除去学龄前教育及各级普通学校教育，成人教育的对象群体主要由三部分组成：普通高等教育之前被各级普通学校教育淘汰出局者，成人群体中普通高等教育以外的成员，以及老龄人教育。这三部分教育对象的大致人数，依《2002年全国教育事业发展统计公报》[①] 提供的数据，可作以下推测性估计：

1. 基础教育阶段被淘汰出局的人数，见下表：

2001 年我国普通教育有关数字统计

分项 人数 层次		2001 年 招生数	在校生 总数	平均每年度 在校生数	升入上级 学校比例	留给成教 培养人数	备　注
学前教育					99.05%	22 万/年	
义务 教育	小学	1944.21 万	12543.47 万	2090.58 万	88.7%	236.17 万/年	
	初中	2287.85 万	6514.38 万	2171.64 万	52.9%	1022.75 万/年	
高中阶段 教育		987.99 万	2600.93 万	866.98 万		598.7 万/年	年毕业人 数减普高 升学人数
普通高等 教育		268.28 万	719.07 万				
合　计						1879.62 万/年	

上表以年平均数代替毕业年学生人数，尽管不准确，但总还是有一个量的参照。由上表推断，每年约有 1900 万人被基础教育淘汰出局而进入成人教育对象行列。但这里还有两个因素未算在内：一是基础教育各年段辍学人数，二是有文凭没水平的人数。如果把这两项加进来，成人初、中等教育要面对的，恐怕 2000 万也不止了。

2. 成人群体中需要学习者

每一个成人都要继续学习，故 6 亿成人（老龄人不计在内）都是成人教育对象。但又不是每个人年年都要学，所以每年需要参学人数要作一下折算。按每年普通高校招生 350 万，学制 4 年

---

① 中国教育报，2002-06-14.

计算，则有 1400 万成人在读。再按现阶段成人每 3～5 年接受一次继续教育计算，则每年要有 1～1.5 亿成人接受成人教育培训。

3. 老龄学习者。我国现已进入老龄化社会，老年人的学习热潮即将开始。目前全国有老年大学近 1000 所，在校学员 13 万余人。老年人口入学率不到 2%。由于各地条件不同，学校发展也有一定差距。虽然一些较发达省、市的个人也开办了集娱乐、休闲、健身、居住、学习于一体的老年活动机构，还是无法适应老年人的学习需要。国家出台的"凡是有条件、有能力的各级部门都可兴办老年大学"的政策，将有效推进老龄教育的大发展。

由上述三个方面的粗略测算，现阶段，我国每年各级各类成人学习的需求量在 1.5 亿左右。而 2001 年我国成人各类教育培养总人数为：成人高等学历教育毕业生 93.06 万，自学考试毕业生 64.1 万，全国高等学校举办的各类成人非学历教育结业 257.69 万人次，成人技术培训学校培训结业人员 9270.44 万人次（其中农民学员 8732.31 万人次），成人初等学校毕业生 227.86 万人，扫除文盲 220.51 万人，累计 1 亿略多一点[①]。与需求大约差 0.5 亿。而且目前每年培训的 1 亿人中有 8000 万是农民，多数是低层次的短期培训，故我国成人教育的任务非常繁重。

教育是面向人的，人口状况与教育发展息息相关。人口数量决定教育规模，人口结构制约教育结构，人口质量影响教育质量。我国的人口环境既给予了我国成人教育以巨大压力，同时也为成人教育的发展提供了强大动力和广阔空间。

（二）不平衡的发展现状

我国发展的不平衡性是长久积累下来的，而且存在于各个方面。经济发展不平衡，表现为经济条件、经济收入、消费水平的

---

① 2001 年全国教育事业发展统计公报. 中国教育报，2002-06-14.

较大差距；文化发展不平衡，表现为个体的文化素养、可利用的文化设施以及所处的文化氛围的差异。以缩小教育差别为切入点，治穷治愚相结合，重点解决落后地区和弱势群体乃至薄弱环节的教育问题，是我国教育发展的重中之重。近年来，中央和省级政府不断出台扶持贫困地区教育发展的政策，实施西部地区教育发展战略，加大少数民族、妇女、文盲、残疾儿童以及农村女童等的教育支援力度，为实现我国教育、文化乃至经济均衡发展创造了极为有利的条件。

现实我国与世界先进国家的差距，也体现着另一种意义的不平衡。我国加入 WTO 后，经济、文化乃至教育市场都将分步打开，而其带来的结果，取决于我们在对外交往中的主动权。因此，如何用好加入 WTO 这柄"双刃剑"，同样是我们成人教育改革发展面临的重要课题。

（三）中国特色社会主义制度

党的十一届三中全会提出了建设有中国特色社会主义的道路，集中体现在"一个中心，两个基本点"。以经济建设为中心，就是要全党、全国人民、各行各业把集中力量大力发展社会生产力作为根本任务、中心工作。这就要求各级各类教育必须把培养优秀的经济建设人才作为根本任务。这实际上也是人类教育的共同目的。支持这一中心的"两个基本点"，却是"中国特色"的集中体现。坚持改革开放，是要打开不同社会制度、不同意识形态之间的人为的壁垒，在国际社会的经济大循环和政治角逐中发展我们自己。在当今政治、经济制度多元化的世界格局中，社会主义政治、经济乃至意识形态还都处于低谷的态势，在大循环的尖锐较量中，这支队伍及其成员还都面临着严峻的挑战。为了把握斗争中的主动权，在提出"改革开放"的同时，又提出了"坚持四项基本原则"的政治方略，即坚持社会主义道路，坚持无产阶级专政，坚持党的领导，坚持马列主义、毛泽东思想，以保证中国现代化的社会主义方向。

"两个基本点"为教育提出了艰巨的任务，要求各级各类教育要把政治思想品德教育作为实现教育目标的重要任务之一，使受教育者能从人类社会发展规律的高度树立为社会主义事业奋斗的自觉性，同时利用信息化、国际化的有利条件，培养学生从世界大舞台上汲取营养的意识与能力，不断激发他们的民族精神与爱国热情，使其更好地担负起社会责任及历史使命。

上述我国的环境特征，对成人教育的发展既有有利因素，也有不利因素，而更多的是一事物表现出的正、反两个方面。故深刻认识这些环境因素的本质特征及其转化规律，对于深化成人教育改革，推进成人教育发展，具有特殊重要的意义。

第三节　成人教育的功能

成人教育的功能以其服务对象的特点为依据，具体表现为以下六个方面：

一、政治保证功能

党的十六大把发展社会主义民主政治，建设社会主义政治文明作为全面建设小康社会的重要目标。实现这一目标，靠的是"当班人"的行为，而行为的积极、自觉、持久与否，靠的又是当事人的思想认识与情感指向。成人教育的政治保证功能，主要表现在通过切实可行的政治思想教育活动，使每个成年人都成为社会主义民主政治的建设者、促进者，为社会主义现代化事业提供坚实、有力、持久的支持。具体在三个方向上发挥作用。

（一）强化对执政者的导向作用

国家的各级领导机构，汇集成庞大的干部成员群体，决定着国家的政治方向，把握着国家的政治命脉。毛泽东曾提出，"政治路线确定之后，干部就是决定的因素"，通过政治思想教育活动培养、训练能坚定自己的政治路线、实现政治目标的干部队伍，就成为任何一个政党及其所代表的阶级、集团的重要组织建设任务。我党历史上创办的红军学校、抗日军政大学、华北联合大学等，都是党在不同历史时期创办的干部培养、训练机构，在政治、军事、文化三个方面为赢得战争，夺取全国政权提供政治骨干与组织保证。新中国成立后，干部培训依然是党的工作的重要方面，党校、政治学院、马克思主义学院、管理干部学院，乃至普通、成人院校举办的干部进修班、干部培训班、干部培训中心及管理类专业教育，都把各级各类干部教育、培训——尤其是政治培训作为最基本的任务，集中体现了教育的阶级属性。

（二）发挥对"当班人"的引领作用

干部与群众相比总是少数，领导干部的作用在于带领群众做，而不能代替群众做。国家的政策，领导的意图，只有化做群众的行动之后才有意义。社会主义代表的是最广大人民群众的根本利益，但未必每个人都能意识到；人民当家做主是社会进步的重要标志，但这个"家"怎样当，这个"主"怎么做，主人的权利怎么行使，绝非每个人都十分清楚。成人是民众的主体，成人的行为是社会的主体行为，成人是社会发展、国家兴衰的决定力量。既然学习化社会为每个成人创造了人人渴望学习、人人能够学习、人人处在学习中的环境氛围，那么，通过成人教育强化成人学员对社会主义政治的理解，并把体现国家政治意志的各种要求化做自己的实际行动，就是成人教育发挥政治功能的重要方面。

成人教育对民众层面的政治功能发挥，主要通过成人教育活动中的政治思想教育内容的传输，并针对不同的对象与需要，选择不同的内容与方法。对于中、低层次的成人教育，主要是进行政治基础与原理的常识性补课，可通过讲课、讲座等形式进行正面灌输式引导，融知识学习与政治教育于一体。对于高等成人教育，政治思想教育可通过两条途径实施：一是通过设置政治理论课程介绍新知识、新内容，二是结合专业课教学进行政治基本原理的渗透与启迪。群众性政治思想教育重在"明理"，强调"力行"，使其成为社会主义政治的广泛基础与稳定的社会力量，形成党群同心、干民同志、举国同步、安定和谐的政治局面。

（三）优化"家师"的表率作用

个人的成长是家庭、学校、社会综合作用的结果，也是连续的历史过程。家庭教育作为个人成长的启蒙教育，是任何个人不可逃避、无法选择、不可或缺的。儿童将在这一时期开启智慧之窗，开始为人之道，构造发展之基。而这一切，又都在家长的言传身教、家庭环境的潜移默化之下。这代代相传的"家师"行为，"先入为主"的启蒙教育，事关子女的健康成长。

由上述，"带班人"的政治水平，"当班人"的政治觉悟，"接班人"的政治起点，直接关系到我们这个国家的政治方向与前途命运。故以不同的方式满足这三部分人健康向上的政治需求，是中国特色社会主义之"特色"所在。而由于形势与社会的动态发展，无论是领导角色、公民角色还是家长角色的政治素养，都不是职前教育一次完成的，唯有成人教育能以与时俱进、与人共进的教育功能，永远满足社会及其成员的政治发展需求。

成人教育的政治保证功能，还表现在其服务性的最充分发挥。作为发展中的农业大国，我国经济、文化发展的不平衡已经给弱势群体成员留下了许多学校教育的遗憾。今天，我们面临教育需求与经济实力的巨大反差，仍有许多人不能在职前学校教育阶段实现自己的初始教育目标。党在十六大上把"为人民服务"写进教育方针，在全党全国确立"兴教为民"的观念，强化了社会主义教育的民主原则与公平立场。通过成人教育服务使所有教育缺憾者实现自己的追求与愿望，有助于"创建一个更加人道、更加合作、更加尊重个人创造性和自我发展的社会"①。使每一个社会成员在补充自己的同时强化弥补他人缺憾的责任感，这正是教育政治功能的魅力。

二、经济增长功能

在以经济建设为中心的社会形态及历史时期，发挥经济功能是社会对教育的最基本要求。成人教育是国家教育体系中发挥经济功能、推进经济增长的主战场，主要表现为以下几个方面的作用。

（一）开发人力资源，发展社会生产力

人力资本是现代经济活动中一种重要的资本形态，是对人力资源开发的投入。通过教育把知识、技能凝聚在劳动者身上，是知识经济时代生产力发展的重要渠道。随着社会生产中科技含量的不断提高，人力资本投入的收益率已经大于物力资本投入的收益率。成人是社会生产的在岗者，成人的智能变化可直接对工作效率产生影响，发挥促进作用，故对成人的智力投资成为发展现实生产力的最佳选择。成人教育已成为开发人力资源，发展社会生产力，促进经济增长的主要渠道。

（二）优化经济结构，提高劳动生产率

由马克思关于"……生产关系的总和构成社会的经济结构"②的定义可知，经济结构是生产力与生产关系的辩证、历史的统一，这种统一体现在多个方面，也包括科技成果的普及与应

---

① ［伊朗］S.拉塞克，［罗马尼亚］G.维迪努.从现在到2000年教育内容发展的全球展望（联合国教科文组织教育丛书）.北京：教育科学出版社，1996：70.

② 巢峰.简明马克思主义词典.上海：上海辞书出版社，1990：346.

用。在人类社会中，科学发展成为一个独立的领域之后，劳动者也随之分成了两部分——以智能劳动为主体的科技生产者和以体能劳动为主体的物质生产者。两者之间的关系是：科技生产者把工作成果物化在生产资料之中，物质生产者借助科学技术并使用科技化的生产资料完成生产过程，创造社会财富。当二者协调一致时，科学技术就转化为生产力，又推动生产关系即经济结构的优化，使社会生产力得到更大的发展。如果二者发生脱节，或科学技术没有发展，社会生产只能在原来基础上徘徊，经济没有增长，社会也没有进步；或者虽然科学技术发展了，但劳动者并未掌握科学技术，现代化的生产工具仍无法发挥作用，生产依然不能发展。今天，人类正面对知识经济与信息社会，现代科技及其带来的生产技术、生产工具的革命，以及劳动对象对现代提出的人口、环境与资源要求，使物质生产者的科技知识与劳动技能都出现不适应，严重制约了现代社会生产力的发展。于是，持续提高物质生产者的科学水平、劳动技能及综合素质，通过科技资源与人力资源的有效整合，实现社会生产力的跨越式发展，就成为推动经济结构重组和经济效益提升的关键所在。而科技资源与人力资源整合，说到底还是在岗生产者的智能化问题，这还是成人教育的用武之地。

（三）服务城镇化建设，繁荣农村经济

统筹城乡经济、社会发展，建设现代农业，发展农村经济，增加农民收入，是党的十六大提出的全面建设小康社会的重大任务。而发展农村经济的根本出路，在于推进农业产业化经营，发展农产品加工，健全农产品市场体系，提高农民进入市场的组织程度和农业综合效益，以完成富余劳动力向非农产业和城镇转移，走中国特色的城镇化道路。要实现这一发展目标，当务之急有三件事情：其一，提高农业生产的科技含量，把众多的富余劳动力从原始的手工劳动中解放出来；其二，从实际出发，加速农

村产业结构调整，加速农产品的工业转化；其三，转变思想观念，提高文化素养，改善物质条件，使农业人口适应城镇化转移带来的诸种变化。实现这三项任务，无不需要发展农村教育。目前，我国农村教育存在五大障碍：一是文盲多，整体水平低，提升困难大；二是农村经济、文化环境差，教育资源贫乏；三是农民经济收入低，无力加大教育投入；四是国家关注不够，办学部门着眼"三农"不够；五是上述因素导致农村教育的非良性循环，挫伤了农民办教参教的积极性。基于农村教育现状与发展需求的巨大矛盾，成人教育应义不容辞地担负起农民教育责任，瞄准农村经济建设这个重点，突破农村职教薄弱这个难点，光大社会主义新农村建设这个亮点，积极配合农村各级政府部门，大力发展形式多样的、以中等教育为主体的职业教育和农村应用技术培训，变农村人口负担为人力资源优势，用农民职业技能与综合素质的提升改变传统的农业增长方式、农民生活习惯与农村发展轨迹。

（四）扩大文化消费，促进经济增长

　　以高等教育的非义务性为依据，近年来国家在一定范围内采取了扩大教育消费，促进资金流动和经济增长的举措，已收到了明显的成效。如何认识非义务教育的收费问题，这需要从实践与理论两个角度加以理解。

　　实践上，国家统计局有关部门做的一项调查[①]显示，在涉及全国所有城市的 6250 万非农业居民金融资产调查中，居民投资意向中"储蓄"居第一位，"教育"居第二位，而"储蓄"的目的中，"教育"仍居第一位。同一份材料又提供数据：从 1999 年到 2001 年，浙江省成人高校招生录取人数每年增加 50％左右。若按每人每年学费 2000 元计算，一年全省成人高校总学费收入为 6～7 亿元人民币，再加上书费、学员住宿、车船费等，一年

---

　　①　任敏杰．简论目前成人高等教育的四种经济功能．中国成人教育，2001（5）．

全省成人高校在籍学生总的支出额大约为 8～9 亿元人民币。按目前我国的投资乘数估算，一年可牵动 35 亿元左右的投资和最终消费。由此可见，人们投资教育的强烈需求，使教育消费成为新的经济增长点。

理论上，劳凯声教授在其《面临挑战的教育公益性》一文[①]中，探讨了教育市场化问题。文章提出了教育"市场化的公益行为"概念，认为当前我国的公共教育体制应当是一个多元化的体制，从事的是公益性事业。文章同时提出，学习者本位思想加上教育的市场化运作，正在孕育着一种新的教育消费观，并正在使学校发生极大的功能转换，使教育服务开始具有一种自愿交易的性质。特别是在高等教育和各种职业培训中，现代学校机构和其他培训机构正日益以企业或商业实体的形象出现，而且这种状况会伴随市场经济长期存在下去。

"始终把社会公益放在首位"，这是党的十六大报告中给予文化教育事业的定位性结论。但这并不排斥多元化的办学体制。这是调动社会各方面积极性，充分利用一切可能的教育资源发展社会主义教育的明智选择。把社会富余资金引向教育投资是一种良性的积极的消费，与国与民都有利。因此，通过成功的成人教育尽可能吸引消费者的投资，不仅是促进社会经济发展的有效措施，也是成人教育自身不断发展完善的重要动力。但实行上述教育消费政策有三项必要的保证条件：一是国家要加大对基础教育的投入，确保广大公民基础教育的免费入学及相应的教学质量；二是国家和各级政府要尽快完善资助贫困学生的政策、制度，健全教育资助体系，确保广大农村贫困地区和贫困阶层中具有发展潜力的人才资源不被埋没和浪费；三是采取强有力措施，保证各级、各类、各种体制下学校的均衡发展，确保教育为人民服务的

---

① 教育研究，2002（2）.

方针得到落实。与此同时，作为过渡时期的特殊政策，国家应建立农村成人基础与职业培训专项基金，支持解决"三农"重大问题的重要成人教育项目，搞活教育扶贫。

（五）增加个人收入，改善生活条件

以上谈及的都是成人教育发展社会经济的功能。实际上，在成人教育与社会能量交流并使这些功能得以充分发挥的同时，教育的个人经济增长功能也同时实现了。这正是成人教育的"专利"，也是成人教育发展的重要动力之一。成人教育促进个人经济增长，主要通过三条途径实现：

1. 提职晋级

按照社会主义的分配原则，工资级别是与学历和技术等级挂钩的，这是"劳"的重要标志。作为机制，吸引成人自己设计学习计划，选择学习内容，并在学用结合中使自己的理论知识、技术水平、工作效绩不断提高；作为结果，经考核或相关认可，得到提职晋级，工资待遇同时提高，学习积极性得到进一步强化。正是教育成果的这种公平、实在性，成为成人学习的持久动力。

2. 转岗高就

市场调节的人才流动机制，打破了计划经济时代人们从一而终的职业定位。转岗可使社会个体的潜能得到进一步的发挥，经济收益得到进一步的提高，个人价值得到进一步的实现。"高就"的动力在于发展，发展的实现源于教育。这种转换岗位的学习，需要有利于流动的客观环境，也需要学习者本人的意识和魄力。这是职前学校教育无法完成的教育任务，也是促进人的全面发展的重要途径。即便偶有"这山望那山高"之嫌，总还是给了学习者学习的动力和改变现状的机会。安于现状永远没有进取和创造，努力才有希望。

3. 下岗再就业

是"转岗高就"的低级形式，是迫于形势不得不作出的选择，是被动的选择。下岗或失业是现实各种形态社会较普遍存在的现象，从某一角度看，也许是社会发展的一种标志。但下岗对当事者毕竟不是一件好事，故通过广泛有效的再就业培训，帮助下岗者重新上岗，是成人教育责无旁贷、最受欢迎的社会责任。

个体经济增长作为成人教育功能的重要方面，对公民安居乐业、维护社会稳定和提高人民生活质量，具有直接的作用，成人教育工作者必须给予高度的重视。成人教育的层次虽有高低之分，但意义无轻重之别。如果说有的话，倒是层次越低的可能越重要，因为这不仅是"雪中送炭"的问题，更是教育民主的问题；而且中低层次的成人教育，永远是成人教育的主体。

三、文化传承功能

文化传承功能，在教育从社会生产中分离出来那一刻就存在了。随着人类社会的日益丰富多彩，"文化"概念的外延也不断扩大，教育、科学、文学艺术、新闻出版、广播电视、体育、卫生、文物、图书馆、博物馆……乃至丰富多彩的群众性文娱活动，构成了中华民族博大精深的传统文化，而且文化的力量也已深深融铸在民族的生命力、创造力和凝聚力之中。文化作为人类社会历史实践过程中所创造的物质财富和精神财富的总和，正通过两条渠道延续过来，传承下去。

（一）物质文明传承

社会物质文明指人类改造自然界创造的物质成果，表现为社会物质生产的进步和人们物质生活的改善。其中物质生产的进步，体现在生产工具、物质资料及生产工艺的历史发展中；而物质生活的改善，在人类的生活观念、生活条件与生活方式中得到继承和发展，也同时刻录下成人教育的历史贡献。我国社会主义物质文明建设的根本任务是实现工业、农业、国防和科学技术现代化。成人教育为实现这些目标所作的一切努力，都是建设物质文明，发挥文化传承功能的实际行动。

（二）精神文明传承

精神文明是指人类在改造客观世界的同时改造自己的主观世界所取得的精神成果，具体表现在教育、科学、文化知识的发达和思想、政治、道德水平的提高。作为社会意识形态的文化传承，表现为对一定社会文化的继承、发展、传播的循环往复过程。有中国特色社会主义的文化建设包括三个方面的任务：一是建立与社会主义市场经济相适应、与社会主义法律规范相协调、与中华民族传统美德相承接的社会主义思想道德体系，引导人们树立社会主义的共同理想，树立正确的世界观、人生观、价值观，以及开展以为人民服务为核心、以集体主义为原则、以诚实守信为重点的社会公德、职业道德和家庭美德教育。二是弘扬和培养以爱国主义为核心的团结统一、爱好和平、勤奋勇敢、自强不息的中华民族精神。三是坚持社会主义文化的前进方向，发展科学的、大众的、社会主义的文化。其中科学的，是指要把握面向现代化、面向世界、面向未来的文化发展方向；大众的，是指文化要坚持百花齐放、百家争鸣的方针，坚持以科学的理论武装人，以正确的舆论导向人，以高尚的精神塑造人，以优秀的品质鼓舞人，丰富每个人的精神世界；社会主义的，是指要坚持马列主义、毛泽东思想在意识形态领域的指导地位，以"三个代表"的重要思想统领社会主义的文化建设。文化建设虽然是各行各业的共同任务，但成人教育肩负的责任更为重大。

（三）成人教育文化传承的实施策略

成人教育发挥文化传承功能，主要是抓住"一个重点"，实现"两个目标"。

1. 抓住"一个重点"，即文化传播重点。上述社会主义精神文明的丰富内涵，都是教育要传播的内容。目前成人教育对象群体，总的说来人文素质还不高，文化修养还不深，世俗化、低格

调的思想文化品味还存在。成人教育要遵照弘扬先进文化的基本
要求，把思想文化教育融入各级各类教育中，针对不同教育对象
群体存在的共性问题，采取行之有效的办法实施教育活动或正面
灌输，或潜移默化，使学员的思想意识形态和文化素养发生积极
的转变。

2. 实现"两个目标"，即文化教育要达到两个效果：一个是
通过感悟提高文化素养，通过正确的引导使成人学员自觉充实新
知识，弥补文化缺陷，清除心灵积郁，形成良好的心理文化结
构。另一个是通过升华实现文化创新。成人学员有丰富的阅历和
经验，由于特殊的兴趣与经历，对某些文化问题可能有过深入的
思考，经过教师、同学的启发，完全可能产生共鸣或引发新的、
更深入的思考。文化教育的两个目标并不是截然分开的。问题的
解决是产生新知的契机。

四、实践创新功能

"创新"可作"创造新知"来理解，"实践创新"即为在实践
中创造新知。成人教育的实践创新功能，源于成人教育可以有效
提高成人学员的实践创造力。

(一) 实践创新的特点

1991 年原国家教委成人教育司曾编辑出版了《函授夜大人
才的业绩》一书，介绍了原国家教委所属的 32 所普通高校 80 年
代的 81 名函授、夜大学毕业生的工作业绩，令人信服地证明了
接受成人教育的学员如何在岗位工作实践中显著提高了创新意识
和创造能力。第十届全国人大选举的国家领导人中，有党校、业
余学校、函大等成人教育学习经历的，就占有相当的比例。据对
有关材料的统计，副总理中占 25％，国务委员中占 20％，政协
副主席中占 21％（其中 3 人是早期参加工作，个人结合工作自
学成才的），人大副委员长中占 33％。成人教育活动使受教育者
得以站在新高度，运用新思维审视常规，找出解决问题的新思

路、新办法，卓有成效地实现了自身能力与岗位工作水平两个超越。学与用的辩证统一及理论与实践的良性循环，是成人学员实践创新的原动力。

（二）成人学员实践创新的三大优势

1. 需求的动力

成人学习都是自愿的。即便免不了有不情愿的时候，也是一种被迫的情愿。每个人都有自己的学习目的，具体化为一次性或阶段性的学习目标。由于这些目标是与学习者承担的社会角色紧紧连在一起的，常常表现出两个指向，或是扫除现实的障碍，或是为自己创造新的发展空间。而无论是哪种情况，其直接利益驱动的兴趣，成果滚动发展的激励，以及个人与社会的"双赢"，都将强化学习内容的需求导向和学习行为的自控机制，形成不竭的动力之源。尽管我国成人教育的现实中还不同程度地存在着学习目的不明确、办学指导思想不端正等现象，使一些学习者的动力指向、行为模式与正确的方向发生偏离，影响到成人教育的质量与效益，但随着教育大众化水准的提升及学历社会向能力社会的转型，社会环境将成功扭转成人学习的不良动机，推进成人教育在深、广两个维度上的健康发展，夯实和拓宽成人教育的实践创新基础。

2. 实践的活力

成人学习多是带着问题的，这些问题来自社会实践。当个体已有认知结构无力解决面对的新问题时，就需要提升认识高度，掌握新的认识武器，以便在拓展的视野下与空间中重新认识面对的问题，结果或是选择到新的切入点，或是找到了新的突破口，使问题的解决出现新的希望与可能。

毛泽东在《实践论》中阐释了"认识——实践——再认识——再实践"这一人类认识客观事物的基本规律，深刻揭示了实践是一切真知、新知的源泉的道理。而实践之所以能发挥这种无可替代的作用，归根结底在于实践对于认识的三个特性：一是本源性。人类与社会的切入点在实践，人类的所有认识都源于实践，脱离实践的任何认识都只能停在猜想或空想阶段，而无法进入科学的层面。二是前沿性。人类的理论认识虽然高于实践，但相对于实践也只能前进半步。没有实践的基础，就没有理论的创新。故实践是理论创新的前沿阵地。三是目的性。人类的一切认识，说到底都是为了更好地实践。物质世界的无限性不仅在于时间的无限延伸，尤其在于事物在一定条件下相关、整合而产生的新事物。认识就是探索事物作用的规律，并指导人们通过实践实现新的整合，以实现实践创新的过程。

3. 交叉的合力

成人学员的丰富社会经历与多样化的知识结构，源于实践积累。而这些已有的经历和已形成的认知结构，对接受新知会产生"抑制"或"吸纳"两个方面的功效。"抑制"作为一种拒绝改变的心理指向，在成人选择学习，争取解决问题的"外援"时，就已相对淡化了；而"吸纳"是新知与已有知识能力的整合过程，这种整合是知识的交叉融合，更是能力的提升。因此，成人已有智能资源是成人教育实践创新的不竭之资源。

由上述，成人教育的实践创新，就是成人带着来自实践的问题，通过学习找答案，找到答案使问题得到解决，认识有了提高，又在一个新的高度上面对实践，再去挑战更高层次的问题。被成人统治的实践舞台，为这一认识过程的螺旋上升提供了得天独厚的条件。

五、信息整合功能

是指成人教育发挥的信息整合作用。

（一）初始信息与加工信息

社会上的信息一般分为初始信息和加工信息两大类。初始信息是保持原始状态的信息，多为人们对某一事物自然特性的首次认识或描述。初始信息的基本特点是客观性，其中虽有发布者见仁见智的主观因素，但基本事实不会变。加工信息是初始信息经过了加工过程，加工的目的或是为了突出一组相关信息中被认为是主要的，或是为服务于某一需求指向而把相关的信息集中在一起，它融入了传播者为实现某种目的而对初始信息进行的加工过程。信息加工是积极传承初始信息的必要手段。

（二）教育信息的整合属性

从信息学的角度，教育教学过程是社会信息传递过程。教育信息有初始信息，但更多的是加工信息。围绕"培养人"这一目标，教育信息传递较之社会信息流通，又有如下不同的特点：

1. 目的的一致性

任何社会信息传输都有各自的目的性。教育信息传递有所不同，即各个方面、不同类型的教育信息，都围绕培养规格这一共同目标。这种教育信息目的一致性使教育信息的采集、传播和效果评价构成了一个完整的系统过程。

2. 内容的整合性

教育信息整合是信息加工的高级形态。由于人才的培养是各种教育信息及其流通活动综合作用的结果，需要教育者精心筛选乃至依据培养目标的需要重组整合为学科或课程，才能产生稳定的、为教学目标所需要的教育效果。经过整合的信息包含理论的、技能的、知识的、方法的等多方面的内容，呈现的形式也是多样化的。经过整合的教育信息即为具有系统功能的教学资源。

3. 作用的持久性

初始信息经过多次整合与加工过程，融入到社会科学文化体系之中，故理论化了的教育信息不再仅仅属于某个时代或区域，而是属于整个人类并具有了跨越时空的历史价值，且给予后来者的启发教育作用将是没有穷尽和不可估量的。

（三）整合功能的实施途径

由上述教育信息流通的基本属性，成人教育的信息整合功能通过以下三条途径来实现：

1. 重组教育信息，形成教育资源；
2. 融入科学系统，实现历史传承；
3. 教育资源共享，广泛发挥作用。

成人教育的信息整合，对信息社会的发展建设具有十分重要的意义。

六、可持续发展功能

（一）"可持续发展"概念

"可持续发展"意为保持事物的连续进步态势。这个概念至少包含以下三层含义：一是对象，泛指具有发展属性的事物，也应包括人；二是趋势，向着不断完善的前进方向；三是状态，是一个连续变化过程。虽然因环境及其他因素的影响，过程中的强度可能不尽相同，但进步的走向是不变的。可持续发展是一个新的观念。1988 年日本的 11 位知名专家在《21 世纪》杂志 10 月号上发表专题文章，提出世界存在"环境破坏"、"人口问题"、"资源枯竭"、"国际经济持续崩溃"四大危机，引发了人类对可持续发展问题的关注[1]。在我国，"可持续发展"概念的较广泛使用，是从国家的经济领域开始的。1988 年七届全国人大一次会议的《政府工作报告》中，在谈及国民经济发展时，提出了"持续稳定增长"；1990 年七届全国人大三次会议的《政府工作报告》中，针对当时经济工作脱离国情、片面追求发展速度而导致经济过热、总量失衡、结构恶化、通货膨胀等问题，提出了

---

[1] 尤文．面向 21 世纪的成人教育问题．//董明传．面向 21 世纪我的教育观．广州：广东教育出版社，2000：349．

"坚持国民经济持续、稳定、协调发展的方针"；1996 年八届全国人大四次会议的《关于国民经济和社会发展"九五"计划和2010 年远景目标纲要的报告》中，使用了"可持续发展战略"的提法，同时把加快科技进步、优先发展教育、控制人口增长、合理利用资源和保持生态环境作为保证国家经济与社会发展的五大举措，成为社会各行各业共同努力的目标。

（二）教育的可持续发展功能

实际上，上述五大举措中，优先发展教育具有基础性意义，是五项措施的重心所在。教育的可持续发展功能，体现在教育促进人、社会和教育自身的可持续发展三个方面。其中促进人的全面发展，体现在教育可使作为个体的人从不知到知，从知之不多到知之甚多，从片面到全面的发展完善。通过素质提高、人格完美，实现从自发到自为的人生境界。促进社会的可持续发展，是通过教育对社会构成最活跃因素——人的提高，推进社会的全面发展。这虽非教育的直接作用，却是教育的直接目的。试想，上述可持续发展的五项措施（或曰"五个目标"），哪一项不是要由能驾驭时代发展的高素质的人来实现的呢？促进教育自身的发展，是说教育在努力实现上述目标的同时，也不断改变着自身的教学模式、运行机制和功能定位，以处理好个体与社会，外因与内因的辩证统一关系，进而刻画了教育与个体、与社会的同步持续发展过程。而且，三个"可持续发展"的最佳匹配及其产生的合力，才是任何国家与社会持续发展的最根本保证。所以，可持续发展问题，说到底还是人与社会的协调发展问题，是舍教育则无法解决的问题。

（三）成人教育的可持续发展优势

1. 持续发展的"独木桥"

回顾人类教育的发展历程，呈现出两个突出特点，一个是重心后移，一个是节奏加快。重心后移，表现在成人教育范围与作用的不断扩大。教育最早从社会生产中分离时，教育的主要任务是知识教学，故"文化传承"是古代教育的主要功能；近代，随着科学技术进入生产领域，教育融入了技能传播功能，中等职业教育得到了长足的发展；到了现代，伴随科学发展与社会进步，各种新东西铺天盖地而来，没有谁可以全部掌握，于是学校教育目标从知识学习转向了"学习知识能力"的提高，把具体知识与技能的获取，留给了成人教育去"用啥学啥，缺啥补啥"。这种教育内容、职能的演变表现为后者对前者的包容式超越，而且学习活动也由少数人的特权变为每个人的义务。关于节奏加快，是指知识有效期的缩短带来了学习频率的加快，一劳永逸的学习既然已经成为历史，成人教育就必然成为持续发展不可逾越的"独木桥"。

2. 与时俱进的"助推器"

职前学校教育是青少年未来履行社会职责的"预备教育"，决定了教学内容的选取具有"预测性"，这与千变万化的社会需求存在着较大的"时差"。在信息化、国际化的大环境中，要做到社会发展的"与时俱进"，唯有使教育相对需求保持同步或适度超前。成人教育以其在职性、针对性、灵活性、实践性等特点，可使个体学习与社会需求保持在一定的"时差"之内，并通过问题的及时解决推动事物的发展，故成人教育是人类社会与时俱进的"助推器"。

3. 资源开发的"永动机"

人类社会的一切发展，说到底就是资源开发。自然资源、社会资源、人力资源、智力资源……各种资源的开发形成的合力，推动着人类社会的发展与进步。列宁说过，在一个文盲充斥的国家里建不成社会主义，深刻揭示了智力开发与社会进步的关系。把计划生育、环境保护作为可持续发展的基本国策，是由于这些看来与经济发展并无更多直接联系的人类活动，其正面作用或负面影响却可以左右未来社会的前途命运。不懂优生优育的深远意义，不了解环境与人类自身的发展规律，极易只看到今天的发展，而忽视将给明天带来的麻烦。当教育帮助人们——尤其是正在决定这些事情的人们——清醒地认识到人与自然的关系，进而采取了为人类长远发展而不只是为自己眼前利益负责的态度，并在共识中实现共举时，情况就完全不同了，这就是智力资源开发的力量。只有成人教育可以面对人类群体，在任何时候，针对任何问题去发挥作用，实现人与社会的不断前进。故成人教育是人力和社会资源开发的"永动机"。

　　作为个体的人，其生命过程可大体分为生存、发展、完善三个层次。其中"生存"层次，是自然状态的人和现代社会文盲群体的生活处境，是人类最低生活质量层次。"发展"层次，是指完成了启蒙教育之后，不断通过学习与实践奔向新的生活和工作目标阶段，这是现代社会中绝大多数人所处的生活阶段。有关统计资料表明，我国目前的从业人口（25～64岁）中，75％是初中和小学水平①，可见发展层次的任务之重。而"完善"层次，则是指个体成长已完成个性化发展，具备了驾驭主观世界、改造客观世界的能力。这是人类生活质量的最高级阶段，也是作为个体的人和社会的人努力达到的共同目标。成人教育的责任，就在于创造学习型社会的有利环境，不懈地推进人类各生活层次的提升。这是智力、人力乃至物力资源全面开发的过程，也是光荣、艰巨且永无终结的使命。

　　以上讨论了成人教育六个方面的功能，可见成人教育对人类与社会发展意义的重大。而实际上，这六个方面远远无法完成对成人教育功能的全面概括。因为只要社会在发展，要前进，成人教育的功能就在增加，在改变。因此，准确把握时代的脉搏，以科学的态度和与时俱进的意识改革创新成人教育，让人类与社会发展的各个领域都不能没有成人教育的存在，是我们成人教育工作者世代相传的使命。

---

　　①　构建学习型社会，成人教育大有可为．中国教育报，2003-03-05．

第六章　成人教育思想的
形成与发展

　　以上五章讨论了成人教育的实践过程。这一过程是与思想认识相伴而行的。成人教育思想的产生与发展过程，是一个纳百川而成江河的过程，是发端于古代，发展于近代，成熟于现代的过程，也是人们从成人教育的见解、观点到理论的，从低级向高级的认识发展过程，其中记录了人类的共同努力，尤其刻记着中外部分思想家、教育家对成人教育的历史贡献。

第一节　古代成人教育见解

一、古代中国部分教育家的成人教育见解

　　中国作为世界四大文明古国之一，有着悠久的历史和灿烂的文化。最早的教育思想源于学校教育实践，可追溯到原始公社即将解体，距今大约四千年的"五帝"和"虞舜"时代。我国历史上第一个奴隶制国家夏朝，已有"庠"、"序"、"校"三种名称的学校。到了商朝（第二个奴隶制国家），又有"学"、"瞽宗"等正式学校诞生。西周是我国奴隶社会发展的鼎盛时期，形成了以"国学"、"乡学"两大系统为主体的较完整的学校教育体系，教

育思想具备了得以产生的实践基础。商末周初的箕子，西周初年的政治家周公，开创了从规律的层面上认识教育的先河。之后，中国进入由奴隶制向封建制过渡的春秋战国时代。官学衰落，私学兴起，冲破了"政教合一"的奴隶主统治枷锁，在推进学校教育独立化过程的同时，还打破了奴隶主贵族独霸教育的局面。作为社会底层的平民子弟有了入学受教育的机会，为大教育家孔子教育思想的形成奠定了基础。

（一）孔子对成人教育的见解

孔子（前551～前479年），名丘，字仲尼，春秋时期鲁国陬邑人。他一生大部分时间和主要精力都用在聚徒讲学和整理古代文化典籍上，积累了丰富的教育经验，从教育的对象、作用、目的，到教育的内容、原则、方法，乃至对于德育与教师，都有独到的见解和精辟的论述，成为我国古代教育思想的奠基人，不仅指导了两千年的中国古代教育，而且至今仍对中国乃至世界教育产生着重要影响。其完备的教育思想体系中涉及的有关成人教育的见解，主要体现在以下几个方面：

1. 关于教育目的

孔子从"为政在人"的政治立场出发，主张通过教育来培养"志于道"、"志于仁"的志士、君子和成人。子路问孔子"成人"的标准是什么，孔子答："若臧武仲之知，公绰之不欲，卞庄子之勇，冉求之艺，文之以礼乐，亦可以为成人矣。"又补充说："见利思义，见危受命，久要不忘平生之言，亦可以为成人矣。"可见，孔子要求的"成人"是仁、义、礼、智、信兼备的，是通过教育培养的高于"志士"、"君子"的完人。尽管孔子心目中的"成人"与今天的"成人"概念的内涵未必完全相同，但依据孔子"为政在人"的思想，它肯定是指承担了一定社会责任的人，故与今天"成人"的含义也是大同小异的。把培养"成人"作为教育的高级目标和重要目的，表明了孔子的教育视野已扩展到青少年以外的更大教育群体。孔子的教育思想是包括了成人教育在内的。

2. 关于教育对象

孔子之前的教育，都是"学在官府"。以西周的"国学"、"乡学"两大系统为例。其"国学"中的小学，一种是设在宫廷附近的贵胄小学，学生主要是王太子、公卿子弟等；另一种是设在郊区的小学，学生是一般奴隶主贵族子弟。"国学"中的大学也有两种，一种是设在天子所在都城的大学，叫"辟雍"，另一种是设在诸侯所在都城的大学，叫"泮宫"，都是为王侯子弟服务的。孔子办私学，提出"有教无类"，"自行束脩以上，吾未尝无诲焉"。在这里，孔子收学生的条件是"敬师"，是有学习愿望的人。孔子的"有教无类"是人类教育史上首次发出的教育面向人类的呐喊！在阶级压迫异常严重的奴隶社会，孔子能超越阶级局限，同时触及人类教育与人民文化两大社会课题，是中华民族对人类历史的巨大贡献。

3. 关于教学方法

孔子倡导按需施教。孔子在《述而》中提出，"不愤不启，不悱不发，举一隅，不以三隅反，则不复也"，意思是：对于一个学习者，没有到因求知而愤懑时，不要去启发他，没有到因求知而怅恨时，不要去开导他。也就是说，教师对学生的教育要把握时机，在需要时给予恰到好处的指导。这种时机，就是学习者学习实践的需要。这种视"愤"、"悱"而"启"、"发"的思想，体现了以学习者为主体的成人教育的基本原则。

4. 关于师生关系

孔子对为师之道，有极为深刻的理解。如"学而不厌，诲人不倦"（《述而》），说的是教师学与教的辩证统一；"后生可畏，焉知来者之不如今也"（《子罕》），说的是青出于蓝而胜于蓝的道理；"其身正，不令则行。其身不正，虽令不从"（《子路》），说的是教师以身作则的重要；而其"三人行，必有我师焉。择其善者而从之，其不善者而改之"（《述而》），"敏而好学，不耻下问"（《公冶长》），深刻揭示了成人教育中的师生关系，具有长远的指导意义。

（二）先哲们对孔子成人教育见解的继承和发展

孔子的见解奠定了成人教育思想的基础，在其后两千年的中国封建社会历史进程中，又有许多思想家、教育家在某一或某几个方面，丰富、发展了孔子的成人教育思想，其中主要的有：

1. 孟子的"自得"见解

孟轲（约前 372～前 289），字子舆，是中国战国时期的思想家、教育家。鲁国邹（今山东邹县）人，曾受业于孔子之孙子思的门人。一生崇拜孔子，创立思孟学派，发展了孔子的"礼治"、"德政"思想，提出了教育的目的是培养"明人伦"的"大丈夫"，"得天下英才而教育之，三乐也"（《尽心上》），在中国古代教育史上第一次把"教"与"育"二字联在一起。其教育思想强调深造自得，提出"君子深造之道，欲其自得之也。自得之，则居之安；居之安，则资之深；资之深，则取之左右逢其源"，意思是说：君子深造的好方法在于自学习得。通过自己钻研而理解了的东西，才能记忆牢固；牢固记忆的东西越多，人的知识就会越丰富；有了丰富的知识积累之后，处理问题才能得心应手。这里的"君子"当然不是儿童，而"自得"也需要一定的文化知识基础，所以这里说的显然是成人学习的方法。这是对孔子成人教育思想的重要补充。

2. 董仲舒的"正万民"主张

董仲舒（前 179～前 104），西汉思想家、教育家，广川（今河北景县）人，有"汉代孔子"之称。他认为教育的目的和作用就在于"化民感性"，提出"治天下以教化为大务"，"立太学以教于国，设庠序而化于邑，渐民以仁，摩民以谊（义），节民以礼，故其刑罚其轻而禁不犯者，教化行而习俗美也"①。董仲舒"以教化堤万民"的思想，把孔子的"有教无类"具体化为"万民"，把教育对象明确推进到成人。

3. 颜之推的"永不废业"说

颜之推（531～约590以后），字介，南北朝时期北齐思想家、教育家，琅邪临沂（今属山东）人。他"生于乱世，长于戎马，流离播越，闻见已多"，想以自己的坎坷经历和人生体验训诫子孙，写作了《颜氏家训》20篇，成为我国封建家训集大成之作。颜之推认为，教育的作用在于教育中庸之人，教育的目的在于"多知明达"。他主张"及时早教，勿失时机"。但若因条件所限，"失于盛年"，也"犹当晚学"，虽如"秉烛夜行"，也终有所进。他本人虽未"失于盛年"，但成年之后仍好学不倦，晚年成为学识渊博的名士。他的"犹当晚学"说，虽有一定的历史局限性，但毕竟提出了成年人同样可以学习的主张，有了终身学习的意思。

4. 朱熹的"讲会"制度

朱熹（1130～1200），字元晦，徽州婺源（今属江西）人，侨寓建阳（今属福建）。生于一个以儒传家的书香门第，自幼学业出众，19岁考取进士，29岁踏上仕途，虽有坎坷，但在学术与教育上成就显著，是理学的集大成者。在教育上，他与孔子一样，为官从政期间也从未放弃授徒讲学活动。朱熹在主持修复白鹿洞书院期间，亲临书院讲学，并聘请其他学派、学院的学者来院讲学、辩难，立书院"讲会"制度。此外，他还利用晚间、从政之余，亲临书院教诲后生，开中国夜校教育之先河。朱熹的这两项创造性举措，成为成人教育至今沿用的重要形式。关于教学方法，朱熹提出"书用你自去读，道理用你自去究索，某只是做

① 王凌皓. 中国教育史论. 长春：吉林人民出版社，2000：133.

得个引路底人，做得个证明底人，有疑难处同商量而已"。这种指导自学的方法，明确提出了成人教育中教与学的关系，具有重要指导意义。

5. 王守仁的"知行合一"说

王守仁（1472～1529），字伯安，浙江余姚人，明代中叶著名的哲学家和教育家。他自幼抱有"读书学圣贤"之志，28岁考取进士第，后任云南清吏司主事等职。在学术上，他创立了主观唯心主义的"心学"，核心是"心即理"，认为"万事万物之理皆在吾心中"。在道德教育中，他提出了"知行合一"说，提出"知是行之始，行是知之成。若会得时，只是一个知，已自有行在，只说一个行，已自有知在"，"知行原是两个字说一个功夫"。这种知与行的不可分割性，说的虽是伦理道德，实则揭示出理论与实践，学与用的关系，强化了理论联系实际的根本思想，也是后人"知行"说的重要铺垫。他还从主观唯心主义的哲学观点出发，认为人皆有天生的良知良能，并据此得出"愚夫愚妇与圣人同"的观点，是对孔子"唯上智下愚不移"观点的反叛，奠定了成人学习的哲学基础。他热衷于成人教育实践，亲自给农闲的农民和他们的子弟讲课。他还自创濂溪书院，主讲于阳明书院和白鹿洞书院，见景生情组织"讲会"活动，教学与研究相结合，探索生动活泼的成人教育形式。

先哲们还有其他关于成人教育的看法，但都不成体系，散见于史料之中，这里就不再介绍了。

二、古代外国部分教育家的成人教育见解

古希腊是由原始氏族制度解体而建成的西方最早的一批小规模的奴隶制国家，其中最强大且有代表性的是斯巴达和雅典。公元前508年，雅典完成了奴隶主阶级民主政治改革，为文化教育的发展提供了有利条件。而经济的繁荣又为哲学、科学和文化学

术的发展提供了物质保证，使雅典的文化、学术与教育达到了繁荣的顶峰，并成为古希腊文明的中心，训练有才能的治国之才，培养身体健康、道德高尚、具有广泛的文化知识的社会活动家和商人就成为雅典国家教育的根本任务。斯巴达是一个实行贵族奴隶主专制体制的国家，为了镇压奴隶起义，抵御其他城邦国家的入侵，以及争夺在古希腊的霸主地位，必须建立一支强大的军队，进而决定了斯巴达以体育和军事训练为主的教育特征。由此可见，国家控制教育是斯巴达的经验，全面发展是雅典的目标，而在道德与知识的关系上，尽管苏格拉底、柏拉图和亚里士多德各持己见，却丰富了教育思想与哲学观点的紧密联系，形成了西方最早的教育哲学。在成人教育思想方面，也折射出几点精彩的火花。

（一）苏格拉底方法

苏格拉底（前 469～前 399）是古希腊著名的哲学家和教育家，在诗歌、几何学、音乐等方面才智过人，对哲学造诣尤深。在成人教育方面，苏格拉底的贡献主要在于实践。作为教育家，他"聚徒讲学，常踯躅于雅典的街头巷尾，与任何愿意向他请教的人讨论各种政治、哲学和伦理道德问题"。教育的对象多为成人，教育的方法是研讨。尤其是他常用的"苏格拉底方法"，视事而为，因人施教，体现了成人教育方法的本质特征。

（二）柏拉图的"哲学王"

柏拉图（前 427～前 347）是古希腊著名的哲学家和教育家。作为苏格拉底的崇拜者，他的一些基本论点源于苏格拉底。他创办了"柏拉图学园"，成为欧洲学术思想史上的重要事件，促进了古希腊的科学文化发展。柏拉图在成人教育方面的贡献在于给成人学习设计了一个"超级"领地。他设计的分级递进的教育过程为：7 岁以前接受幼儿教育，7～18 岁接受普通教育，18～20 岁（经过选拔和筛选的部分人）进入"埃弗比"接受严格的军事训练。20 岁以后，他们中的绝大多数人被编入军队，并以此为终身职业。另有极少数经过又一次筛选而才智优异的青年再接受 10 年的教育，到 30 岁，这些人中大部分被分配去担任政府的官吏。另外极少数"身上加了黄金"的出类拔萃者，再继续深造 5 年，精研辩证法，其中才华出众者，再经过 15 年的实际锻炼，在指挥战争及执行各种公务中经受考验而成为"哲学王"，成为国家的最高统治者，才算达到了"政治权力与聪明才智合而为一"的教育目标。

（三）亚里士多德的自然发展原则

亚里士多德（前 384～前 322）是古希腊著名的哲学家和教育家，对哲学、政治学、伦理学、物理学、逻辑学、修辞学和美学等都有开拓性的研究成果，被马克思称为"古代最伟大的思想家"。他对成人教育的贡献在于其提出的"求知是人类的本性"，要求教育必须适应人的自然发展原则，揭示了成人教育的本质合理性。

从对以上三人的介绍可知，公元前西方古代教育家对成人教育的见解与东方孔子教育思想作为人类教育的两大历史渊源，在相隔又相似中走完了古代成人教育思想的萌芽阶段。而进入中世纪之后，文化教育停滞和衰落，对成人教育的认识也没有前进。直至公元 15～17 世纪的文艺复兴及其带来的资产阶级新文化运动，才使欧洲出现了继古希腊罗马之后的第二个文化繁荣的高峰，对成人教育的认识与实践也才有了新的飞跃。

三、古代成人教育思想的基本特点

由以上虽不全面的记述，可以看出处于萌芽状态的古代中西方成人教育思想，存在似乎处于矛盾状态的两个特点：

（一）初级性

即先哲们对成人教育的看法或主张，还都散见于各自的教育思想体系中，既没有专门的论述，也缺乏理论的提炼。如孔子虽已提及"成人"，但与今天成人教育中"成人"的含义并不等同；而孔子从教育的目的与作用，教育的内容与方法等方面涉及成人教育的问题，也并非专指成人而言。柏拉图的对"哲学王"的培养，也是一以贯之的全日制学校教育加实践，还只是成人教育的一个侧面。甚至苏格拉底的教学法，也并非专门服务于成人。可见，古代成人教育思想还只是处于初级状态教育思想的附属品，故它的初级性也就不言自明了。当然，古代成人教育思想的初级性，是因为成人教育尚不具备独立存在的社会、历史条件。说奴隶社会、封建社会没有对成人教育的需求肯定是不正确的，但以自然经济为主的奴隶、封建社会，物质生产中的科技含量还十分低下，人们的生产技能通过生产实践活动中的师徒式传承就可以完成了，没有对成人教育——甚至普通教育提出任何特殊要求。社会物质生产没有提供成人教育的需求动力。在政治方面，把本阶级的子弟培养训练成维护统治的继承人，是奴隶主阶级、封建贵族阶级创办教育的明确目标，而这是从儿童开始，由学校教育完成的。而且，古代教育家们提出把教育扩展到平民的建议，也是从训练顺民，维护统治秩序的目的出发的。所以，面向人民大众的独立成人教育不存在动力源泉，故不可能超越时代需求而发展到高级程度。

（二）预见性

尽管古代成人教育思想还处于只鳞片爪的初级阶段，但相对于当时的社会历史背景来说，简直是"先知先觉"了！可贵的是，这些"先知"都有着深厚的实践底蕴，从中国的孔子、孟子、颜之推、董仲舒、朱熹、王守仁，到西方的苏格拉底、柏拉图、亚里士多德，他们对成人教育的认识，哪个不是在成人教育的实践中产生的呢？正是切身的实践感受，给予了他们朦胧地认识成人教育的时机，并产生了把这些感受告于世人的冲动。虽然这些感知不可能为那个时代的大多数人所理解，但火花毕竟展现的是光的本质，它照亮了后来人对成人教育理性思考的道路，以致我们今天研究成人教育思想产生与发展的历史渊源，不能不从2500年前的孔子和苏格拉底等先哲们那里开始，这正是先哲们作为开拓者的高明之处！

第二节　近代成人教育观点

世界近代历史分期，一般以1640年英国资产阶级革命为开端，终至1917年俄国十月社会主义革命。中国近代历史分期，一般从1840年鸦片战争起，到1919年五四运动止。按此分期方法，近代成人教育思想，是指人类社会发展中，资本主义开始走上政治舞台并主导人类社会后近300年中产生的关于成人教育的思想认识。

一、近代外国部分教育家的成人教育观点

文艺复兴时期，是西欧封建社会向资本主义过渡的历史时期。这一时期，在封建社会内部孕育成长起来的资本主义因素，不断从经济、政治、思想、文化等各个领域向封建社会提出挑战。在思想、文化教育领域，集中反映在批判封建主义专制统治和宗教神学，倡导"人"身与心的和谐发展，并在课程内容和教学方法等方面进行改革。其中人文主义教育思想，冲破教会垄断文化教育的局面，开启了近代西方教育理论的先河；早期空想社会主义教育思想，早期科学教育思想，在对经院哲学和经院主义教育的批判与否定中，为近代教育提供了新的基础、目的和方法，成为19世纪空想社会主义教育思想、科学教育思想的渊源；而伴随17世纪英国资产阶级革命出现的一些新的教育观点，借

助 19 世纪的启蒙运动、工业革命和自然科学成就，在批判古典主义教育中，产生了一批资产阶级教育流派，近代西方国家教育制度开始确立，资本主义教育理论开始形成。这不同教育流派的教育家、思想家，对成人教育也给予应有的关注，虽然还难以形成系统的思想体系，但也提出了一些与本流派教育思想一致的成人教育观点，其中相关流派代表人物及主要观点如下：

（一）人文主义教育思想流派的成人教育观点

产生于欧洲文艺复兴时期的人文主义教育思想，从批判经验主义教育出发，强调人的身心全面、和谐发展，主张拓宽学校课程内容和学科范围，提倡使用新的教育和教学方法。人文主义思想流派的成人教育观点，重视人的发展，认为个人自我实现是成人教育的主要目的。其主要观点是：人性本善，具有发展的个性和潜能，能够在所需要的环境中健康成长，人类性格的核心是自我，成人教育的任务就是在复杂的现代生活情况下，帮助发展负责任的自我。一个人总要学习他人认为必要的有意义的东西，人们从学习中能获取什么知识，取决于其经历、目标、兴趣、观点和信仰；学习形式以聚合、交流等组织活动为最好[①]。法国人文主义作家、教育家、思想家弗朗索瓦·拉伯雷（约 1494～1553），是其代表人物之一。个性解放是拉伯雷人文主义教育思想的核心。他在《巨人传》中，描述了一个叫特来美修道院的社会乌托邦，内中修士修女全部受到扎实的教育，修道院为他们定下的唯一院规是"随心所欲，各行其是"，那里没有任何束缚个性发展的清规戒律，每一个人都有充分的自我发展权利。拉伯雷的设想，提出了一切进步教育都要服务于人的个性发展这样一个根本性课题。

---

① 李秉千，徐学榘．比较成人教育理论．哈尔滨：黑龙江教育出版社，1992：14～16．

（二）泛智教育思想流派的成人教育观点

泛智教育思想产生于封建主义向资本主义过渡时期。在教育对象上，提倡普及教育；在教育目的上，提倡世俗化，强调培养人的德性、智慧和虔信；在教育内容上，提倡百科全书式的知识；在教育方法上，提倡适合儿童心理；在教育形式上，提倡班级授课制。其代表人物扬·阿姆司·夸美纽斯（1592～1670），出生于捷克尼夫尼兹一个磨房主家庭。他是欧洲从封建制度向资本主义制度过渡时期的一位杰出的教育家，素有"教育科学的真正奠基人"① 之称，毕生献身于学校教育事业。他对成人教育主要有两个方面的见解：一是教育普及。"把一切事物的一切知识教给一切人"是夸美纽斯"泛智"论的基本观点。他提出"人人均应受教育"，"人人均需学习一切"②，"要形成一个人，就必须由教育去形成"，"只有受过恰当教育之后，人才能成为一个人"，提出了教育对人的发展的决定性意义。二是全面发展。夸美纽斯认为属于每一个人的教育应该是一种"周全的教育"，其周全性体现在"博学"、"德行"、"虔信"三个教育方面。这三者无疑是人们生活的要点③。而且，通过周全的教育"使每一个人能够有效地利用现世的人生，并适当地预备未来的人生"。有效利用现世人生的观点，提出了终身学习的要求。

（三）唯实主义教育流派的成人教育观点

唯实主义教育也产生于资本主义社会初期，主张教会、贵族教育向世俗平民教育过渡，提倡教育民主，致力把教育推广到民众，主张实用教育。其代表人物富兰克林，对成人教育颇有见解。本杰明·富兰克林（1706～1790）是美国政治家、科学家和

---

① 单中惠．西方教育思想史．太原：山西人民出版社，1996：173.
② 张焕庭．西方资产阶级教育论著选．北京：人民教育出版社，1979：42.
③ 夸美纽斯．大教学论．傅任敢译．北京：人民教育出版社，1984：27.

教育家，美国《独立宣言》的起草人之一。他生于波士顿一个手工业者家庭。因家境贫寒，10岁辍学，靠毕生的勤奋与自我教育走完了成果卓著的一生。个人的特殊经历，使他积极献身于各种启蒙与普及性质的社会教育活动。1728年，他在费城成立"讲读社"，帮助普通手工业者和商人进行自学。1730年，他在费城创办了美国的第一个公共图书馆，向民众普及文化。1732年，他出版了《贫苦的理查德历书》，以教育那些订不起书报的普通民众。

富兰克林认为，教育应该具有实用性。对于个人来说，教育是开启幸福之门的钥匙，是增加经济财富的重要手段；对于社会来说，教育则是家庭与国家安定繁荣的坚实基础。他尤为看重社会教育，认为教育过程也就是生活过程，反之亦然。学校教育与社会教育都不过是生活教育的组成部分。由于现实中社会教育与生活过程和社会发展关系密切，故学校教育虽不可少，但相比之下社会教育更为重要；学校教育虽然是生活教育的一个组成部分，但因其未能发挥教育应有的功效，所以，教育改革应该从学校教育入手，使学校教育服从生活的需要，达到改进社会的目的。富兰克林的唯实主义教育思想，就是在教育对象方面力图打破旧有学校教育的阶级性与等级性，将教育推广到一般民众，熏陶普通民众的民族心理及培养他们的各种生活能力。教育与生活结合，是富兰克林倡导成人教育的重要切入点，也是其自身生活与发展实践的总结。尤其是他强调指出的"无论成人还是青年，所学的知识都应该以实用为主"的观点，与传统的人文主义教育思想及正统的哲学精神是不符的。在斗争中捍卫成人教育的这条原则，是富兰克林对成人教育的重要贡献。

（四）社会主义教育流派的成人教育观点

社会主义思潮产生于文艺复兴时期，并经历了早期空想社会主义、空想社会主义和科学社会主义三个发展阶段，其教育思想强调公共的普及教育，提倡科学教育，重视劳动教育。其成人教育观点具有鲜明的阶级性特点。其不同历史阶段的代表人物及主要观点有：

1. 早期空想社会主义的成人教育观点

托马斯·莫尔（1478～1535）是英国人文主义思想家，人类历史上第一位空想社会主义者。他毕生批判私有制度，崇尚社会主义。在成人教育方面，他提出了如下三个方面的见解：首先是教育普及。莫尔认为，除了剥削者的压迫外，缺乏教育而导致的愚昧，也是劳动人民身陷苦难境地的原因。他设计的乌托邦中没有私有制存在，居民在政治、经济上一律平等，所受的教育也是公共的、普及的。乌托邦实行 6 小时工作制，这就为人们从事学术探讨提供了保证。其次是学习形式。在莫尔看来，"社会本身就是教育的场所和大学校"。乌托邦的教育，"从儿童期延伸到成人期，从家庭扩展到学校、社会组织和生产岗位。公民除书本学习外，还通过聆听公共讲演，自学有益的书，参加各种学术讨论会，从事诸如农业和手工业等各种实际工作学习知识和技能"[①]。第三是职业调换。在乌托邦的居民中，脑力劳动和体力劳动的岗位可视需要进行调换。任何做学问的人可免除体力劳动，但如果不胜任，就被调回去做工。相反，一个工人业余钻研学问，孜孜不倦，成绩显著，也可以脱离自己的工作被指定做学问。

莫尔关于成人教育的三个方面设想，尤其是关于工作岗位调换的思想，揭示了高度文明社会中社会与个体，体力与脑力，物质与精神的对立统一关系，是我们今天仍有待完成的任务。

2. 空想社会主义的成人教育观点

罗伯特·欧文（1771～1858）是 19 世纪英国空想社会主义者。生于威尔士蒙哥马利郡新镇的一个手工业者家庭。他与傅立

---

① 　单中惠. 西方教育思想史. 太原：山西人民出版社，1996：103、104.

叶、圣西门一起，从不同角度批评资本主义的弊端，他的"共产主义和谐公社"，傅立叶的"和谐制度"，以及圣西门的"实业制度"，都代表了他们各自设想的未来理想社会的模式。欧文立志改革，"寻求改善贫民和劳动阶级的生活并使雇主获得利益的方法"[1]，把教育作为实施改革的措施之一。他创办过夜校，提出"教育那些没有受过教育或所受教育很差的人，对于社会的福利来说便是头等重要的事情了"。这里把对成年人的教育与改善劳动阶级的生活条件联系起来，是对成人教育功能的新认识。

3. 科学社会主义的成人教育观点

科学社会主义的创始人马克思（1818～1883）、恩格斯（1820～1895）以科学为武器，实现了社会主义从空想到现实的飞跃。在教育方面，有完整的思想体系。在成人教育方面，也有鲜明的观点与精辟的见解。

（1）强调教育的社会性和阶级性，是马克思主义教育思想的突出特点。马克思、恩格斯不仅在许多著述中批判了资产阶级所谓"民主"、"平等"教育的虚伪性，而且提出了无产阶级要通过夺取政权改变现行教育的资本主义性质，实现真正的人民民主、平等的教育目标。马克思关于教育的社会性，尤其是其阶级性的认识，从一个侧面揭示了资本主义社会成人教育发展缓慢的根本原因。这一论点的科学性，在半个世纪后相继为社会主义苏联和中国成人教育发展实践所证实。

（2）关注环境与人的关系，是马克思主义教育思想的重要内涵。在批判法国唯物主义者和空想社会主义者关于环境与人的循环决定论时，马克思提出了"环境是由人来改变的，而教育者本人一定是受教育的"[2]，从而把社会发展中"环境与人的循环"

① 欧文选集：上卷．北京：商务印书馆，1965：195.
② 吴式颖，等．外国教育史简编．北京：教育科学出版社，1988：278.

的片面看法引导到"教育与人的循环"的正确方向上来，揭示了人的成长与继续教育的良性循环关系，从哲学的高度论述了成人教育对社会发展的深远意义。

（3）全面发展是实施劳动者教育的根本目标。关于人的全面发展，马克思赋予了有别于资产阶级教育家的新的含义，提出"大工业的本性决定了劳动的变换、职能的更动和工人的全面流动性"，"承认劳动的变换，从而承认工人尽可能多方面的发展是社会生产的普遍规律"[①]。资本主义制度使人成为机器的附属品，更加畸形发展。故根本变革资本主义生产方式，废除生产资料私有制，消灭阶级划分，将为实现人的全面发展建立前提条件。

在马克思、恩格斯的教育思想中，虽然很少提及"成人"的字样，但每一项深刻的见解，或是为成人教育开辟了新的发展空间，或是只有成人教育长足发展，这些见解才能实现；或者说在马克思那里，每个人及什么时候接受教育，原本就是需要不需要而不是可能不可能的问题。马克思、恩格斯的教育思想，把原始社会之后教育为少数人服务的立足点，又彻底移回到为全人类服务上来，从而为成人教育的长足发展奠定了坚实的思想与理论基础。

与社会主义教育观点相近的，还有"全人类教育"思想流派的一些主张。其代表人物之一费里德里希·阿道夫·威廉·第斯多惠（1790～1866）是德国教育家，出生于德国威斯特伐亚州西根市一个法官家庭。大学毕业后曾任家庭教师、师范学校校长，并设立实验学校试验新的教学法。他从资产阶级民主主义观点出发，提倡"全人类教育"思想，提出"德国的教育学要求未来的专门教育要建立在全人类的教育基础之上"[②]，而"全人类教育"

①　马克思恩格斯全集：第 23 卷．北京：人民出版社，1972：534.
②　张焕庭．西方资产阶级教育论著选．北京：人民教育出版社，1979：365.

的重要原则，就是"适应自然地进行教学"，即严格地按照人的天性及其发展规律，适应教育对象的年龄特征及个别差异进行教学，"不信任人的天性，就不可能有适应自然的、成功的教育"①。他在《德国教师教育指南》中强调说，任何时候都不能满足于自己的知识水平，停止前进。时代越前进，社会生产和社会生活越发展，对学生的要求越是多方面的，就越不能以同样的尺度要求所有的人。第斯多惠反复强调的发生在"任何时候"的面向个别差异与个性发展的继续教育，是对成人教育思想的重要贡献。

（五）其他教育流派的成人教育观点

在人类近代教育发展史上，还有许多教育流派表达了自己的成人教育观点。

1. 法国唯物主义思想家、教育家狄德罗的成人教育观点

德尼·狄德罗（1713～1784）是法国启蒙思想家、教育理论家，生于法国上马恩省朗格勒市一个手工业者家庭。中学毕业后进入索邦学院读书，毕业获文学硕士学位。经 25 年的刻苦奋斗，编纂了一套新的《百科全书》（共 28 卷），汇集了当时自然科学和社会科学的最新成果，形成了 18 世纪法国的百科全书派。他积极倡导国民教育，认为优良的素质是人人都有的，人人都需要通过教育来发展这种自然素质。但是专制君主和教会教育的一切做法，就是想剥夺群众的受教育权利，使他们一直陷于愚昧的境地。他强调说："多少人在没有表现他们是什么之前就死掉了！我愿意把他们比做一幅藏在黑暗的画廊里的壮丽画图，里面透不出一线阳光，没有谁看到它，也没有引起谁的赞赏，它在那样的地方埋藏了。"狄德罗提及的优良素质就是人的潜能，没有教育的激活、开发，就会在黑暗中被埋没。这种巨大的人力资源，只

---

① 张焕庭．西方资产阶级教育论著选．北京：人民教育出版社，1979：342.

有成人教育才能有效开发，这一点狄德罗虽已经认识到，却无法做到。

2. 法国国家主义教育家孔多塞的成人教育观点

让·安托尼·孔多塞（1743～1794）是法国哲学家、数学家，是国家主义教育思想的代表人物之一。他出生于法国里贝蒙的一个贵族家庭，26 岁因数学成就被选为法兰西科学院院士，曾任宪法起草委员会成员，后又领导公共教育委员会。孔多塞十分重视国民教育的发展，他认为，国家对每个公民的天赋权利应该予以尊重，国民教育是国家对一切公民应尽的职责。他强调说："教育是普及的，就是说，应该是一切公民都能享受到的，它应该在其各级学校的过程中，能包括人类知识的整个体系，并保证一切年龄的人易于保存其知识，易于获得新知识。"① 一个人从学校里毕业并不意味着他受教育的结束，教育对于任何年龄的人都是有益的和可能的。因此，孔多塞主张应该将一切公民的教育延续到青年人以及成年人的时代。为了对每个公民更好实施教育，孔多塞强调建立统一的、相互衔接的国民教育体系，分初级小学、高级小学、中等学校、专门学校四个阶段。同时认为，初级小学教师每星期还应组织群众座谈会，讲解必要的道德与法律知识，以便他们更好地运用自己的公民权利；高级小学教师每星期也应组织座谈会，宣讲新的立法以及必要的公民知识；中等学校应注重为小学培养教师和承担小学教师进修的任务；专门学校应该成为传播文化知识教育的中心。

3. 英国科学教育思想家斯宾塞的成人教育观点

赫伯特·斯宾塞（1820～1903）是英国哲学家和教育思想家，出生于英格兰德比郡的一个乡村教师世家。他尖锐地批判英国古典教育中的"装饰主义"传统习惯，强调科学教育必须取代

---

① 单中惠. 西方教育思想史. 太原：山西人民出版社，1996：287.

古典教育，才能使学校课程同人生事业有着最密切的关系，才能培养出得到自由发展的人。他还提出教育要为完满的生活作准备，并把"完满生活"划分为五种活动：一是直接保全自己的活动，二是从获得生活必需品而间接保全自己的活动，三是目的在于抚养教育子女的活动，四是与维持正常社会政治关系有关的活动，五是在生活中的闲暇时间满足爱好和情感的活动。在这里，斯宾塞对"完满生活"的划分几乎包括了今天成人教育服务的所有方面，只可惜他是从青少年"预备教育"的角度，而不是从成人继续教育的角度提出问题。当然，在这里我们不是抱怨斯宾塞因历史的局限而少走了半步，而是赞赏他以哲学家、教育家的睿智，在他人已经停步的终点上又跨出了半步。

4. 俄国民族性教育思想家乌申斯基的成人教育观点

康斯坦丁·德米特利耶维奇·乌申斯基（1824～1870）是俄国教育家，出生在俄国图拉市一个小官吏家庭。童年在其父亲的庄园度过。中学毕业后入莫斯科大学学习法律，毕业后从事教育工作。他认为，民族性是国民教育的基础。他强调指出，"为了把国民教育引上平坦的和正确的大道，应当注意的不是德国、法国、英国等国需要什么……而是处于现阶段的俄国需要什么，适应俄国历史进程，适应俄国人民的需要和精神的是什么"①。毫无疑问，民族性及其体现的区域性，是确定成人教育服务方向的一条重要原则。

5. 德国劳作教育思想家凯兴斯泰纳的成人教育观点

乔治·凯兴斯泰纳（1854～1932）是德国教育家，出生于德国巴伐利亚州首府慕尼黑的一个市民家庭。1881年获哲学博士学位，1895年被任命为慕尼黑市教育局局长，主持该市教育行政工作25年，在推进劳作学校运动中形成了劳作教育思想并成

---

① 单中惠．西方教育思想史．太原：山西人民出版社，1996：401、402．

为其主要代表。他主张对全体国民实施公民教育，认为提高就业青年的文化技术水平对于发展德国的社会生产有直接的作用。补习学校就是实践这一思想而设立的面向已就业青年的一种业余教育机构。补习学校分初级、高级两个阶段。初级阶段是按照不同的行业开设各种类补习学校，招收 14～18 岁的学徒工、非熟练工人、临时工人以及失业青年，除进行职业技术训练外，还学习语文、算术等普通知识，并进行道德教育；高级阶段是为 17～20 岁的熟练工人提供补习与提高的机会，学生可选学所需要的生产知识与技术课程。补习学校由教育行政部门与各行会合作加以组织管理，上课时间一般安排在晚上或星期日，每周上课 8～10 小时，初级阶段强迫参加，高级阶段自愿参加。至 20 世纪初，慕尼黑市的每一个区都设有中心补习学校，供相邻的几所职业补习学校上课，在校生已有相当规模。实践有力地证明，成人教育在职业技能训练与提高方面是可以大有作为的。

6. 日本有关法令中体现的成人教育观点

在世界近代成人教育思想发展历程中，值得一提的还有日本有关法令中体现的成人教育思想。19 世纪明治政府成立，自上而下地开展了资产阶级改革运动，日本进入到"文明开化"教育改革阶段。改革的方针为"破旧有之陋习，求知识于世界"，颁布的《学制令》中特别强调了教育的普及，提出"从现在起，教育应该普及于全体人民（贵族、前武士、农民、手工艺人、商人和妇女），要使农村中没有文盲家庭，家庭中没有文盲成员"①，不仅较早指出了人类教育的重点和难点，也从目标与实践两个维度赋予了成人教育光荣而艰巨的历史使命。

---

① 吴式颖，等．外国教育史简编．北京：教育科学出版社，1988：337.

二、近代中国部分教育家的成人教育观点

中国近代历史分期，从 1840 年英国殖民主义者的坚船利炮打开中国两千年封建社会大门开始，比西方进入近代历史时期晚了整整 200 年。200 年西方资本主义教育的发展，资产阶级教育家对教育的见地，对与世隔绝的中国人来说，是一个在不知不觉中从先进变为落后的过程。然而，炎黄子孙毕竟是不甘落后的，作为中华民族的优秀代表，当林则徐"睁开眼睛看世界"的时候，一些新兴地主阶级、资产阶级知识分子试图通过学习西学、兴办洋务等途径实现自强求富的目标，洋务运动时期地主阶级改良派代表张之洞，维新运动时期资产阶级改良派代表康有为、梁启超、严复等，都提出了一些教育改革的新思想，其中虽也涉及成人教育，但都处于零散肤浅的状态。唯辛亥革命时期资产阶级革命派代表蔡元培，吸收了国内外一些教育家的成人教育思想，结合中国实际提出了一些关于成人教育的新见解，填写了中国人在世界近代成人教育思想史上的一段空白。

1. 全面和谐发展的"五育"方针

蔡元培提出的"五育"，是指军国民教育、实利主义教育、公民道德教育、世界观教育和美育。他说："……夫军国民教育者，与社会主义僻驰，在他国已有道消之兆。然在我国则强邻逼处，亟图自卫，而历年丧失之国权，非凭借武力，势难恢复。且军人革命以后，难保无军人执政时期，非行举国皆兵制，将使军人社会，永为全国中特别之阶级，而无以平均其势力。则如所谓军国民教育者，诚今日所不能不采者也。"[①] 关于"五育"的关系，蔡元培用人的身体作比喻，谓之"军国民主义者，筋骨也，

---

① 蔡元培．对于教育方针之意见．//中国近代教育史资料汇编．上海：上海教育出版社，1997：653.

用以自卫；实利主义者，胃肠也，用以营养；公民道德者，呼吸机循环机也，周贯全体；美育者，神经系也，所以传导；世界观者，心理作用也，附丽于神经系，而无迹象之可求。此即五者不可偏废之理也"①。蔡元培以人之肌体与机能比喻"五育"关系——既要"五育"并存，不可偏废，又要由始至终，不可间断，把成人教育自然而然地融入了一个完整的教育体系之中。

2. 关注学生的个性发展

蔡元培在民国七年（1918 年）"直隶全省小学会议欢迎会"上的演说中提出，"夫新教育所以异于旧教育者，有一要点焉，即教育者非以吾人教育儿童，而吾人受教儿童之谓也"。他批判了旧教育"以养成科名仕宦之材为目的"而忽视儿童身心发展之程序，认为"实际上，或以年龄、或以男女之别，或以外界一切之关系，或以祖先之遗传性，因而得种种普通之例，亦即因而得种种差别之点"，故"知教育者，与其守其法，毋宁尚自然；与其求划一，毋宁展个性"。而实现这一目标的重要方法就是"最好使学生自学，教者不宜硬以自己的意思，压到学生身上，……学生方面也应自觉——一切均需自助才好"，提出了学生应自学、自助这一对成人教育过程尤为重要的观点。

3. 普通学校向平民开门

民国九年（1920 年），蔡元培作为北京大学的校长，在"平民夜校开学日"的演说中说，"今日为北京大学学生会平民夜校开学日，此事不惟关系重大，也是北京大学准许平民进去的第一日。从前这个地方，是不许旁人进去的；现在这个地方，人人都可以进去"，"北京大学第一步的改变，便是校役夜班之开办。于是二十多年的京师大学堂里面，听差的也可以求学……他们晚上

---

① 蔡元培. 对于教育方针之意见. // 中国近代教育史资料汇编. 上海：上海教育出版社，1997：657、658.

不当差的时候，也可以随便地求点学问。于是大学中无论何人，都有了受教育的权利。不过单是大学中人有受教育的权利还不够，还要全国人都能享受这种权利才好"，"平民的意思，是人人都是平等的，从前只有大学生可受大学的教育，旁人都不能够，这便算不得平等"，同时还建议"凡中等以上各种专门学术，都可以设在大学里面，一区以内的中小学校教育，与学术以外的社会教育，如通信教授、演讲团、体育会、图书馆、博物院、音乐、演剧影戏……与其他成年教育、盲哑教育等等，都由大学办理"。从平等的角度，在我国首次提出普通院校举办成人教育，并把这一思想不断付诸实践。蔡元培在任南京临时政府教育总长期间，为推进成人教育、补习教育起见，专门增设了社会教育司。在法国期间，他还与其他有志之士一起，与法国政界人士组织华法教育会，沟通中法两国文化，便利国内许多无力出国求学的青年以半工半读的方法到法国留学。此外，他的"一个人不但愁着肚子饿，而且怕脑子饿"，"发扬学生自助精神，养成服务社会的能力"，"受毕普通教育，还要力图上进，不可苟安现状"[1]等诸多见解，都对成人学习与成人教育有一定的指导意义。

三、近代成人教育思想的基本特点

由上述，近代成人教育思想的形成与发展具有以下几个明显特点：

1. 广　泛

这里所说的"广泛"，是就范围而言的。就是说，人类近代成人教育思想已不像古代教育家那样仅限于对个别问题的看法，而是已涉及成人教育构成要素的几乎各个方面。如对成人教育功能的认识，个人发展与社会发展两个基本功能均已涉及，其中促

---

[1]　中国近代教育史资料汇编．上海：上海教育出版社，1997：684、686、694．

进个人发展的，如第斯多惠的"个性发展"，夸美纽斯的"全面发展"，狄德罗的"自然素质"开发，斯宾塞的"自由发展"等等。关注社会发展的教育家也有一些，以欧文、马克思的见解更为深刻，表明这一时期人们对成人教育基本功能的认识已较深入。关于教育对象，狄德罗提出面向"国民"，富兰克林表述为"全体民众"，孔多塞提出"一切公民"，第斯多惠则提出"全人类教育"，乃至夸美纽斯的"把一切事物的一切知识教给一切人"等观点，都表明教育活动已不再只属于青少年。关于教育形式，凯兴斯泰纳的"补习学校"，孔多塞提出的利用业余时间对普通群众开展教育，以及蔡元培提出的自主学习等观点，已突破传统全日制课堂的围墙，呈现出多样化的前景。至于成人教育的特点，富兰克林反复强调的"注重实用"，凯兴斯泰纳的"劳作学校"，斯宾塞的"完满生活"，夸美纽斯的"有效利用现世人生"，孔多塞的"将一切公民的教育延续到成年人的时代"，以及乌申斯基的"民族性是国民教育的基础"等观点，已展示出成人教育的实践性、在职性、民族区域性、终身性等主要特点。由此可以说，近代成人教育思想的贡献在于拓展。

2. 不平衡

近代人们对成人教育的认识是广泛的，但同时又是不平衡的。一是表现在成人教育与普通教育之间的不平衡。文艺复兴与人文主义教育思想居于主导地位，带来了教育思想领域的空前活跃，出现了普通教育思想百家争鸣、千帆竞发的局面。而相比之下，对成人教育的研究与思考就显得十分沉闷。二是表现在关注成人教育的思想家分布不平衡。本节列出的几位关注成人教育思想的西方教育家中，英、法、德每国3人，占总人数的3/4，其余3人中美、捷、俄各1人，合占1/4。虽然这并不是科学全面的统计，但还是能给人们以成人教育发展不平衡的强烈感受。究其原因，还是资本主义发展不平衡的特点的必然结果。

3. 相对滞后

这里的"滞后"，是相对成人教育实践而言的。由本书的第一章可知，人类近代历史时期的成人教育实践已十分丰富，其中有社会团体如奖励学习协会、月光协会、友爱协会等创办的工人学习班、识字班、讲习所、读书会等成人教育活动机构，有教会、政府部门等创办的民众大学、工人大学、补习学校等独立设置的成人教育机构，有大学推广运动等普通高校面向成人开展的教育教学活动，有企业开办的工业补习学校，还有图书馆、博物馆等发挥的成人教育作用等等。应该说，成人教育已开始作为独立的教育形式登上了社会教育舞台。然而，教育理论工作并未对如此丰富多彩的成人教育活动给予由表及里的概括与提升，故可以说在近代教育历史阶段，人们对成人教育的认识，相对于实践，不像普通教育那样超于前而是滞于后，故构建完备的成人教育理论体系的任务留给了现代。

第三节　现代成人教育理论

俄国十月社会主义革命的胜利，使社会主义从空想变为现实。人类进入现代历史阶段。之后 80 年的历史，社会经历着一系列重大变化，其中最主要的有两个方面：一是政治多元化及其产生的意识形态、发展道路的多元化，二是来势迅猛的科技革命浪潮带来了知识经济与信息社会。新的时代背景，新的社会需求，向教育提出了前所未有的挑战。新的教育思想纷纷涌现，教育家们从不同的角度以不同的理论依据研究普通教育发展中的问题，形成了一系列具有时代特色的教育流派。如进步教育强调"儿童中心"；实用主义教育强调"教育即生活"，"学校即社会"；文化教育强调用文化财富去陶冶学生；综合技术教育强调让学生了解生产过程的基本原理，获得运用生产工具的技能；要素主义教育强调人类文化遗产中的共同要素，并以此加强智力训练，培养英才；结构主义教育强调认知能力的发展，注重对知识结构的理解，提倡早期教育和学习；等等。百花齐放的局面标志着普通教育仍处于自近代以来的百家争鸣状态，对普通教育规律的认识与探索伴随社会的发展继续深化。与普通教育相比，成人教育则有了跨越性发展。其动因主要源于社会的需求，也源于历史的积累及个别教育家的突破性认识。其重要标志之一，是由古代走来的有关成人教育的见解、观点已经发展完善，形成了成人教育理论体系。其中成人教育、远程教育、终身教育三大理论，是构成现代成人教育理论体系的三大柱石。

一、成人教育理论

在近代成人教育观点基础上，现代成人教育理论呈多元化趋势。其中无论是对成人教育的全面阐述，还是就某个方面的深刻见解，都对成人教育的理论建构和实践发展发挥了重要作用。因资料所限，无法对人类的全部成人教育理论成果予以展示，只能对其中部分代表人物及其理论贡献作以简单介绍。

（一）弗莱雷的成人教育理论

保罗·弗莱雷，1921 年出生于巴西的一个中产阶级家庭。早年攻读法律、哲学，以后又攻读社会学和教育。他先后担任过地方的福利官员以及文化、教育方面的负责人，很早就接触城市贫民阶层，后来在一所大学的文化推广服务部门工作时开始从事扫盲工作，对成人教育的实践与理论研究由此开始。

弗莱雷以"意识教育"和价值理论为基础，批判传统的"堆积教育"，在总结扫盲教育的基础上，提出了"弗莱雷教学法"。该教学法把扫盲教育分为三步：第一步，引发动机。在进行识字教育之前，通过对一些没有文字的图片（包括人的概念，世界，大自然与文化，人与动物，人类行为模式等）的观察和讨论进行意识觉醒教育，使学员认识到学习的重要性。第二步，感知教材。把一个词分为若干部分，通过形象化的表达（如配有文字说明和没有文字说明的卡片等），促进学员思考这些词汇所包含的意义。第三步，深化讨论。在以上两步基础上，学员联系生活现实进行讨论，帮助学员记忆字词，促进学员意识觉醒。如学员在印有"贫民窟"的卡片上学到这个词，然后进一步讨论贫民窟的贫苦生活以及产生贫民窟的原因等，在学员掌握了一定量的词汇以后，就鼓励他们写一点笔记，以批判的态度讨论、分析这个词与现实环境之间的关系①。关于扫盲后教育，弗莱雷认为与扫盲教育是一体化过程，是扫盲教育的巩固与深化阶段。这一阶段的准备工作主要是确定主题和提出这些主题的方式。主题最好是从人们的生活和周围环境中确定，反映学习者内心的热切愿望并富有启发性。主题确定后，小组辅导员和教师同学员开展讨论，可用讨论、表演、讲故事等多种方式继续进行文化和思想意识教育。在上述扫盲教育基础上形成的"弗氏模式"，突出学习内容的针对性、启发性，教学方式的多样性和师生关系的交互性，很有见地。利用形象化教材和联想关系提高教育效果，是弗莱雷教学法的创新和独到之处，在拉丁美洲的一些国家也产生了很好的实践效果。

（二）列宁及其战友的成人教育理论

1. 关于成人教育对象

1918 年 8 月 28 日，列宁在全俄教育工作第一次代表大会上讲话时指出，"劳动者渴求知识，因为知识是他们获得胜利所必需的。十分之九的劳动群众都懂得：知识是他们争取解放的武

---

① 李秉千，徐学榘．比较成人教育理论．哈尔滨：黑龙江教育出版社，1992：31～34.

器；他们遭到挫折，就是因为没有受教育；现在要真正做到人人
都能受到教育，全靠他们自己"。与此同时，列宁又进一步提出，
"我们非常突出地感到十分艰巨的工作是重新教育群众，组织和
训练群众，普及知识，同我们接受下来的愚昧、不文明、粗野等
遗产作斗争"。列宁不仅提出了劳动者必须人人受教育的权利，
也提出了加强国民教育对巩固社会主义政权的必要性，把空想社
会主义的成人教育思想付诸实施。

2. 成人教育的任务

列宁为共产主义教育制定的原则中提出，教育的任务应该是
为培养出全面发展和受到全面训练的人，即会做一切工作的人服
务。在党纲国民教育的条文中明确提出，"学校应该成为无产阶
级专政的工具"。其后在一系列重要会议上列宁又进一步指出，
"居民对于在学校教育系统之外受教育的要求，以及对这方面工
作人员的需要，都在急剧地增长"，"在最短时间从工人、农民中
培养出各方面的专家，是教育人民委员部在新时期的任务"，"要
清楚地懂得，工人和农民现在需要学习不是为了使地主和资本家
得到好处和利润，而是为了改善自己的生活"①。把吸引劳动居
民积极参加国民教育事业和对成年人发展职业教育并向综合技术
教育过渡，作为"教育最紧迫的任务"。

3. 成人教育的内容与方法

在党的纲领和列宁为共产主义教育制定的原则中，对成人教
育的内容与方法多有阐述："学习共产主义的任务是整个社会主
义教育事业最主要的任务之一。教育和教养的统一，在于随着学
生对科学原理的掌握，使其形成牢固的马克思列宁主义世界观"，
"苏维埃政权从各个方面帮助工人和劳动农民自学自修（建立图

---

① 列宁. 俄罗斯联邦电气化与世界经济的过渡阶段（序言）. // 华东师范大学
　教育系编. 列宁论教育. 北京：人民教育出版社，1990：306.

书馆、成人学校、人民大学、讲习所、电影院、艺术工作室等等)"①，"我们应当把动员识字的人扫除文盲这一简单而迫切的事情着手做起来。我们应当利用现有的书籍，着手建立有组织的图书馆网来帮助人民利用我们现有的每一本书，应该建立一个有计划的统一组织"，"要求每个电站动员一切适当的人力经常举办座谈会、讲座，上实习课，向工人、农民介绍电的常识、电的意义和电气化计划"。1918 年，繁忙中的列宁还就编写工农读物发表指示："在两周内编写出一套工农读物，叙述要非常通俗，是给文化程度极低的农民看的。"

列宁作为苏维埃政权的领导人，在一个新政权刚刚建立时可以想象的繁忙中，竟然对国民教育、工农教育频频发出指示，而且观点之鲜明、要求之具体是不多见的。这些努力产生了积极的效果，使面向工农及社会各界群众的成人教育（函授教育、夜校教育、普通学校向工农开门等）在短短的时间内取得了西方资本主义世界上百年没有取得的成绩，充分体现了人民政权对发展人民教育的执著追求及其巨大的优越性。

(三) 林德曼的成人教育理论

林德曼是美国第一位系统论述成人教育的专家，有"成人教育精神之父"之称。他出生在美国密歇根州的圣克米市，父母均是移民，幼时家境贫寒，9 岁时开始打工帮助家计，21 岁才接受正式学校教育。林德曼对成人教育情有独钟，发表论文 200 多篇，书评 100 多篇，出版专著 9 部，成果颇丰。其中 1926 年出版的《成人教育的意义》（1961 年再版）是其成人教育思想的精华，也是世界上最早以"成人教育"命名，为成人教育奠定理论基础的著作，至今仍不失其指导性。林德曼的成人教育理论有五

---

① 俄共（布）纲领草案（节录）.∥华东师范大学教育系编.列宁论教育.北京：人民教育出版社，1990：184.

个基本观点①：

1. 强调成人文化智力教育的目的在于提高成人的文化水平，开发成人的智力，使成人更多、更全面地理解人类生命的意义。

2. 认为成人教育的本质是终身的、生活化的、非职业的，是一个与人类生命相联系的、围绕非职业思想周期性出现的过程。

3. 主张成人教育应以人及其需要为核心，以生活情境和经验为基础。他曾说："传统教育与成人教育之间最主要的差别之一应当到学习过程的本身去寻找，……在一个成人的班级里，学生的经验和教师的知识都很重要，其票面价值相等，可以相互交换……在传统的教育中，学生使自己适应给他们安排的课程，而在成人教育中，学生帮助设置课程……在民主的条件下，权威就是学生本身。"

4. 更新教学方法和师生关系。林德曼认为成人教育是一项商讨性的协作活动，也是一种为成人学习而设计的新的专门技术。他曾提出，"我想成人教育应该有一种新的学习方法。……这种方法代表着一个过程，通过这个过程，成人开始学会意识到自己的经验并对其进行评价。要做到这一点，成人不应当从学习'书本知识'开始，并指望将来有一天会利用知识。相反，他应当从注意自己所处的环境开始，从注意妨碍其自我实现的问题开始。从各种知识领域所获得的论据和信息，其用途不在于积累，而在于解决问题，在这一过程中，教师会发现一种新的职责。他不再是在权威的讲台上演讲的预言家，而是一个带路人，一个指导者……成人教育是在一种非权威、非正式学习中的合作性活动，为的是发现经验的意义；是一种对头脑的探索，深入地探索支配人们行为的那些先入之见；是一种成人学习的技术，这种技术可以使成人教育与生活联系起来，因而，也就将生活本身提高

①　叶忠海，等．成人教育学通论．上海：上海科学技术出版社，1997：8.

到了开拓性试验水平"①。

5. 主张成人教育是社会变革必不可少的手段，是社会活动家手中最可靠的工具，并认为所有成功的成人教育团体迟早会变成社会活动团体。

上述林德曼关于成人教育的观点，已涉及以人为本、终身教育、需求动力等一系列教育的本质问题，对其后成人教育的深入研究起到了某种导向与奠基的作用。

（四）桑代克的成人学习理论

桑代克，1874年出生于美国马萨诸塞州的威廉斯堡，获哥伦比亚大学博士学位后长期在该校任教，并主持科学科研所的工作。他从动物心理实验着手研究学习心理、智力及个别差异，把学习过程解释为一个联结过程，提出了学习的"联结主义"（刺激——反应）学说，提出了由三条主要定律（效果律、准备律、学习律）、五条次要定律（对同一情境可有多种反应；对不同的反作用可有多种反应；定向、态度，或适应，或倾向；同化律或相似律；联结迁移律）构成的学习律。在对成人学习进行大量研究基础上，于1928年出版了论述成年人智力和学习规律的专著《成人学习》，提出了三项通用的结论：一是学习的黄金时代是20岁到25岁；二是20岁到25岁这段时间以后，学习能力略有下降，大约以每年1%的速度下降到42岁；三是智力对于与年龄相关的学习能力曲线影响很小，能力强的人与普通的人所表现出的曲线大致相似。他在书中还写道："一般地说，45岁以下的任何人，都不应该认为或惧怕自己太老，不能学习，而限制自己，不去努力学习。他也不应该以这种惧怕心情为借口而不去学习他应该学习的东西。如果他没有学好，那并不是因为他的年龄太大而无力学好；如果他学好了，那是因为他的学习能力不受年

---

① ［美］马尔科姆·诺尔斯. 现代成人教育实践. 蔺延梓译. 北京：人民教育出版社，1989：61、62.

龄影响。成人教育并不受学员年龄的神秘影响。"① 他把健康状况、能力、学习兴趣和动机确定为可能影响成人学习收获大小的因素。桑代克得到的"成人能够学习"的研究成果，突破了成人不能学习的传统观念，奠定了成人教育的理论基础，对成人教育的发展具有里程碑意义。

（五）诺尔斯的成人教育理论

马尔科姆·诺尔斯是美国著名的成人教育学家。1932 年大学毕业后即开始从事成人教育工作。他曾在美国 30 多个工厂企业、大专院校和民间组织任成人教育管理员和顾问，在 4 所大学任成人教育教授，曾任美国成人教育协会的执行主席。他撰写研究论文 176 篇，著书 12 部，其中《非正规成人教育》（1950）、《现代成人教育实践》（1980）、《成人教育学的作用》（1984）等都有较大的影响。研究范围涉及成人教育的性质、概念、使命、功能、结构、形式，教师，教学内容与方法等多个方面，构成了较系统完备的成人教育思想体系。

1. 关于成人学习的特点

诺尔斯认为，成人具有自我导向的自我观念，而"自我导向学习"是一种没有他人的帮助，由个体自己引发，以评断自己的学习需要，形成自己的学习目标，寻求学习的人力和物力资源，选择适当的学习策略和评鉴学习结果的过程，"成人学习活动最好是一种独立的探讨过程，即学习者自觉地、主动地利用教师、同学以及其他方面所获得的材料进行学习"②。他认为成人具有的丰富经验是学习的重要资源。成人与儿童经验上的差别在学习上至少有三个方面的意义：第一，成人对他人的学习可以贡献更

---

① 李秉千，徐学榘．比较成人教育理论．哈尔滨：黑龙江教育出版社，1992：43～46.

② ［美］马尔科姆·诺尔斯．现代成人教育实践．蔺延梓译．北京：人民教育出版社，1989：1.

多的东西。对于大多数学习活动，他们自己就是丰富的学习资源。第二，成人有着更加丰富多彩的经验，可以与新经验联系起来。第三，成人已经有了许多定型的经验和思维方法，所以他们的头脑可能不够开放。故在成人学习上应强调经验性方法，如小组讨论、实例法、模拟学习、现场项目、实验室法等；强调实际应用，把学习内容与实践结合起来；以及"排除"经验，摆脱先入为主等。诺尔斯还认为，成人学习与发展任务的改变密切相关。当成人想要了解某些事情并以之作为解决生活问题的手段时，即产生了学习的准备；当成人从一个发展阶段转换到另一个发展阶段时，所引起的发展任务的改变，往往是学习的重要时机。故学习时间与发展任务及其改变的配合相当重要。他提出了"教育需要"的观点，并解释为"是人们为了自己，为了组织，为了社会而必须学习的东西。它是人们目前能力水平和高一级能力水平的差距"①，并进一步提出，"人们越是能够具体明确自己的愿望，越能够了解自己目前的能力水平——越能够确定他们的教学需要——他们学习的能力就会越大。另外，人们的需要越能够与组织上或社会的愿望保持一致，有效的学习就越容易产生"。

2. 关于成人学习的方式

　　诺尔斯提出，"实际上，可供计划（指成人教育全面计划）进行选择的学习方式比人们预料的要多得多，……学习方式越多，就越能够适应成人的各种学习需要、学习风格和学习条件"②。关于"学习方式"的概念，诺尔斯引用了加拿大不列颠哥伦比亚大学库利·凡尔纳提出的"方法是将人们组织起来参加成人教育活动的途径"③。而通常所说的"方式"，就是这里凡尔

---

① 〔美〕马尔科姆·诺尔斯. 现代成人教育实践. 蔺延梓译. 北京：人民教育出版社，1989：99.
② 同上，158.
③ 同上，159.

纳所说的"方法"。诺尔斯还把学习方式分为"个体学习方式"、"小组学习方式"和"社区发展或社区教育方式"。其中个体学习方式，是可以用来帮助个体单独学习的方式，主要有学徒与见习，函授学习，咨询，自学，多渠道学习资料，程序教学与计算机辅助教学，监督等；小组学习方式，主要是为了从事学习而组成的小组和主要是为了从事其他事业，但学习也是其附属内容而组成的小组，如行动计划（即当一个小组行动计划包括了某种教育成分时），诊断会、讲习会、研讨会，俱乐部和有组织的小组，代表大会，演示、陈列、博览会，流动展览，大型会议等；社区发展或社区教育方式，是指成人教育工作者把整个社区视为他们的教室或学习实验室，组成联合体，动员各种教育资源，向所有年龄的人按照他们居住地和时间上的方便性提供教育服务。诺尔斯提出的关于成人学习的方式，展示了成人教育活动的广阔天地。

3. 关于成人教育工作者的使命

诺尔斯指出，成人教育工作者的使命应当与满足三种不同的需要和目的相联系。其一，个人的需要和目的，是成人教育工作者基本与直接的使命，检验的标准之一便是参加学习者是否增强了进取心，是否提高了继续学习的能力，是否实现了个性发展从依赖向独立、从被动向主动、从主观向客观、从无知向有知、从低能向高能、从利己向利他、从自我否定向自我承认、从无定型自我向定型自我、从模仿向创新、从冲动向理智等诸多方面的转向。"任何人一生都是在一个阶梯上从零向无穷大发展，都倾向于将特定环境中的学习按其相关性与自己此时此刻阶梯上的发展阶段联系起来"，故个人的需要和目的决定着成人教育工作者的使命。其二，组织机构的需要和目的，即成人教育办学机构的需要和目的。主要表现在三个方面：一是根据组织机构的要求培养他们的成员。二是组织机构的效率，把常规化了的成人教育过程作为组织成长发展的基本工具。成人教育工作者以教师、顾问、规划人员或"变化代理人"等不同身份，通过培训、培养途径，帮助各组织机构的教育对象学会新的行为方式，以加强各组织机构的力量，实现组织机构的需要与目的。三是扩大组织机构对公众的影响。成人教育工作者运用自己的艺术使公众更好地理解组织机构，乐于参加各个组织的有意义活动，更好地完成光荣而艰巨的历史使命。其三，社会的需要和目的。诺尔斯认为，每个社会都不断利用教育培养所需人才，以便保持和发展自己。而成人教育工作者往往是几个不同社会的代理人，故理解并满足不同需要是成人教育工作者面对的难题之一。多一些知识，多一些谅解、合作，少一些狭隘思想，承担日益复杂的职业任务以及创造性地利用闲暇时间，给当代成人以各种能力，以便他们能在永远变动的环境中充分发挥作用，这是现代社会呈现给成人教育工作者的一种更深远的需要，故成人教育工作者必须以变化着的职责去面对挑战性的任务。

4. 关于成人教育学

成人教育理论作为成人教育思想从原始走向现代的重要标志，是同成人教育学作为学科建立与发展紧密联系在一起的。1833 年，德国文法中学教师凯珀最早使用"成人教育学"一词描述柏拉图的教育理论，标志"成人教育学"概念问世。之后经百余年的周折，到 1967 年，诺尔斯正式采用"成人教育学"作为其理论体系的基本概念，并吸取相关领域的研究成果，1970年出版了《现代成人教育的实践：成人教育学与儿童教育学的对照》，构建起成人教育学理论模型，同时对成人教育学的形成与发展过程进行了总结回顾。之后，诺尔斯进一步提出："成人教育学至少是以有关学习者特点的下列四种关键理论为前提的。这些理论是：第一，他们的自我概念从依赖型人格转变为独立的人；第二，他们积累了大量的经验，这些经验日益成为他们丰富的学习资源；第三，他们的学习计划日益结合他们的社会职责；第四，他们的时间观念出现了变化，从推迟运用知识的观念转变为及时运用知识的观念。因此，他们的学习倾向性从以书本知识为中心转变为以操作为中心。"① 诺尔斯作为人类历史上有突出贡献的成人教育家之一，以其丰富的成人教育实践经验为基础，首次把产生于古代、近代乃至现代（初期）的成人教育的观点、看法分析整合成较为系统的成人教育理论，对成人教育思想的发展具有承先启后、继往开来的重大意义。

（六）基德的成人学习理论

罗比·基德，加拿大人，文学硕士、教育学博士，成人教育教授，国际成人教育协会基金会主席、联合国教科文组织顾问。他于1959年出版的《成人怎样学习》，着重从"学"的侧面探索了成人教育的基本规律。经1973年修订再版，已有多种译本供不同语言的成人教育工作者参考使用。书中着重阐释了如下基本观点：

1. 成人可以有效学习

基德认为，"学习即变化"，有文化的变化、技能的变化或同时出现的多种变化。但一般说来，变化的许多方面与一个人面临的任务或责任的转变有关。针对"成人还能不能学习"的疑虑，借用桑代克的研究成果，强调了"成人可以有效学习"的观点。他还引用了成人教育家 Q. J. 哈维格斯特的话"成人年代与人生的早期一样，同样有许多新的问题要解决，新情况要掌握。成年有自己的过渡点，有自己的危机。它是一个发展的时期，和童年与青少年的发展时期具有同样的意义"②。他还引用了一系列关

---

① [美] 马尔科姆·诺尔斯. 现代成人教育实践. 蔺延梓译. 北京：人民教育出版社，1989：42.

② [加拿大] 罗比·基德. 成人怎样学习. 蔺延梓译. 上海：上海第二教育学院，1984：6.

于成人学习能力的研究成果，如"在任何自然生命期限内，年龄对学习没有否决权"①，"成人大学生的学习能力高于全日制大学生"② 等证明自己提出的结论。

2. 成人有效学习的内因

作者通过对大量研究成果的介绍与比较分析，展示了成人的体力、感觉、速度、视觉、智力、情感等都具有保持正常学习的基本条件，而且在兴趣、动机等方面，还有一定的优势，从而奠定了成人学习的智能基础。尤其是他深入探讨的生存、成长与自我的关系，给了人们认识成人教育的一个新视角。

3. 成人学习理论

基德用较多的篇幅介绍了世界上已公认的如联结、条件反射、格式塔心理学、场理论、精神分析、认知学习等学习理论及以美国与加拿大社会为背景的学习实践，对成人教育具有重要的启发与借鉴作用。基德还提出了建立一种通用的成人学习理论问题，并引用了约瑟芬·弗莱厄蒂教授的观点——可以将学习概念初步合成起来，共同形成一种通用的理论，同时强调了许多理论家同意的、构建这种通用学习理论的基本观点："学习会产生一种相对稳定的行为变化，学习发生在经验的背景中，学习的难易或速度取决于学习者综合信息的能力。"③

4. 成人学习过程中的教师

这里基德使用的"教师"概念，指教师、图书管理员、训练员等"帮助学习发生的人"或曰"变化代理人"等。他把"教"的职责描写为应当采取的一系列行动："推动或激励注意力和献

---

① ［加拿大］罗比·基德. 成人怎样学习. 蔺延梓译. 上海：上海第二教育学院，1984：91.
② 同上，29.
③ 同上，236、237.

身精神；呈现知识或演示过程；提出有关问题，培养自己向自己提出问题的习惯；消除难点和障碍；列出相似点或找出各种关系；相应的感情；表示同意和支持；评价或培养学习者自我评价的能力，并善于将它们'糅合'到一个完整的教学过程中去。"[①]关于教学风格，如容忍对控制、严厉对保护、强调内容对强调参与等，每一种类型对某些学习情况都有自己的优点。而对教师最重要的特性，基德引用哈里·奥弗斯特里特的话"教师本人必须是一个学习者，如果他失去了学习能力，那么他就没有资格继续与那些还保持着学习能力的人为伍"，"他必须愿意不断学习；他必须能言善辩，教学有方；他必须懂得广泛的关系，不至于囿囵于一技之长；他必须懂得——按照真实的人们生活于其中的真实环境里存的真实问题和资源思考和行动"[②]。关于教学的技能，基德认为，每一种职责或方法都可能需要一种特定的技能，如呈现、计划课程、评价和管理等，而且这些技能可以在实践中学。故了解别人和了解自己对成人教育教师都至关重要。成人班级的学生参加研究可以大大提高他们自己的学习积极性并增加某一科目学习理论的知识，成人学习中的许多问题要靠思考而不是靠其他手段解决。关于其他特性或技能，如表达的清楚明了，热情与幽默，想象力，平衡，以及正确地处理争论等，都是很重要的。最后，基德提出的成人教育工作者的"十戒"[③]，具有重要的实践指导意义。

（七）陶行知的成人教育理论

陶行知（1891～1946）是中国近现代交替时期的人民教育

---

① ［加拿大］罗比·基德．成人怎样学习．蔺延梓译．上海：上海第二教育学院，1984：369.
② 同上，373、377.
③ 同上，385、386.

家，生于安徽省歙县西乡黄潭源村。幼年接受父亲和私塾的教育，14岁入教会学校歙县崇一学堂。1909年起，两度就学于南京金陵大学文科，1914年毕业获学士学位，同年赴美国留学，先后在伊利诺大学和哥伦比亚大学攻读市政学和教育科学，深受杜威和孟禄的器重。归国后，历任南京高等师范学堂教授兼教务长、东南大学教授兼教育系主任、中华教育改进社总干事、南京安徽中学校长等职务，为中国旧教育的改革创新奋斗毕生。在陶行知系统的教育思想与多彩的教育实践中，含有丰富的成人教育内容。

　　1. 关于成人教育的地位和作用

　　早在1921年，陶行知就明确提出"中国成人教育，特别重要"①。1922年他在一次演讲中指出，各级政府不能只看到少年儿童的教育，而忽视了成人教育，"中国现在内外交莠，社会多故，如若候着那班小孩子去改造，非待二三十年后不能奏效。所以欲免除目前的危险，必须兼顾着老幼的教育"②。从国之兴衰的高度认识成人教育，这还是中华民族教育史上的第一次。至于读书带给成人自身的益处，在《平民教育概论》中他认为，成人受了教育，提高了文化水平，"对自己生计最有关系的职业，也可以从书籍报纸上多得些改进的知识和最新的方法"，"随便学些写信、记账的法子，于个人有莫大的便利"。在《教育研究法》中他又提出，国之发展必须拥有"至当之领袖"和"健全之公民"。这样的公民，既要靠普通教育，又有赖于成人教育。也只有让广大成年人受必要的教育，他们"对于人类和国家应尽之职责、应享之权利，可以多明白些——且他自己会读书，就明白读书的重要，再也不肯让自己的儿女失学"③。把成人教育于国、于己、于后代的实用价值阐发得通俗而透彻。关于成人教育的更

① 陶行知全集：第1卷．成都：四川教育出版社，1991：234.
② 何国华．陶行知教育学．广州：广东高等教育出版社，1997：83.
③ 同上，84.

深层意义，他强调"时代是继续不断地前进，我们必得参加在现代生活里面，与时代俱进，才能做一个长久的现代人。否则，再过几年又要成为时代落伍者了"[1]，"教育最重要的成就在使人养成一种继续不断的共同求进的决心"，"活到老，做到老，学到老"，用中国人的语言方式，成功表述了成人教育的概念。

2. 关于成人教育的目的

陶行知认为，培养全面发展的国民和劳动者，是教育的共同目的。1922年，他在《中国建设新学制的历史》中论及补习教育的目的时就指出："补习教育之目的，一是使缺少普通学识的补足不可缺少的普通学识，二是使缺少生利能力的补充必不可少的生利能力，三是已有学问能力的都可得继续增进学识技能的机会。"[2]陶行知提出的三个方面的目的，几乎包括了个人需求的全部。关于成人教育的社会目的，陶行知1932年在上海创办工学团式的成人教育时，就明确提出使整个中华民国变成"人人生产，人人长进，人人平等互助，人人自卫卫人"的"庄严的一个国家"。他还提出"这一类的补习教育，似乎有另立系统之必要"，提出了建立成人教育系统的思想，具有鲜明的预见性特点。

3. 关于成人教育的内容

1919年，陶行知提出，成人教育的内容，主要应从社会需要和受教育者的个人特点出发来决定，"谁的事教谁，小孩子的事教小孩子，农人的事去教农人，方才能够合适"。而课程组织"应敷成多轨，即普及与提高并重，使老百姓都能受教育，并且有特殊才干也能发挥"。他的因材施教、按需施教的思想，源于一个基本的认识，即"我们要以生活为中心的教学作指导，不要以文字为中心的教科书"[3]。

---

① 何国华. 陶行知教育学. 广州：广东高等教育出版社，1997：85.
② 同上，86.
③ 同上，89.

4. 关于成人学习的动力

1924 年他在《全国平民教育之现状》中写道："现在读书的人可找饭吃，不读书的人也可找饭吃，所以大家就以读书不读书为无关紧要的事。要解决平民教育这个问题，非使饭碗与读书发生关系不可。"他对当时安徽省教育厅和南昌商务印书馆颁布任何人无识字文凭均不得在单位任职的规定表示赞赏，认为这种办法"对推进平民教育，有很大的价值"。看来，学历社会作为学习化社会的初级阶段，也许是一个不可跨越的历史过程。

5. 关于成人教育方法

陶行知在成人教育方法上，有许多精辟的见解。如"重在自学"，陶行知说："好的先生不是教书，不是教学生，乃是教学生学。""活的人才教育，不是灌输知识，而是将开发文化宝库的钥匙，尽我们知道的教给学生。"① 再如"教学做合一"，陶行知说："教学做合一，是生活法，亦即教育法。""做是学的中心，也是教的中心。""只有手到心到才是真正的做。"又如"社会即学校"，陶行知说："一提到普及教育，大家就联想到开学校，圈校址，造洋楼，请教员，买家具，招学生，考学生，收学费，行开学礼。这样的一个东西是不易普及的，即使普及，也是害多益少。"他倡导"流动式教育"，注重"现成设备之利用"，提出"我们应该在全国开展社会大学运动，在各大都市建立夜大学和早晨大学，来应济这广大的需要"。同时，明确提出了开展社会大学运动的三大任务：一是"要把有形的社会大学普及出去，并且要给无形的社会大学一个正式承认"，二是"普及与发展夜大学、早晨大学"，三是"把函授大学、电播大学、旅游大学、新闻大学这几种事业有效地办起来"②。他还认为，应该将校门打

---

① 何国华．陶行知教育学．广州：广东高等教育出版社，1997：92．
② 陶行知全集：第 3 卷．成都：四川教育出版社，1991：584～586．

开，运用社会的力量，使学校进步，动员学校的力量，帮助社会进步。他甚至提出"小学里也要办成人教育，使成人也能懂得道理"。作为中国近现代交替时期的一位人民教育家，陶行知给予成人教育的关注与理解创有史以来中国成人教育认识的新高，只可惜，在他所处的旧中国，除了在小范围内搞一点试验，并无法把这些想法转化为全部社会现实。他的愿望只能由共产党人及其领导的新中国来实现。

（八）毛泽东的成人教育理论

毛泽东（1893～1976）作为中国共产党的缔造者和新中国的创始人，其成人教育理论是以厚重的革命性、人民性为底蕴，以鲜明的导向性、实践性为特征的，作为其教育思想体系的重要组成部分，以三个突出特点，伴随中国革命的进程，发挥了巨大的作用。

1. 向工农开门

向工农开门是毛泽东教育思想的突出特点。1921 年 7 月，毛泽东在开完中国共产党成立大会后即从上海回到长沙，8 月就筹办成立了湖南自修大学，成为中国现代教育史上最早的一所培养革命干部的新型大学。毛泽东在任湖南一师附小主事时，放宽了入学年龄，其创办的"工农互助团"（补习班），招收 18 岁以上的失学青年。1925 年，毛泽东又在韶山、银田创办 20 余所农民夜校，提高农民文化[1]。毛泽东能在革命早期就给予工农教育以极大的关注，原因就在于他如下深刻的认识："中国历来只是地主有文化，农民没有文化"，"社会中坚力量实是大多数失学的工人和农民"[2]。这既体现了毛泽东深厚的无产阶级情感，同时

---

[1]　沈坚. 毛泽东同志早期教育思想的探讨. // 毛泽东教育思想研究文集（第二辑）. 1982：149.

[2]　同上，154.

也表明毛泽东是把成人教育作为革命发展的强有力武器的。随着革命事业的发展，毛泽东把为工农争取受教育的权利上升为创造工农苏维埃文化。1934年，他在第二次全国苏维埃代表大会报告中指出："苏维埃必须实行文化教育的改革，……解除反动统治阶级所加在工农群众精神上的桎梏……为此，工农必须取得文化教育的领导权，必须使工农及其子女享有受教育的优先权，必须用一切方法提高工农的文化水平。"①　在此思想指导下，根据地的红军学校、红军大学、女子大学、全民识字运动，以及抗日军政大学、华北联合大学等成人教育学校如雨后春笋般兴起，肩负起培养战时人才的繁重任务，毛泽东的成人教育思想之花结出了丰硕的成果。1949年10月1日，毛泽东在发布政府工作报告中提出："……有计划、有步骤实行普及教育，加强中等教育和高等教育，注重技术教育，加强劳动者的业余教育和在职干部教育。"劳动者及干部的业余教育成为新中国教育的五大任务之一，迎来了中国成人教育的空前发展。由此可见，教育为工农开门是毛泽东的一贯思想，这一社会主义教育对象群体的确立，成为中国成人教育发展的坚实基础。

　　2. 为革命服务

　　以革命的中坚——工农民众为教育对象，决定了成人教育为无产阶级革命事业服务的特性，这集中体现于毛泽东为各不同历史时期制定的教育方针。毛泽东最早提及教育方针是在土地革命时期。1934年他在苏维埃代表大会报告中指出："苏维埃文化教育的总方针在什么地方呢？在于以共产主义的精神来教育广大的劳苦民众，在于使文化教育为革命战争与阶级斗争服务，在于使教育与劳动联系起来，在于使广大中国民众都成为享受文明幸福

---

① 车树实．试论毛泽东教育思想的科学体系．//毛泽东教育思想研究文集（第二辑）．193.

的人。"①1937 年毛泽东为抗日军政大学题词，把"坚定正确的政治方向，艰苦朴素的工作作风，灵活机动的战略战术"确定为"抗大"的教育方针，成人教育的革命性、实用性特点更加鲜明。1940 年，毛泽东在《新民主主义论》、《论联合政府》中提出了"民族的、科学的、大众的"文化教育方针，其中"大众的"集中体现着成人教育特点。新中国成立以后，毛泽东又根据社会主义事业发展需要，于 1957 年和 1958 年提出"我们的教育方针应该使受教育者在德育、智育、体育几个方面都得到发展，成为有社会主义觉悟的、有文化的劳动者"，以及"教育必须为无产阶级政治服务，必须与生产劳动相结合"，把成人教育的指导方针推广到社会主义的各级各类教育。

　　3. 与实践结合

　　教育与生产劳动相结合是马克思主义基本教育观。毛泽东从教育原则与教学方法的结合上展示了实践途径对于教育活动的深远意义，为成人教育开创了一片新天地。对于学习方法，毛泽东在《实践论》中使用了"变革梨子"的比喻，说明"一切真知都是从直接经验发源"的道理。早在 1921 年，毛泽东就曾在《湖南自修大学创立宣言》中尖锐地批判过资产阶级学校的三大害处："一是学校把施教受教当做一种商品买卖，先生抱一个金钱主义，学生抱一个文凭主义，交易而退，各得其所；二是学校'袭专制皇帝余威'，用一种划一的机械的教授法和管理法去戕贼人性；三是钟点过多，课程过繁，终日埋头于上课，……学生立于被动，消磨个性，灭掉心灵，庸懦的随俗沉浮，高才的相与裹足。"毛泽东十分重视向实践学习问题，他反复强调"不仅要读有字的书，而且要读无字的书"①，"踏着人生社会的实际说话"。
他把理论与实际并重，前方与后方结合作为苏区红军大学的教育
方针，把理论联系实际，学与用的一致规定为陕北大学教学方针
的基本内容。

　　新中国成立以后，面对繁重的成人教育任务，毛泽东的实践
教育思想得到进一步强化，主要表现在以下三个方面：一是"两
条腿走路"办学方针的提出。1958 年党的《关于教育工作的指
示》对毛泽东这一思想作了较为全面的归纳表述：教育的目的，
是培养有社会主义觉悟、有文化的劳动者，这是全国统一的，在
这个统一的目标下，办学的形式应该是多样的，即国家办学与厂
矿企业、农业合作社办学并举，普通教育与职业（技术）教育并
举，成人教育与儿童教育并举，全日制学校与半工半读业余学校
并举，学校教育与自学（包括函授学校、广播学校）并举，免费
的教育与不免费的教育并举②。这就是说，全国将有三类的主要
学校：第一类是全日制学校，第二类是半工半读学校，第三类是
各种形式的业余学习学校。成人教育在中国教育体系中的定位非
常清楚。二是关于发展农村教育的思想。50 年代后期，毛泽东
对于教育革命问题进行了一系列思考。1961 年，他在《给江西
共产主义劳动大学的一封信》中表示："你们的事业，我是完全
赞成的。半工半读，勤工俭学，不要国家一分钱，小学、中学、
大学都有，分散在全省各个山头，少数在平地，这样的学校确是
很好的。在校的青年居多，也有部分中年干部。我希望不但在江
西有这样的学校，各省也应该有这样的学校。"三是关于理工科
人才培养问题。1968 年 7 月 21 日，毛泽东在对调查报告《从上

　　①　沈坚．毛泽东早期教育思想的探讨．∥毛泽东教育思想研究文集（第二
　　辑）．156.
　　②　刘光．试谈教育领域的毛泽东思想．∥毛泽东教育思想研究文集（第二辑）．14.

海机床厂看培养工程技术人员的道路》的批示中提出，"……大学还是要办的，我这里说的是理工科大学还要办……走上海机床厂从工人中培养技术人员的道路，要从有实践经验的工人、农民中间选拔学生，到学校学几年以后，又回到生产实践中去"，同时又提出了文科要"以社会为工厂"的思想，指出了一条通过成人教育培养高等专门人才的崭新途径。

毛泽东的"七二一"指示、给江西"共大"的信乃至同时期的"五七"指示，虽然是处于"文革"这一特殊历史时期的产物，且因多重因素并未得到全面实施，但其体现的教育思想具有强大的生命力。尤其对于终身教育背景下的成人教育来说，具有极为重要的启发性与实践指导意义。毛泽东丰富的、具有创造性的成人教育思想，对于中国成人教育的未来，仍将发挥重要的指导作用。

（九）其他成人教育理论观点

在现代成人教育思想发展历程中，除上述各具特色的代表人物及其部分观点，还有其他众多的成人教育理论与实际工作者的有益见解，例如：

1. 关于成人学习的性质

有吉伯1960年提出的功能理论，凯德1973年提出的成人学习的七个特性，诺克斯1977年提出的成人学习的九个特性，雅柏斯1981年提出的成人学生在学习方面的四个特性，史密斯1982年提出的成人学习的四个主要特性等[①]。此外，布朗得基、迈克耶科、达肯渥尔德和梅里安等也提出了一些有益的见解。

2. 关于成人发展的理论

以利文森、纽加顿、哈维格斯特等为首的成人发展周期论者，认为发展与年龄有关，成年期的发展就在于适应这些变化

---

① 董守文，等.成人学习学.东营：石油大学出版社，1994：59～62.

等，明确了教育的目的在于解决发展任务上的问题，建立了教育与发展的有效联结①。以罗文杰、艾利克森为首的成人发展阶段论者，主张发展由个体内在的结构所决定，发展的过程呈阶段性，由简单到复杂，由单一到多元等，故成人教学与课程应配合各发展阶段的学习者，而且教育的目的在于把学习者推向下一发展阶段②。

3. 关于成人学习类型

成人学习类型一直是学习问题专家们研究的重点问题。其中有代表性的有美国教育心理学家罗伯特·加涅依据学习对象以及相应学习过程繁简程度的分类，有美国教育心理学家索里和特尔福德依据学习情境或学习机制的分类，有苏联教育心理学家彼德罗夫斯基依据学习性质的分类，有美国认知心理学家奥苏伯尔关于认知学习类型的分类等③。而内隐学习和自我导向学习两类，对成人教育实践更富指导意义。内隐学习，是美国心理学家瑞波及其同事经过系统的实验研究而首先提出的，其主要类型有杜威的"同时学习"、克伯屈的"附伴学习"以及洛扎诺夫（保加利亚）的"暗示教学法"等。内隐学习是指主体对学习过程缺乏明确意识，因而该学习表现出自动性、模糊性。由自动而解除"控制"的束缚，因模糊而强化了各类知识间的联系与迁移，再以成人高级的心理品质和丰富的实践经验为背景，有利于激发成人学员强烈的创造欲和发现感，浓厚的兴趣，忘我的精神以及奇特的想象力，使学习活动产生事半功倍之效。故开发成人的内隐学习潜能对搞好成人教育具有重要的意义④。自我导向学习，最初是

---

① 董守文，等. 成人学习学. 东营：石油大学出版社，1994：66、67.
② 同上，69.
③ 同上，93～97.
④ 同上，100～115.

由塔富提出的，有诺尔斯、加格利尔米诺和塔富等分别代表的三种基本观点，共同点是"由学习者自我设计、实施与评价的学习过程"。适合成人学习的主导类型，还有美国学者戈瑞森的"自我导向学习与批判性思维相结合"模式，美国学者格罗欧的"阶段自我导向"模式。后者把学习过程分为"低"、"适度"、"中间"、"高"四个自我导向学习阶段，并分析了各阶段上的学习者心理特点及教学关系，对不同层次——尤其是高层次上的成人学习者具有重要的参考价值[①]。

4. 关于成人学习动机

有洛基 1947 年提出的"获得"、"成为"、"做"、"储存"四种需求，道格拉 1970 年根据五种模式提出的"成人学习动机特性"，米勒的"势力场分析论"，鲁滨孙的"期待价量模式"，布谢尔的"一致模式"，塔夫的"预期效益说"，克罗斯的"连锁反应模式"，马斯洛的"需求动机层次理论"等，呈现出多维度的思考。关于成人学习动机的类型，有豪尔的"三分类型"论，希斐尔德的"五种类型"论，伯吉斯的"七种类型"论，布谢尔的"六种类型"论等，都从规律的层面上对成人学习的动机进行了探索[②]。

5. 关于成人智力、人格发展规律与学习的方法、策略

前者有卡特尔的流体和晶体智力理论，沙伊的成人智力适应理论，贾德纳的多重智力理论，艾里克森的人格的心理社会发展理论，利文森的人格发展理论，以及左尔德的转换论，等等[③]。

至于后者，研究者更多，成果也就更丰富了，如巴特菲尔德等人的"执行的过程"，加涅的"认知策略"，斯坦伯格的"执行

---

①　董守文，等. 成人学习学. 东营：石油大学出版社，1994：118、121.

②　同上，186～194.

③　同上，216、219、220.

的技能"（或"元成分训练"），以及丹塞雷的"辅助策略"，直至斯金纳的"自我管理行为"，米勒等人的"计划"，及特金森的"控制过程"等，都有一定的借鉴意义。

（十）继续教育理论

继续教育作为一个新的教育概念，尚未形成公认的完整理论体系。其主要理论观点，集中体现在"继续教育"一词的定义之中。世界各国对"继续教育"概念有不尽相同的表述，现把见诸有关材料的表述陈列如下。

英国：在 1987 年 11 月 20 日英国议会通过的《教育改革法案》中，"继续教育"被定义为："继续教育包含对已离校者进行的各种教育和训练。凡对已离校者讲授高等教育课程以外的其他课程，划为继续教育。"[①]

德国：1986 年，原联邦德国代表在第三次世界继续工程教育大会上的发言中建议："为确保共同的理解，规定两种不同形式的'继续教育'的定义：第一，在专业活动中，由基础培训而取得的知识与能力的更新、深化和完整；第二，在完成基本教育和开始专业工作后，对已取得的知识和能力的继续充实的教育。"[②]

法国：1971 年颁布的《继续教育法》第一条规定："就业后的培训构成职业继续教育，其目的是使劳动者适应技术和劳动条件的变化，促进他们参加社会培训，以达到文化及专业资格的各种不同的水平，并为文化、经济和社会的发展作出贡献。"[③]

苏联：学者费拉季斯拉夫列夫在其专著《继续教育——问题

---

① 李秉千，徐学榘．比较成人教育理论．哈尔滨：黑龙江教育出版社，1992：144.

② 同上．

③ 同上．

与展望》中提出："所谓继续教育，就是人们为了获得和完善知识、技能和技巧，在各类普通学校和专业学校，或者通过自学进行的系统的、有目的的活动。"[1]

联合国教科文组织出版的《职业技术教育术语》中指出："广义的继续教育是指那些已脱离正规教育、已参加工作和负有成人责任的人所受的各种各样的教育。它对某个人来说，可能是接受某个阶段的正规教育；对另外的某个人来说，可能是在一个新领域内探求知识和技术；对另外的某个人来说，可能是在某个特殊领域内更新或补充知识；还有的人可能是在为其职业能力而努力。"[2] 笔者认为，联合国教科文组织的提法是更科学的。简言之，继续教育就是已脱离职前学历教育的成人所经历的一切教育的总和，或者说就是基础教育之后的成人教育。故继续教育理论就蕴涵在成人教育理论体系之中，而不是游离于成人教育理论体系之外。

回归教育作为继续教育的一种形式，其概念是瑞典教育部长帕尔梅于1969年在一次欧洲教育部长会议上首次提出的[3]。其后，国际社会又有一系列关于回归教育的专著问世。关于回归教育的定义，在《回归教育——终身学习的战略》（1973年国际经济合作组织的研究报告）一书中概括为："回归教育是把义务教育或基础教育以后的一切教育都包含在内的教育战略。它的基本特征在于以回归的方式，即以教育和劳动（也包括业余的其他活动和老年生活等）交替进行的方式，把教育分散在一个人的一生。"[4] 其实，回归教育就是利用学校教育环境，对已离校学员

---

① 李秉千，徐学榘．比较成人教育理论．哈尔滨：黑龙江教育出版社，1992：144、145.

② 同上．

③ 同上，152.

④ 同上，153.

进行的继续教育，也是成人教育的一种形式，其理论体系也蕴涵在成人教育理论体系之中。

以上对中外部分现代成人教育家（者）及其思想理论的简单介绍，基本上反映了世界现代成人教育的思想认识与理论概括。成人教育理论走向成熟，并作为母体，孕育了远程教育、终身教育理论体系。

二、远程（远距离）教育理论

传统函授教育作为远程教育的最早形式，至今已有 150 年的历史，其间虽不乏对函授教育理论形式的概括，但更多的仍处于实践方法层面。较完备的远程教育理论体系建立，从 20 世纪后半叶开始。丁兴富在其《远程教育学》一书中从宏观、微观、哲学三个角度进行了总结概括，给出了一条较为清晰的理论发展线索。

（一）远程教育的宏观理论[①]

1. 关于远程教育的普遍理论体系

1981 年，英国学者佩拉顿提出了一个由 14 条原理构成的远程教育普遍理论。第三、四、五条提出了远程教育有增加教育机会，扩大教育规模，实现规模经济和较高的成本效益的优势。第六、十一、十三条表述了远程教育体系本身的特征，对远程教育宏观理论给出了一个尝试性的框架。

2. 关于远程教育发展动力理论

国外学者对此也多有探讨。我国学者丁兴富在 1987～1988 年间提出的"五原理"学说，对此问题作出了较好的概括：工业社会和信息社会对各级各类大量专业人才和高素质劳动大军的需求构成了远程教育发展的社会历史动力，信息技术的发展及其在

---

① 丁兴富 . 远程教育学 . 北京：北京师范大学出版社，2001：35～47.

教育中的应用为远程教育的发展奠定了坚实的物质技术基础，教育民主化和学习终身化构成了发展远程教育的思想理论基础，人力资源开发的巨大压力和构建包括远程教育在内的终身学习体系的共识构成了发展远程教育的政治决策基础，现代教育与心理科学的一系列成果构成了发展远程教育的教育科学和心理科学基础。

3. 关于远程教育工业化理论

这是在远程教育思想界有深远影响的一种理论。1967 年，彼得斯（德国）首次用德文发表了远程教育的工业化理论，其理论的核心是将远程教育比做教育的工业化和技术化形态，而将传统的、面授的和集体的教育归结为教育的前工业形态。20 世纪 90 年代，这一理论又被堪培奥·鲁姆勃尔等人及彼得斯自己发展了，主要成果表现为以下新理论的产生：关于远程教育的福特主义、新福特主义和后福特主义的理论，后工业时代和后现代社会的远程教育形态理论，远程教育学的技术化、信息化理论，等等。远程教育工业化理论愈加完备。

4. 关于信息技术和三代远程教育理论

20 世纪 70 年代以后，有学者提出函授教育和利用广播电视、录音、录像等大众媒介开展多种媒体教学是远程教育历史发展的两个阶段。80 年代中期以来，一些学者提出并完善了三代信息技术和三代远程教育理论。1985 年，加拿大学者加里森在其论文《远程教育中的三代技术革新》中提出，远程教育的发展可以归结为与三代技术革新——函授、电子通信和计算机——相适应。1989 年，丹麦学者尼珀在其论文《第三代远程学习和计算机会议》中提出，三代远程学习是指远程教育的三种模式。其中第一代远程学习即函授教学，其主要媒体是书写和印刷材料；第二代远程学习是多种媒体教学，它将印刷媒体的应用和利用广播电视、录音、录像及部分利用计算机结合起来；第三代远程学习引进电子通信技术，双向通信是第三代区别于前两代远程教育的重要标志。1991 年，英国学者贝茨在其论文《第三代远程教育和技术的挑战》中，着重指出了第三代信息技术和远程教育与前两代在成本结构上的经济学差异及其对发达国家尤其是发展中国家的特殊意义。至此，三代信息技术及其相应远程教育理论进一步完善。

笔者认为，用"三代"表述远程教育的发展过程较为形象，易于理解，但并不太确切。按我们汉语的习惯，"代"多被理解为"替代"或"更替"。而实际上，远程教育的发展过程并不是因后者对前者的简单否定而发生的替代过程。如文本材料是函授教育的主要教学媒体，面授教学是函授教育的重要指导形式，但在"第三代"远程教育中，文本材料和面授指导依然大有用武之地，甚至发挥着不可替代的作用。教育是极其复杂的社会现象，远程教育发展过程实际上是多种信息传媒技术优势互补，兼容并蓄，以多种不同组合方式，适应多种不同情况学习者个别化学习需要的系统整合过程。因此，把"代"理解为发展阶段可能更确切一些。

5. 关于远程教育三种模式和三大学派的理论

作为远程教育的一种分类理论，丁兴富于 1997 年提出了远程教育的三种模式和三大学派理论。一是英国等国家开放大学模式，指以英国为代表的主要由开放大学这类单一模式的院校来实施远程高等教育；二是美国、俄罗斯和澳大利亚的双重院校模式，即开放与远程高等教育主要由传统高等学校承担；三是中国、法国和加拿大的多重系统模式，即在同一个国家中既有独立设置、专门开展远程教育的院校，又有举办开放大学与远程教育的传统院校。至于三种模式的发展前景和未来走向，还有待于实践结果。"三大学派"是三种教学方式或教育形态（实践模式）的差异在理论概括上的反映。一是革命学派（并行学派）。其代表人物是美国的魏德曼、彼得斯、霍姆伯格和基更等。他们认为，电子信息技术的发展和进步引起了教育形态的最大变革，远程教育通过独特的教学系统设计、多种媒体教材设计、学生学习支助服务和教学信息的双向通信设计，最终将取得和传统教育相平等的地位而实现并行发展。这主要是开放大学模式在理论上的概括和升华。二是趋同学派（并合学派）。代表人物有澳大利亚的史密斯、堪培奥，瑞典的威伦和英国的泰特等。他们认为，开放与远程教育和传统教育的本质是相同的，开放与远程教育的最终归宿是与传统教育的重新归并和统一，而不是完全分离和并行发展，教育界的任务是要创造一体化的而不是两种教育理论。这主要是双重院校模式在理论上的概括和升华。三是谱系学派（折中学派）。代表人物有美国的穆尔、英国的西沃特和加拿大的慕格里奇等。他们认为，过于硬性地将传统院校面授教育和理想的开放与远程教育截然分开，或过于硬性地将远程教育的各种模式严格分类，都是在理论上根据不足，在实践上有害无利的。据此提出了从完全开放到全封闭、从纯粹连续面授到纯粹远程教学等多种教育形态方式渐变的连续谱系。这一学派可以看做革命学派和趋同学派的折中。

笔者认为，革命学派和趋同学派的观点似有教条之嫌。纵观教育的发展过程，不过是人与社会的发展需求同教学内容、教学手段与方法的辩证统一。如果说言传身教是教育信息传递的一维空间，文字材料产生使人类教育信息传递发展到二维空间，广播电视、多媒体技术使人类教育信息传递进入三维空间的话，那么如今广泛应用的计算机网络技术就使教育信息传递进入到四维空间了。而且，伴随人类科学技术与信息传递方式的进步，信息传递手段和方式还将发展。而多维信息传递方式的每一种相对稳定的新组合，都可能产生一种新的远程教育模式。学习型社会中学习者需求的多样性决定了组合的多样性和动态的发展性，故以上三种模式、三大学派理论只能是阶段认识成果。

(二) 远程教育的微观理论①

丁兴富在其《远程教育学》中概括为四种理论。

1. 远程教与学三种基本相互作用的理论

这是美国宾州大学成人教育学院穆尔教授于 1989 年提出的。这三种相互作用是指学生和教育资源（课程学习材料）、学科教学内容的相互作用，学生与教师的相互作用以及学生与学生的相互作用。基更认为这一理论的提出标志着远程教育理论基础的日臻成熟。

2. 远程教学两大功能要素的理论

瑞典学者霍姆伯格首先提出远程教学具有两大功能的思想，认为远程教育院校是通过发送事先准备好的课程材料和为学生提供支助服务两种方式进行教学的，故设计、开发和发送多种媒体的课程材料，以及在学生学习时通过各类双向通信机制实现师生交互作用并为学生提供学习支助服务，是远程教学的两大功能。此外，英国学者凯依和鲁姆勃尔在对远程学习系统进行分析时，引进并论述了课程和学生两个运行子系统。课程子系统的功能是负责课程的设置、开发和各种媒体课程材料的设计、制作和发送；学生子系统的功能主要包括对学生的教学全过程的组织和管理，教学咨询，学籍学业管理，以及对学生学习提供各类双向通信和支助服务。这是课程开发和学生学习支助服务的另一种表述形式。

3. 以学生为中心的远程学习理论

远程教育要以学生为中心，这是国际远程教育和开放学习文献中普遍达成的一个共识。这是由远程教育的更大开放性，学习资源、学习环境的更大选择性，学习过程的更多自主性决定的。

---

① 丁兴富.远程教育学.北京：北京师范大学出版社，2001：48～53.

这一原则应体现在远程教学的各个环节之中。教师要努力掌握教育对象的不同特征，把满足学生多样化和个性化需求放在首位，为学生的各种需求提供恰到好处的帮助。

4. 虚拟教学理论

虚拟教学是应用电子通信卫星和双向视频会议系统开展的适时、同步，模拟校园内教学或模拟课堂面授教学的教学方法，它把传统面授课堂教学优势引入远程教育。尽管丹尼尔、基更等世界远程教育专家对此已有论述，但总的看来还是初步的，还有待实践、总结、提升。

（三）远程教育的哲学理论[①]

远程教育的哲学理论，是从本质的层面上揭示远程教育存在合理性的理论。远程教育的本质特征是教师与学生在时空上的分离，由此产生了以下远程学习的哲学理论。

1. 学生自治和双向通信理论

这是远程教育理论体系中学派林立的理论。有学者概括为三种主要派别：一是注重和强调远程教育中学生自治的理论，认为理解和实施学生自治、自主学习、自我控制是开展远程教学和远程学习的灵魂，以魏德曼及其独立学习理论，穆尔及其交互距离和学生自治理论为代表；二是注重和强调远程教育中师生以及学生之间开展双向通信的理论，认为以双向通信为核心的对远程学生的学习支助服务，在远程教学和远程学习中具有重大的教育学和社会学意义，以霍姆伯格的有指导的教学会谈理论和西沃特的对远程学生的持续关心理论为代表；三是注重和强调学生自治和双向通信均衡发展的理论，主要包括丹尼尔的独立学习和相互作用均衡结合理论，史密斯的相互依存理论，加里森的通信和学生控制理论，以及范笛和克拉克的三维（对话、结构和学生自治）

---

① 丁兴富. 远程教育学. 北京：北京师范大学出版社，2001：53～61.

远程教学理论。

　　2. 教与学重组理论

　　这是远程教育许多学说综合加工后形成的一种更高层次的理论，是对远程教与学的本质，远程教育与传统教育的关系以及远程教育的特质作出的哲学诠释。其中包括基更的教与学再度综合的理论，以及享利和凯依的教学功能重组理论。前者认为，"教——学过程是在教师和学生的交互作用中发生的，这在远程教育中必须人为地重新综合创造出来。远程教学系统跨越时空重新构建教——学相互作用。使学习材料同学习行为紧密结合是这个重建过程的核心"①；后者认为，远程教育面对的是由时空间隔而带来的特殊教学关系，"远程教育既要克服时空间隔产生教——学关系，又要将教学情景设置在远离教师的学生日常的生活环境中；而且要在师生分离的状态下，在无法根据学生的需要作出修正的情况下，规划、开发和发送教学内容"②。

三、终身教育理论

　　终身教育作为成人教育的上位概念，是在成人教育长足发展的基础上产生的。"终身教育"概念最早由耶克利斯于20世纪30年代提出，之后历经杜威、郎格朗、富尔等研究发展，迅速形成了较完备的终身教育理论体系。

（一）耶克利斯的终身教育理论

　　巴西尔·耶克利斯（1883~1967）曾任英国牛津大学教育系主任，长期从事成人教育和宗教教育工作。1929年出版《终身教育》一书，尝试用另外一种方式来从整体上考察当时的教育体系，进而把整个教育事业都统一到一个总的指导原则之下，使得

---

　　① 丁兴富. 远程教育学. 北京：北京师范大学出版社，2001：59.

　　② 同上，60.

正规教育、非正规教育都能在整个体系中处于平等地位。同时他还指出，对于一个人的教育来说，其一生的各种资源与经验（个人的、社会上的、工作上的）都将起到举足轻重的作用。教育过程实际上应该贯穿终身，学校教育只不过是这个过程的开始而已。耶克利斯把学习与生活结合起来的思想，尤其是把成人教育看做帮助整个国家成长，能达到实现自由与责任双重理想的重要手段的观点，已经触及终身教育的本质内核，使终身教育理论体系的构建迈出了重要一步①。

（二）杜威的终身教育理论

约翰·杜威（1859～1952），美国哲学家、社会学家、教育学家，实用主义教育思想的创立者。生于美国佛蒙特州柏林顿的一个杂货商家庭。大学时就对哲学感兴趣，博士毕业后在密执安大学和明尼苏达大学任教 10 年，并进行了把哲学、心理学、教育学方法结合运用的教育实践活动，形成了颇具特色的教育哲学思想。他从实用主义经验论出发，提出"教育就是经验的改造或改组，既能增加经验的意义，又能提高指导后来的经验进程的能力"②。他强调"教育即生活"，提出"生活就是发展，而不断发展，不断生长，就是生活"③。在他看来，教育过程是现在生活的过程，而不是将来生活的预备。"一个人离开学校以后，教育不应该停止。学校教育最好的效果应是：让学生学会从生活自身中学习，并且创造条件让所有的人都能从生活中学习"④。这种教育与生活同步性的观点，是对古往今来教育的职前性、预备性

---

① 李秉千，徐学榘．比较成人教育理论．哈尔滨：黑龙江教育出版社，1992：74、75.
② 赵祥麟，王承绪编译．杜威教育论著选．上海：华东师范大学出版社，1981：159.
③ 同上，154.
④ 同①，77.

等传统观念的挑战；而"从做中学"强调学与做的一致性，开辟了成人教育的广阔天地。杜威在此虽未直接论及成人教育，但从哲学的高度奠定了成人教育发展的理论基础。

（三）郎格朗的终身教育理论

保尔·郎格朗，法国成人教育理论家和活动家。出生于法国加来，毕业于巴黎大学，有丰富的教育实践经验。"二战"期间开始投身于成人教育，后在联合国教科文组织秘书处任职。1965年，在巴黎举行的国际成人教育促进委员会第三次会议上，他在提交的论文中首次阐述了"终身教育"的基本原则。1970年，他的《终身教育引论》一书作为国际教育年的专著出版，被公认为终身教育思想方面的代表作，在国际成人教育发展中产生了不可估量的影响。对于"终身教育"的概念，郎格朗提出："教育不能停止在儿童期和青年期，只要人还活着，就应该是继续的。教育必须以这样的做法，来适应个人和社会的连续性的要求。"①如何准确理解这一概括？在1972年秋联合国教科文组织总部召开的关于终身教育专题讨论会上，郎格朗提出了一份《终身教育特性一览表》，对比了现行教育与终身教育的10个主要差异②：

第一，现行教育将教育限制在人生的某一时期（青少年时期），而终身教育则是通过人的全部生涯进行的。

第二，现行教育注重单一的抽象知识的学习，而终身教育则授予理智、情感、审美、职业、政治、身体等各种教育，并从整体上寻求具体的联系。

第三，现行教育将职业教育同普通教育，正规教育同非正规教育，学校教育同校外教育，文化活动同教育活动分离隔绝开来，而终身教育则注重人格的全面和谐发展，谋求各种教育之间

①　[法]保尔·郎格朗.终身教育引论.北京：中国对外翻译出版公司，1985：16.
②　单中惠.西方教育思想史.太原：山西人民出版社，1996：929、930.

的联系和一体化。

第四，现行教育立足于传递已知信息和知识，而终身教育则立足于辩证法观点的形成，认为人是在终其一生的不断探索中开展教育活动的。

第五，现行教育通过教育内部的限制以及外部施加的强制，使学习者接受既有的文化价值观，而终身教育则尊重每个人的个性和独立选择，强调通过自主、自发的学习发展自我。

第六，现行教育将教育视为向学习者传授文化遗产的手段，而终身教育则认为教育是学习者个人持续不断的发展过程，将教育视为成长的手段。

第七，现行教育将教育变成筛选人的工具，而终身教育则认为在人的未成熟期只进行一次性选择是无益的和有害的，人的一生的各个阶段都应获得充分发挥其内在潜质的机会。

第八，现行教育将教育限定在学校，而终身教育则要把教育扩大到家庭、友邻关系、职业岗位、政党、工会、社团组织等与人们实际生活有关的各种环境中去。

第九，现行教育为各种教育媒体和训练都设置了一定的阶梯，而终身教育则强调学习者在自主选择教育机会时，主要应去考虑教育媒体和训练是否适合个人和社会的需要，将它作为唯一的出发点。

第十，现行教育认为教育只能由社会中一部分人（教师）来进行，而终身教育则认为教育应根据时间和情况不同由社会整体提供机会。

以上比较，不仅从"差别"的角度把握了成人教育的本质特征，而且从学习终身化、教育一体化的高度把握成人教育与普通教育的联系，进而使教育的整个过程及其各个方面都越发有益于社会需求与个性发展需求的和谐统一。

关于终身教育的实施，郎格朗认为，要提出一种统一的模式是不可能的，因为终身教育的本质优势在于其个别性、针对性。但原则性指导方针是有的，如：保证连续性，以防知识过时；计划与方法适应具体要求与创新目标；培养新人，适应进步、变化与改革的生活；大规模调动、利用各种训练手段与信息技术，以及建立各种形式的行动（技术的、政治的、工业的、商业的）与教育目标间的密切关系等。他还特别强调教育面向成人的趋势，指出成人教育作为"整个终身教育体制中的火车头"，其对终身教育的贡献是别的教育形式所无法代替的。未来教育就其整体和自我更新的能力来看，将取决于成人教育的发展①。郎格朗的终身教育理论，最终完成了成人教育从"辅助"向"主体"转变的功能定位。

（四）富尔及其同伴的终身教育理论

埃德加·富尔，曾任法国总理、教育部长。1970 年，受联合国教科文组织委托，在大量实践调查与深入思考基础上，于 1972 年 5 月完成了题为"学会生存——教育世界的今天和明天"的研究报告，以历史的回顾与时代的挑战为背景，以教育革新为切入点，把终身教育主线扩展为建设学习化社会的目标，构建起一个完备的、跨世纪的现代成人教育思想体系。

1. 教育的背景与任务

序言中，研究者们提出了现代社会人类在政治、经济等方面产生的"两极分化"将给"两极"同时带来的危险，而从教育与人类命运的角度消除这种危险的基本问题和重要措施之一，是以科技发展推进教育和民主进程，"要使科学和技术成为任何教育事业中基本的、贯彻始终的因素；要使科学和技术成为为儿童、青年和成人设计的一切教育活动的组成部分，以帮助个人不仅控制自然力和生产力，而且控制社会力，从而控制他自己、他的抉

---

① 单中惠．西方教育思想史．太原：山西人民出版社，1996：932、933.

择和他的行动；最后，要使科学和技术有助于人类建立一种科学的世界观，以促进科学发展而不致为科学所奴役"，"民主再也不能局限于在现存的社会中保护公民不受强暴势力危害的极少一点的法律保障了……民主还必须满足人们的教育要求……我们必须重新制定教育的目的和内容，使之既有新的社会特点，也有新的民主特点"①。作者还提出关于教育目的的质的变化："教育的目的在于使人成为他自己，'变成他自己'。而这个教育目的，就他同就业和经济发展的关系而言，不应培养青年和成人从事一种特定的、终身不变的职业，而应培养他们有能力在各种专业中尽可能多地流动并永远刺激他们自我学习和培训自己的欲望。"② 由此奠定了学习化社会的客观基础。

2. 建构新的教育体系

作者在第一部分首先提出了"自觉的学习化社会"概念，同时提出，教育的历史似乎为未来的教育提出了双重的任务——"教育既要复原，同时又要革新"，"那种想在早年时期一劳永逸地获得一套终身有用的知识或技术的想法已经过时了，传统教育的这个根本准则正在崩溃。……我们要学会生活，学会如何去学习，这样便可以终身吸取新的知识"③，"当教育一旦成为一个连续不断的过程时，人们对于成功与失败的看法就不同了……他再也不会终身被驱逐到失败的深渊中去了"。由此可见，教育作为形成未来的一个主要因素，必须培养人类去适应变化，通过终身教育减轻人们的不安全感和增加职业的流动性。终身教育不再是应用于教育的一个新术语，而是包括整个教育过程了。"终身教

---

① 联合国教科文组织教育发展委员会. 学会生存：教育世界的今天和明天. 上海：上海译文出版社，1979：9、10.

② 同上，16.

③ 同上，108.

育变成了由一切形式、一切表达方式和一切阶段的教学行动构成一个循环往复的关系时所使用的工具和表现方法。"

3. 学习化社会中的成人教育

《学会生存》从策略要素的角度，阐述了终身教育思想中成人教育的一系列基本问题：

基础："终身教育并不是一个教育体系，而是建立一个体系的全面组织所依据的原则，而这个原则又是贯穿在这个体系的每个部分的发展过程中的……建议把终身教育作为发达国家和发展中国家在今后若干年内制定教育政策的主导思想。"①

定义："教育过程的正常顶点是成人教育……对于今天世界上许许多多成人来说，成人教育代替他们失去的基础教育。对于那些只受过很不完全的教育的人来说，成人教育是补充初等教育或职业教育。对于那些需要应付环境的新的要求的人们来说，成人教育就给他们提供进一步的教育。成人教育也是发展每一个人个性的手段。"②

原则："必须在空间和时间上重新分配教育活动，从而在教育中恢复生活经验的各个方面。教育必须按每一个人的需要和方便在他的一生中进行。教育不应再限于学校的围墙之内。所有现有的机构（无论是否为了教育而设置的）和各种方式的社会经济活动都必须用来为教育宗旨服务……教育的机构和手段必须大大增加，使人们必须容易得到教育，使个人有尽可能多的选择机会，教育必须具有真正群众运动的方式……"

目的："基础教育不仅要为儿童和青年们打算，也要为成人们考虑……它必须培养人们具有终身自学的爱好、求知提问的欲

---

① 联合国教科文组织教育发展委员会 . 学会生存：教育世界的今天和明天 . 上海：上海译文出版社，1979：241.

② 同上，269.

望以及作为一个共同体成员的创造性责任。后期基础教育的目的
与其说是准备让青年上大学，还不如说准备让他们投入积极的生
活，使得那些暂时没有取得进步的人们一直生气勃勃，满怀希
望，相信在某个时候，无论在校内或校外，总能受到中等以上的
教育和较高一级的专门训练"，"高等学校应该通过许多不同的途
径，在任何年龄，以各种形式，为人们所享受；这种教育尤其要
着眼于继续不断的自我改造或自我发展"，"临时教育应该在任何
年龄都可以享受到，以适应每个人暂时的或永久的需要"①。终
身教育背景下的成人教育及其发展目的，就这样体现在除幼儿教
育以外的各级各类教育中。

　　形式："全日制教育、半日制教育、函授教育以及直接利用
知识来源（无论有没有现代通信媒体的帮助）的各种形式的自我
教育。……所有这些手段和方法都是同样有效的，而且学习者可
以按照自己的意愿任意变换使用，我们所注意的只是最后的
结果。"②

　　保障：对于成人教育的实践保障要素，作者提出了发挥自学
无可替代的价值，加速扩大新教育技术的功效，更充分发挥教师
及其他教育工作者的作用，突出学习者的主体地位等。总之，限
定时间和空间的教育必须废除，继续教育必须扩充，高等教育必
须多样化，教育管理必须更加民主化，并在国际范围内走团结、
合作之路。成人教育的广阔前景将不断展示在上述条件的不断发
展完善之中。

　　总之，《学会生存》集中了前人的研究成果与群体的智慧，
以继续学习为原料，以终身教育为主轴，构建起完备的成人教育

---

① 联合国教科文组织教育发展委员会. 学会生存：教育世界的今天和明天. 上
　海：上海译文出版社，1979：243、244.
② 同上，247.

理论体系，成为成人教育的经典著作，把成人教育思想发展推上了一个系统化、理论化、科学化的新台阶。

（五）帕金斯的终身教育模式

帕金斯提出的终身教育一般模式，包括组织模式和行政管理模式两个方面。其中，组织模式分为五个主要部分：一是幼儿照管中心（6岁前）。该中心的教育计划旨在发展幼儿的体力和智力，为将来接受初等教育作准备。二是初等教育中心（6～15岁）。分为基础教育和过渡教育两个阶段。基础教育阶段的主要教育目标是培养儿童的广泛兴趣和努力。过渡教育阶段的主要教育目标是使学生对就业领域作出暂时性选择，在教学内容上注意开设一些选修课，在教学组织上注意与社区的联系。三是中等教育中心（15～18岁）。这一阶段既包括一部分学校教育，又包括一部分职业劳动，使普通教育与职业培训，入学学习与就业劳动结合起来。四是高等教育中心。为部分中等教育之后继续学习的人提供高等理论或专业知识、技能的教育。在教学上采取工读结合、理论联系实际的办法。五是成人教育中心。宗旨是使成年人能在他们感兴趣的一切文化领域里从事有效活动，并且为那些想继续接受高等教育或者有直接职业目的的人服务。

行政管理模式有两个要点：一是确保行政管理在纵的和横的两方面得到协调，可以成立由中央到地方社区的各级教育委员会，吸收社会各界的代表参与管理。二是决策性机构的非集权化。总的教育政策、全国性的教育财政政策由中央制定；具体政策的制定、地区性公共教育设施的管理由地方负责；至于每个教育中心的课程设置和教学方法的确定，则是它的管理委员会的职责。

帕金斯的终身教育模式，体现了职前、职后教育一体化思想，目标是正确的，但过程还是粗线条的，人们对其基本内涵的理解和本质规律的认识还刚刚开始。

四、现代成人教育思想的基本特点

相对于古代、近代成人教育思想，现代成人教育思想有三个突出特点：

1. 资源共享

由前述，近代尤其是古代成人教育思想，打着鲜明的民族性、区域性印记，这是由那个封闭时代决定的。资本主义殖民政策虽然打开了民族与国家的界限，但这种交流打着深深的侵略、剥削、奴役的印记。人类进入现代社会，虽然这个世界仍然存在强权和战争，但从整体上看，正义的舆论和民主的呼声已占主流，尤其是文化教育领域的平等交流与资源共享，已成为现代社会的重要标志之一。国际成人教育组织的建立，联合国教科文组织卓有成效的工作，以及地区、国家间广泛的交流与合作，使成人教育的任何好的思想和有益的见解，都即刻化为世界和人类的共同财富，从而大大缩短了人们对成人教育的认识与实践转化周期。成人教育的发展已伴随 21 世纪进入快车道。

2. 成果丰硕

经过了两个久远历史年代的积累，到现代，成人教育思想已生成一系列丰硕的理论成果，突出表现在"量"和"质"两个方面。量的方面，主要体现在"多"。这在本节已有充分的展示：研究成人教育的专家多、见解多，涉及的方面多、内容多，提出的观点多，得出的结论多。质的方面，主要体现在"高"。理论是思想的高级表现形式，也是认识达到科学境界的重要标志。成人教育思想从少许见解、基本观点到理论创新阶段，标志着成人教育已经走向成熟。人们越来越清晰地认识到，只有普通学校教育与成人教育整合熔铸成的终身教育钥匙，才能最终开启人类学习型社会的大门。成人教育的历史作用与社会功能，将在新的理论指导下，得到前所未有的发展。

3. 百家争鸣

理论成果的丰硕并不说明认识的唯一。对内，成人教育系统构成要素及其结构形式，各种成人教育形式、层次之间的关系，对外，成人教育与普通教育的关系，尤其是成人教育与继续教育、远程教育乃至终身教育之间的关系，都尚需百家争鸣，深入探讨。这是成人教育思想发展的正常现象，也是一件好事，有助于提升成人教育理论与实践的科学化水平。

以上对古代、近代、现代成人教育思想的产生与发展过程的概括性描述，显然是不全面的，有些地方甚至是不确切的。这是这一领域之广阔与个人目光、资料之局限的矛盾的结果。但即便是这些并不全面的论述，也足以让我们领略成人教育思想发展的脉络并从中得到某种启示。愿这些成人教育思想研究的铺路石子，能为后来者的实践与理论创新提供有益的帮助。

结　束　语

从以上回忆的许多往事，我们看到了成人教育走过的那条曲折却在不断拓宽的道路；面向未来，这条路又将如何延伸呢？笔者认为，未来的 20 年乃至半个世纪，成人教育将依托四大背景，向着三个目标，遵循两条线路，突破一个难点。

一、依托四大背景

作为教育的动力源泉，未来社会将以四个背景条件向成人教育提出广泛的需求：

1. 信息时代。信息正以如下三个显著特征跃居人类生存环境之首：一是其存在的普遍性。信息无时不在，无处不有，无人不需，像空气一样充满着整个社会空间，并伴随社会发展而成倍增长着。二是传播的集成性。经久不衰的传统方式，精彩纷呈的多媒体技术，神奇莫测的网络空间……变化无穷的信息传输方式推动着永无休止的教育创新。三是塑造明天。明天的追求，明天的行为，明天的成败，都决定于今天占有的信息及其分析的准确或失误。

2. 知识经济。信息时代经济增长方式从粗放向集约的转向，社会职业选择从一次到多次的变换，社会生产力构成从体能为主向智能领先的过渡，要求社会消费的重点由物质性消费为主转向物质性消费与精神性消费并重。消费结构变化将带来的教育投入与产出的良性循环，将对教育的普遍需求提出更迫切、更持久的要求。

3. 科学发展。科学发展的核心是持续、协调发展，重点在人与自然，个人与社会之间的良性相关。其中人与自然的关系，致力保持人类生存空间的生态平衡；而个人与社会的关系，则着眼于个体的全面发展，以保持与他人的和谐状态及对社会的建设性作用。实际上，这两个关系从人类的祖先那里就已经存在了，关系的恶化，是伴随人类自身的发展和科学技术进步才出现的。人类意识到不断恶化的关系将带来怎样的结果之后，终于明白了仍需借助文化与科技的力量变破坏性为建设性。

4. 学习社会。信息社会、知识经济和科学发展的时代环境对人类提出的多维度要求，集中体现在社会成员个体主观与客观的统一，即解决知与不知的矛盾。解决这一矛盾的唯一出路和以不变应万变的良策就是终身学习。终身学习行为的有效实施，有赖于建立完善的学习型社会，即对于社会成员个体来说，学习是生活的第一需要，对于现实社会来说，要提供足以支持个体终身学习的条件。实现二者的和谐发展，就是未来赋予成人教育的神圣使命。

二、向着三个目标

终身教育思想虽不能说穷尽了教育真理，但至少在一个相当长的时期内，是人类教育活动的基本指导思想。而教育工作者的任务，就是如何把终身教育的原则、任务变成每个社会成员的自觉行动，向着成人教育的对象、内容及方法三个目标，作出坚持不懈的努力。

1. 对象——服务每个成人学员。人类生存的社会性，说到底就是个体与群体之间的相关性。原始社会中，个体只有依靠群体的力量才能生存，形成了人类原始合作形式；私人占有产生了阶级对抗，阶级斗争成为社会发展的动力；信息技术把庞大的世界缩小为"地球村"之后，任何个体行为已不再仅属于他自己。只有把对抗的阶级利益转化为共同的人民利益，把国界内的人民利益扩展为"地球村"的人民利益，合作发展才能最终实现。合作发展的基础是平等的权利，而在学习型社会中，首要的平等是学习权利与机会的平等。学习不仅有利于对合作的理解，更有利于对发展的参与。服务社会的每一个成员，是新世纪成人教育艰巨的首要任务。

2. 内容——满足个体每一种发展需要。成人教育内容纵向从扫盲到博士后教育，囊括了除幼儿教育之外所有教育层次；横向从自然到社会，从知识到修养……囊括了人类所有的精神与物质成果。因此，成人学习的内容与素材，不只是先设计好了让学习者去选择，还要根据学习者的各种需求，运用创造思维，面向人类知识宝库和社会生产实际去开发，去重组，切实使每一个社会成员都能做到需有所学，学有所得，得有所用。

3. 形式——适合学习者各种特定情况。已有的成人学习形式都有自己的优越性和局限性，每一个学习者个体也都有不同于他人的特殊情况，因此，适合各种学习者的学习形式不是固定的哪一种或哪几种，而是由多种教学方式有机组成的教学系统。现代通信技术提供的多媒体技术、网络技术与文本、面授教学、社会实践等传统信息传输手段的系统重组，足以构建起供每个学习者随时利用的学习支助服务系统。这个系统一旦与政府、企业、群众团体、社会力量等多元办学主体相结合，就能开辟出学校、社区教育机构、图书馆、文化室、展览会等各种教育场所，每一个学习者都可以利用周围的环境条件适时展开学习活动。

三、遵循两条线路

上述三个理想目标，要通过两条线路上相辅相成、卓有成效的努力来实现。

1. 强化终身学习意识，让学习成为公民生活的第一需要。

学习过程是个体主观意愿与社会客观条件相统一的过程，没有每一个社会成员终身学习的理想和能力，就不能步入高水平的学习型社会。社会成员的学习意识产生于两个方面：一是从理性认识开始，汲取他人的经验，这是主动学习过程；二是源于自己的感受，为形势所迫，这是被动学习过程。在许多情况下，两个过程并不是截然分开的。成人教育工作者要研究、探索二者协调发展的内在规律，把个体自主学习的内驱力凝聚成民族、国家与时俱进的原动力。

2. 构建现代国民教育体系，把公民的每一个学习愿望都变为现实。

个体学习愿望的实现，依靠社会提供的足以支持个体自主学习、终身学习的条件。这些条件集中表现为能面向全体国民实施终身教育的教育体系和教育信息化水平，有保障终身教育和终身学习的政策和制度。这并不是一个自然形成过程，需要主动去建设。而如何建设，书中已有阐述，这里不必重叙。

由此可见，实现内因驱动机制和外因保障体系两条线路的和谐统一，是未来成人教育思想与实践创新的重要内容之一。

四、突破一个难点

　　成人教育在其发展历程中，每个阶段都有其相应的重点。而唯一超越阶段、贯穿始终的重点，就是改善教育弱势群体的状况这一难点。纵观成人教育发展历程，对教育弱势群体的研究一直相对薄弱。这在精英教育阶段是自然的。当教育进入大众化时代，这种情况不仅不自然，而且不应该了。因为教育弱势群体可能对社会的和谐发展产生巨大的破坏力。教育弱势群体的产生，有三个主要原因：一是社会资源分配差异导致教育发展失衡，二是因连续教育过程中断而导致弱势群体的滚动增加，三是部分教育弱势群体成员自身的惰性导致各种社会努力的减效。消除这些不利因素，一是国家要从战略高度加大政策支持与经济投入力度，缓解因分配差异给教育均衡发展带来的不利影响；二是在切实截断各条新文盲产生渠道的同时，建立起多层次、多规格、多类型的完备成人教育体系，搞活与教育"断档"人员继续学习需求的对接；三是从引力与压力两个侧面健全面向每个成人的学习动力机制，使学习成为每个成人生存与发展的需要，真正建立起无人不想学、无谁不会学、无处不能学、无时不在学的学习型社会。这些虽然我们明天才能做到，但我们今天必须想到，因为从现在起我们就要向着这个方向作坚持不懈的努力。

参 考 文 献

【1】国家教育委员会. 关于改革和发展成人教育的决定. 1987.

【2】国家教育委员会成人教育司. 中国高等函授教育大事记·文献·资料（1949～1989）. 北京：中国人民大学出版社，1994.

【3】中国教育年鉴. 北京：人民教育出版社，1999.

【4】顾明远. 教育大辞典. 上海：上海教育出版社，1990.

【5】朱作仁. 教育辞典. 南昌：江西教育出版社，1988.

【6】张念宏. 教育百科辞典. 北京：中国农业科技出版社，1988.

【7】辞海（缩印本）. 上海：上海辞书出版社，1989.

【8】巢峰. 简明马克思主义词典. 上海：上海辞书出版社，1990.

【9】国家教育委员会高教三司. 普通高等学校函授夜大学文件资料汇编. 1988.

【10】张世平. 成人教育政策法规. 北京：中国人事出版社，1996.

【11】董明传. 面向 21 世纪我的教育观. 广州：广东教育出版社，2000.

【12】陈孝彬，等. 成人教育基础. 北京：中国人事出版社，1996.

【13】杨干忠，等. 普通高校成人教育管理实务. 北京：中国人事出版社，1997.

【14】联合国教科文组织教育发展委员会. 学会生存：教育世界的今天和明天. 上海：上海译文出版社，1979.

【15】［美］马尔科姆·诺尔斯. 现代成人教育实践. 蔺延梓译. 北京：人民教育出版社，1989.

【16】［法］保尔·郎格朗. 终身教育引论. 北京：中国对外翻译出版

公司，1985.

【17】［加拿大］罗比·基德．成人怎样学习．蔺延梓译．上海：上海第二教育学院，1984.

【18】教育：财富蕴藏其中（由雅克·德洛尔任主席的 21 世纪教育委员会向联合国教科文组织提交的报告）．北京：教育科学出版社，1996.

【19】［伊朗］S. 拉塞克，［罗马尼亚］G. 维迪努．从现在到 2000 年教育内容发展的全球展望．北京：教育科学出版社，1996.

【20】吴式颖，等．外国教育史简编．北京：教育科学出版社，1988.

【21】单中惠．西方教育思想史．太原：山西人民出版社，1996.

【22】王定华，田玉敏．中外教育史．天津：天津社会科学院出版社，1991.

【23】关世雄，张念宏．世界各国成人教育现状．北京：北京出版社，1986.

【24】关世雄，张念宏．成人教育手册．北京：北京出版社，1986.

【25】叶忠海，等．成人教育学通论．上海：上海科学技术出版社，1997.

【26】张维．成人教育学．福州：福建教育出版社，1995.

【27】柳海民．教育原理．长春：东北师范大学出版社，2000.

【28】丁兴富．远程教育学．北京：北京师范大学出版社，2001.

【29】祝智庭．网络教育应用教程．北京：北京师范大学出版社，2001.

【30】董守文，等．成人学习学．东营：石油大学出版社，1994.

【31】熊华浩．成人教育的理论与实践．武汉：湖北教育出版社，1987.

【32】王凌皓．中国教育史论．长春：吉林人民出版社，2000.

【33】路海东．学校教育心理学．长春：东北师范大学出版社，2000.

【34】璩鑫圭，等．中国近代教育史资料汇编．上海：上海教育出版社，1997.

【35】何国华．陶行知教育学．广州：广东高等教育出版社，1997.

【36】张焕庭．西方资产阶级教育论著选．北京：人民教育出版社，1979.

【37】宋健．现代科学技术基础知识（干部选读）．北京：科学出版社，1994．

【38】高林．现代管理科学基础．北京：中国展望出版社，1984．

【39】杨国璋，等．当代新学科手册．上海：上海人民出版社，1985．

【40】杜志全，等．函授教育学．北京：光明日报出版社，1988．

【41】卞奎，等．成人教育与社会发展：中英成人教育国际会议论文集．济南：山东教育出版社，1995．

【42】祝捷，等．东北师范大学函授教育简史．长春：东北师范大学出版社，1998．

【43】李秉千，徐学榘．比较成人教育理论．哈尔滨：黑龙江教育出版社，1992．

【44】中国教育学会马克思主义教育思想研究会，等．毛泽东思想研究论文集．1982．

【45】［英］安东尼·凯，格伦维尔·鲁姆勃尔．远距离高等教育．王遵华等译．北京：中央广播电视大学出版社，1987．

【46】［美］伊里亚斯·梅里安．成人教育的哲学基础．高志敏译．北京：职工教育出版社，1990．

【47】［美］达肯沃尔德·梅里安．成人教育：实践的基础．刘宪之等译．北京：教育科学出版社，1986．

【48】［美］小詹姆斯 H. 唐纳利，等．管理学基础．北京：中国人民大学出版社，出版年不详．

【49】马克思恩格斯全集：第 23 卷．北京：人民出版社，1972．

【50】马克思．资本论全集：第 23 卷．北京：人民教育出版社，1972．

【51】华东师范大学教育系编．列宁论教育．北京：人民教育出版社，1990．

【52】赵祥麟，王承绪编译．杜威教育论著选．上海：华东师范大学出版社，1981．

【53】欧文选集：上卷．北京：商务印书馆，1965．

【54】欧文选集：第一卷．北京：商务印书馆，1979．

后　　记

　　50余年的生命里程，30年的函授教育经历，培养了我对成人教育的特殊情感；而这占半壁江山的成人教育，在琳琅满目的书架上却很少谋面，又常常让我感到失落。既然我国目前成人教育理论研究队伍还不是很强大，那我们成人教育实际工作者就应该尝试承担起这份责任。在纪念东北师范大学函授教育50周年之际，笔者产生了写作本书的原始冲动。

　　从人类发展的视角认识教育，教育应该是广义的，这一点我们今天看得格外清楚。而在广义教育的坐标系中，成人教育与普通教育是在经历了互为主从之后进入一体化阶段的：在原始社会，为了群体——也是个体的生存，成年人之间有关狩猎、农耕等生存技能的横向传递，也许要比向后代的纵向传承更为重要，故人类最原始的教育应是以成人学习为主的；伴随社会生产力的发展，人类的生存方式相对稳定，剩余价值把部分教育从社会生产中分离出来，主要服务于统治阶级培养自己的继承人，教育的纵向传承功能突显，普通教育为主的教育体系开始独立存在，成人教育退到了辅助、补充的地位；社会进入知识经济与信息时代，学习活动必须贯穿人的终身了，成人教育再次走向前台，与普通教育合作，构建起终身教育体系，人类教育进入更科学发展阶段。既然成人教育的过去和未来都如此重要，人们对成人教育的理论与经验，也应像对普通教育那样，给予更多的关注与研究。尝试建立一种属于成人教育自己的新的理论体系，是笔者写作此书的理性思考。

今天的成人教育工作者，十之八九面对许多困惑：函授教育面对网络教育的兴起，其历史使命是否真的终结了？在成人教育大家族中，诸种教育形式之间究竟是什么关系？在普通教育培养能力大幅度提高的今天，成人教育的出路在哪里？……试图与有这些困惑的成人教育同仁们研究探讨这些问题，是笔者写作本书的直接目的。

过去的半个世纪，人类社会经历了前所未有的巨大变革。其中对成人教育具有决定意义的是终身教育思想的提出、系统科学方法的问世以及现代通信技术的广泛应用。本书就是尝试以终身教育思想为指导，依托现代通信技术背景，运用系统科学理论，探讨成人教育的内、外部关系，力图在终身教育坐标系中给予成人教育以科学的定位。

全书共有六章，其中第一章"成人教育的概念及其基本属性"把一般教育学中涉及的部分概念浓缩在其中，作为全书的理论基础；第二章"成人教育的历史足迹"梳理了国内外关于成人教育发展史的部分研究成果，作为全书的实践基础；第三、四、五章作为全书的主体部分，运用系统科学方法，通过对成人教育系统的要素、结构、功能的界定及其相互关系的论述，构建了成人教育系统理论体系；最后一章作为全书的结尾，从见解、观点、理论三个层面，通过对不同历史时期国内外部分教育家关于成人教育现象的认识与表述，勾画了成人教育思想发展的来龙去脉。全书从实践基础、理论体系、思想脉络三个维度，实现了对人类社会中成人教育现象的概括。

成人教育是人类社会教育中最复杂的现象，因此，人们对成人教育的本质及其规律的认识，将是一个漫长的历史过程。本书提出的一些观点和看法，只是一个成人教育实践者的一孔之见，挂一漏万自不必说，表述乃至观点的错误也在所难免，作为学习之作、引玉之砖，敬请读者不吝赐教。

书中引用了国内外较多成人教育专家、学者的研究成果，在此表示衷心感谢！如有因理解有误而引用不当之处，还望给予谅解和指正。

作为一种新的理论体系的构建，本书是不成熟的；也正因为如此，笔者愈发感激给予本书问世机会的部分专家、领导和同仁们：教育部中国成人教育协会常务副会长董明传教授、东北师范大学校长助理兼远程与继续教育学院院长张贵新教授在百忙之中为本书撰写了序言并提出了颇具见地的修改意见；全国教师教育网络联盟秘书长李德芳教授对本书的写作给予了悉心指导；东北师范大学党委副书记柳海民教授推荐本书参选东北师范大学图书出版基金项目；东北师范大学图书出版基金委员会的专家和出版社领导关注成人教育并将本书列入选题计划；许风、李殿国、王素琴等教授和研究人员也对本书的完成给予了热心的关怀与支持……尽管由于作者水平所限，本书难以承载各位专家、学者的期待和厚望，但我将化遗憾与抱歉为动力，继续为我校乃至我国成人教育事业的发展与振兴尽自己微薄之力。

最后，请允许我再次对给予本书问世机会的人们表示深深的谢意！

祝　捷